WORLD CLASS

Andreas Schleicher

HOW TO BUILD A 21ST-CENTURY SCHOOL SYSTEM

教育のワールドクラス

21世紀の学校システムをつくる

アンドレアス・シュライヒャー［著］
経済協力開発機構（OECD）［編］
ベネッセコーポレーション［企画・制作］
鈴木寛／秋田喜代美［監訳］
小村俊平／平石年弘／桑原敏典／下郡啓夫／花井渉／藤原誠之
生咲美奈子／宮美和子［訳］

明石書店

OECD

Benesse

経済協力開発機構（OECD）

経済協力開発機構（Organisation for Economic Co-operation and Development, OECD）は、民主主義を原則とする36か国の先進諸国が集まる唯一の国際機関であり、グローバル化の時代にあって経済、社会、環境の諸問題に取り組んでいる。OECDはまた、コーポレート・ガバナンスや情報経済、高齢化等の新しい課題に先頭になって取り組み、各国政府のこれらの新たな状況への対応を支援している。OECDは各国政府がこれまでの政策を相互に比較し、共通の課題に対する解決策を模索し、優れた実績を明らかにし、国内および国際政策の調和を実現する場を提供している。

OECD加盟国は、オーストラリア、オーストリア、ベルギー、カナダ、チリ、チェコ、デンマーク、エストニア、フィンランド、フランス、ドイツ、ギリシャ、ハンガリー、アイスランド、アイルランド、イスラエル、イタリア、日本、韓国、ラトビア、リトアニア、ルクセンブルク、メキシコ、オランダ、ニュージーランド、ノルウェー、ポーランド、ポルトガル、スロバキア、スロベニア、スペイン、スウェーデン、スイス、トルコ、イギリス、アメリカである。欧州委員会もOECDの活動に参加している。

OECDが収集した統計や、経済、社会、環境の諸問題に関する研究成果は、加盟各国の合意に基づく協定、指針、標準と同様にOECD出版物として広く公開されている。

本書はOECDの事務総長の責任のもとで発行されている。本書で表明されている意見や主張はかならずしもOECDまたはその加盟国政府の公式見解を反映するものではない。

Originally Published in English under the title:
"World Class: How to Build a 21st-Century School System"

Photo credits: © iStock/fstop123; © Russell Sach

本書に掲載する文書及び地図は、あらゆる領土の地位や主権を、国際的な境界設定や国境を、また、あらゆる領土や都市、地域の名称を害するものではない。

イスラエルの統計データは、イスラエル政府関係当局により、その責任の下で提供されている。OECDにおける当該データの使用は、ゴラン高原、東エルサレム、及びヨルダン川西岸地区のイスラエル入植地の国際法上の地位を害するものではない。

日本語版刊行によせて

この本に書いてある様々な洞察を、様々な日本の教育現場を具体的に改善していくための参考にしてほしい。そう思って、我々は、日本語版の刊行を思い立った。

教育論議は本当に難しい。教育は、学校や大学のみならず家庭、地域、職場、ネット上などのあらゆる場所で、あらゆる人々の間で行われる。誰もが誰かから教育を受けたことがあり、誰かを教育した経験がある。誰もが、自らの経験を過度に美化したり、否定したり、一般化したりするから、教育論議は難しくなる。これまでも、教育に影響力を持つ人々の思い込みや思いつきが、多くの混乱を現場にもたらしてきた。

こうした混乱に終止符を打つのが、この本である。著者のアンドレアス・シュライヒャー氏は、現在、OECD教育・スキル局長で、2018年には世界80の国と地域が参加するまでに成長したPISAを生み育ててきた、世界の教育に最も影響力を有する人物と言っても過言ではない。この本は、氏が、世界中を駆け巡り、様々な教育関係者と対話を重ね、調査と視察を重ねたなかで、氏が確信を得た知見とエビデンスを、我々に共有してくれていて、専門家の間でも議論が分かれる諸課題・難問に対する明快な答えと道標を提供してくれている。

私とシュライヒャー氏とのお付き合いは、15年を超える。氏が、まだ、PISAの担当課長だったころ、日本の15歳生徒のPISAの読解力の順位が低下した2003年ころ、我が国で学力低下問題をめぐり世論が沸騰したときからだ。物理学博士号を持つシュライヒャー氏の論理的で説得的な説明に感服するとともに、当時の日本のメディアがランキングの低下ばかりを伝えていることが、いかにOECDの発する真のメッセージと食い違っているかもよく理解できた。

イデオロギー政治の「政争の具」と化していた教育政策論議を脱して、学習者にとっての議論の実質化を希望していた私は、文部科学副大臣に就任するや、シュライヒャー氏率いるOECDの知見を最大限活用し、私が長年研究していた「熟議」をベースに新たな教育政策を打ち出していった。教育困難地域への教員加配や小学校低学年からの教員増、コミュニティ・スクール政策の本格化による教育ボランティアの大幅増などを実現し、現場でも、朝の読書活動の普及などがおこなわれた結果、2012年に日本はOECD加盟国中総合トップに返り咲いた。

そんな矢先に東日本大震災が起こった。震災直後からの教育復興にあたってのシュライヒャー氏並びに当時のOECDメンバーの献身的なご尽力への感謝を、我々日本人は、決して忘れてはならない。OECDから、東北スクールプロジェクトが提案された。東北の100名を超える高校生（一部中学生）らが、東北の復興を自らの若い力が担い、それを世界にアピールするため、3年かけて準備した。準備段階の日本でのイベントには当時の皇太子殿下・妃殿下のご臨席も賜り、最後は、パリのエッフェル塔前のシャンドマルス公園で東北復幸祭を開催した。15万人の人々が集まった。その翌日には、OECD、加盟国の大使・アタッシェを前に高校生が報告をおこない、絶賛を博した。東北の高校生によるOECD本部庭園での記念植樹も認めていただいた。

このプロジェクトの成功は、アクティブラーニング、とりわけ、プロジェクト・ベースト・ラーニング（PBL）の可能性と有効性を大きく証明するものとなった。日本にとどまらず、OECD自身、加盟国にも大きなインパクト与えた。

2012年度にOECD東北スクールは一旦プロジェクトを終了したが、そのレガシーを引き継ぎ、東北から全国に広げ、深めていくために、OECD日本イノベーション教育ネットワーク（ISN）がシュライヒャー氏の支援と指導の下で発足した。2017年夏には高校生自身のプロデュースで9か国200名を超える中・高校生が東京、広島に集まり、「生徒国際イノベーションフォーラム２０１７（ＩＳＩＦ）」を成功させた。２０１８年春からＩＳＮ２・0とさらにバージョンアップし、現在に至っている。

日本をはじめ各国の政策形成に対しても、氏は、大きく貢献している。２０１４年秋から始まった、２０２０年からの教育改革（学習指導要領改訂および大学入試制度・カリキュラム改革）のプランニングをおこなうため、私は、下村博文大臣（当時）から文部科学大臣補佐官に任命された。この任務を遂行するため、再び、シュライヒャー氏に協力を要請した。日本政府とＯＥＣＤとの間で政策対話をおこない、今後の教育の在り方について、つっこんだ議論を重ねた。この議論を中央教育審議会の企画部会とも共有して、改革案づくりが始まった。下村大臣に続く、馳大臣、松野大臣、林大臣の四大臣の下で、補佐官として、改革案の策定に携わったが、一貫して、シュライヒャー氏からのサポートをいただいた。

この議論を日本だけにとどめるのではなく、広く加盟国で共有・進化させるため、シュライヒャー氏は、２０１５年にEducation 2030 プロジェクトを立ち上げ、私もビューローメンバー（運営委員会理事）となった。Education 2030 は、OECD Learning Framework 2030 のとりまとめなどの成果を上げ、２０１９年春からは第二期に入り、35の加盟国に加えオブザーバーも含めると50を超える国々が参加し、ＯＥＣＤ最大のプロジェクトの一つとなっている。

また、２０１６年春にはＧ７教育大臣会合が倉敷でおこなわれ、議長であった馳浩大臣を私は議長代行としてサポートしたが、シュライヒャー氏にもユネスコとともに参加していただき、倉敷宣言をまとめることができた。我々がずっと議論してきたことを先進主要七か国の共通理解とすることに成功した。

現在も、シュライヒャー氏は、世界各国の教育政策のトップと精力的に対話を重ね、世界中の教育現場を飛び回っているのみならず、氏の活動はＮＧＯにも及んでいる。例えば、46か国で活動を展開中の教育ＮＧＯ「Teach For ALL」の理事も務めている。私も、この団体の理事として活動をともにしているが、シュライヒャー氏の洞察とビジョンは、各国政府、地方自治体、研究者、教育者、ＮＧＯなど広範に広がっており、まさに、彼をハブに世界の教育関係の人的ネットワークが出来上がっている。

２０２０年から実装される日本での教育改革、ならびに、Education 2030 により世界中で教育改革が始まっていくが、その中核を担ってきたシュライヒャー氏の考えをこの本を通じて理解することが、いかに有意義なものであるか理解していただけるであろう。

結びに、日本語版刊行にあって、多大なる尽力を賜った、明石工業高等専門学校の平石年弘先生、岡山大学の桑原敏典先生、函館工業高等専門学校の下郡啓夫先生、大学入試センターの花井渉先生、国立高等専門学校機構の藤原誠之先生、生咲美奈子様、宮美和子様に心からの感謝を申し上げたい。とりわけ、東日本大震災の復旧・復興に全力を尽くされ、ＯＥＣＤ東北スクールをすべて仕切り、ＩＳＮの生みの親でもいらっしゃる福島大学副学長の三浦浩喜先生、最初からサポートされてきた太田環さん、ＩＳＮの研究主幹として実質的なプロジェクト運営をすべて取り仕切っていただいている東京大学教育学部長の秋田喜代美先生、いつも縁の下の力持ちとして、ＯＥＣＤ日本イノベーション教育ネットワークの活動を献身的に支えていただいている小村俊平事務局長はじめ事務局の皆様方に、この場を借りて、心からの感謝を申し上げたい。

この本によって、一つでも多くの教育現場での挑戦がサポートされることを、心より祈って。

ＯＥＣＤイノベーション教育ネットワーク代表
東京大学公共政策大学院教授　兼
慶應義塾大学政策・メディア研究科教授　　鈴木寛

多くは逆境の中にあり、
めったに正当な評価を受けることもなく、
次世代の子どもたちの夢の実現と未来の構築を支えるために
人生を捧げる世界中の教員たちへ。

謝　辞

私は20年以上にわたりＯＥＣＤで教育界のリーダーたちと共に教育政策や施策の立案実行に立ち会うという貴重な体験をさせてもらってきた。本書の大部分は、教育大臣、行政担当官、学校長、教員、研究者など、ここで個別に謝辞を述べることができないほど多くの人々が、誠意と寛大な心を持って、同僚、専門家そして友人として、自身の成功と失敗を分かち合ってくれたことで成り立っている。また、教育システムを国際的に比較・分析するための手段と方法を確立し、日々私に学びを与えて続けてくれているＯＥＣＤのチームにも深い恩義を感じている。私に執筆を促し、考えを整理して草案を練る際に助言してくれたシーン・コクラン（Sean Coughlan）氏には特に謝辞を述べたい。シーン氏は、成績の高い教育システムの項目の執筆にもあたってくれた。また、本書の編集者で、執筆中一貫して助言してくれたマリリン・アチロン（Marilyn Achiron）氏にも感謝したい。ローズ・ボロニーニ（Rose Bolognini）、キャサリン・キャンデア（Catherine Candea）、カサンドラ・デイビス（Cassandra Davis）、アンヌ＝リーゼ・プリジャン（Anne-Lise Prigent）、レベッカ・テシエール（Rebecca Tessier）の各氏は、本書の作成にあたり貴重なサポートをしてくれた。最後になるが、本書の執筆期間中あらゆる局面で寄り添ってくれた、最も大切な私の妻、マリア・テレサ・シニスカルコ（Maria Teresa Siniscalco）に感謝の意を表したい。

アンドレアス・シュライヒャー

第3章 優れた学校システムは何が違うのか

第5章 教育改革の実現

第6章　今何をするか

第 1 章

科学者の視点から見た教育

WORLD CLASS

はじめに

ＯＥＣＤ生徒の学習到達度調査（PISA: Programme for International Student Assessment）として知られる世界共通テストを２０１５年に受けた生徒のうち１２００万人近くが、最も基礎的な読解力、数学的リテラシー、科学的リテラシーの問題すら完全に解くことができなかった。[1] 今回のテストに参加した70の中高所得国や地域に住む15歳の生徒のことである。過去10年間に学校教育の支出は20％近く増加したにもかかわらず、この間の西欧諸国の生徒の学力はほとんど向上していない。ある生徒が受ける教育の質を、その子が通う学校の場所から確実に推測できる国が数多くある。

読者の皆さんはすぐさま本書を捨て、教育の改善についてこれ以上考えるのをやめようと思うかもしれない。既得権益に深く根ざした巨大で複雑なものを変革することなど無理だと思い始めていることだろう。

しかし、私は皆さんにあきらめずに読んでほしい。なぜか？ ベトナムとエストニアの下位10％の最貧困層の生徒の学習到達度は、ラテンアメリカの大半の国の上位10％の最富裕層の家庭の生徒を上回り、ヨーロッパおよびアメリカの平均的家庭の生徒と同程度であることに注目してほしい（図1・1）。最も条件の悪い学校が素晴らしい教育成果をあげている例をほとんどの国でみいだせることに注目してほしい。また、今日の優れた教育システムの多くが、その地位を築いたのはつい最近だということに注目してほしい。つまり、教育を改善することは、実現可能なのだ。

そして、実現せねばならない。適切な教育がなければ人々は社会の片隅に放置され、国や地域はテクノロジーの進歩の恩恵を受けられず、その進歩が社会の発展につながらない。もしも教育の欠如によって人々が満足に社会に参加できなければ、公平で包括的な政策開発は不可能になり、全ての市民に関与することができなくなる。

しかし改革は苦難を伴う。若者は教育が「リアル」に役立たないと思えば、より良い教育に時間とエネルギーを費やそうとはしないだろう。企業は社員が条件の良い職業に転職するかもしれないとしたら、社員の生涯教育には投資しないだろう。そして政策立案者は、たとえ重要事項に教育という未来の社会のウェルビーイングへの投資が含まれているとしても、重要事項よりも緊急事項を優先するだろう。

幸い私は70以上に及ぶ国々や地域で、優れた教育と学習を観察する機会に恵まれてきた。教育大臣や教育界のリーダーたちと共に、前向きな教育政策と実践の立案実行に取り組んできた。教育改革の実現は口にするよりもはるかに困難だが、多くを学ぶことができる成功例も多々ある。といっても、他の国の解決策を真似するだけではいけない。自国や他国の好事例を、真摯にまた偏見なしに観察し、どのような文脈でどのような事例が成功しうるか、詳細に吟味することが肝心だ。

かといって将来の教育問題への答えが、今日の学校システムの中に全て存在しているわけではない。したがって、今日の教育界のリーダーたちの後を追うだけでは十分ではない。また、将来の問題は、ある一つの国のみで解決するにはあまりにも大きくなってしまっている。より良い答えを探し出すために、教育界のリーダー、研究者そして政策立案者が手を携えねばならない。

簡単に教えられるような事柄は、容易にデジタル化、自動化される。これからは、人工知能を認知的スキルや社会情動的スキルや人類としての価値といかにマッチさせるかが問われる。デジタル化をコントロールし、より良い社会を構築するには、私たちの想像力、認識力、責任感こそが必要となるだろう。

ソーシャルメディアのアルゴリズムは、人間を似た者どうしのグループに分類する。私たちを見えない泡に閉じ込めて、偏った思考を助長し多様なものの見方を妨げる。そして、意見を均質化させつつ社会を二極

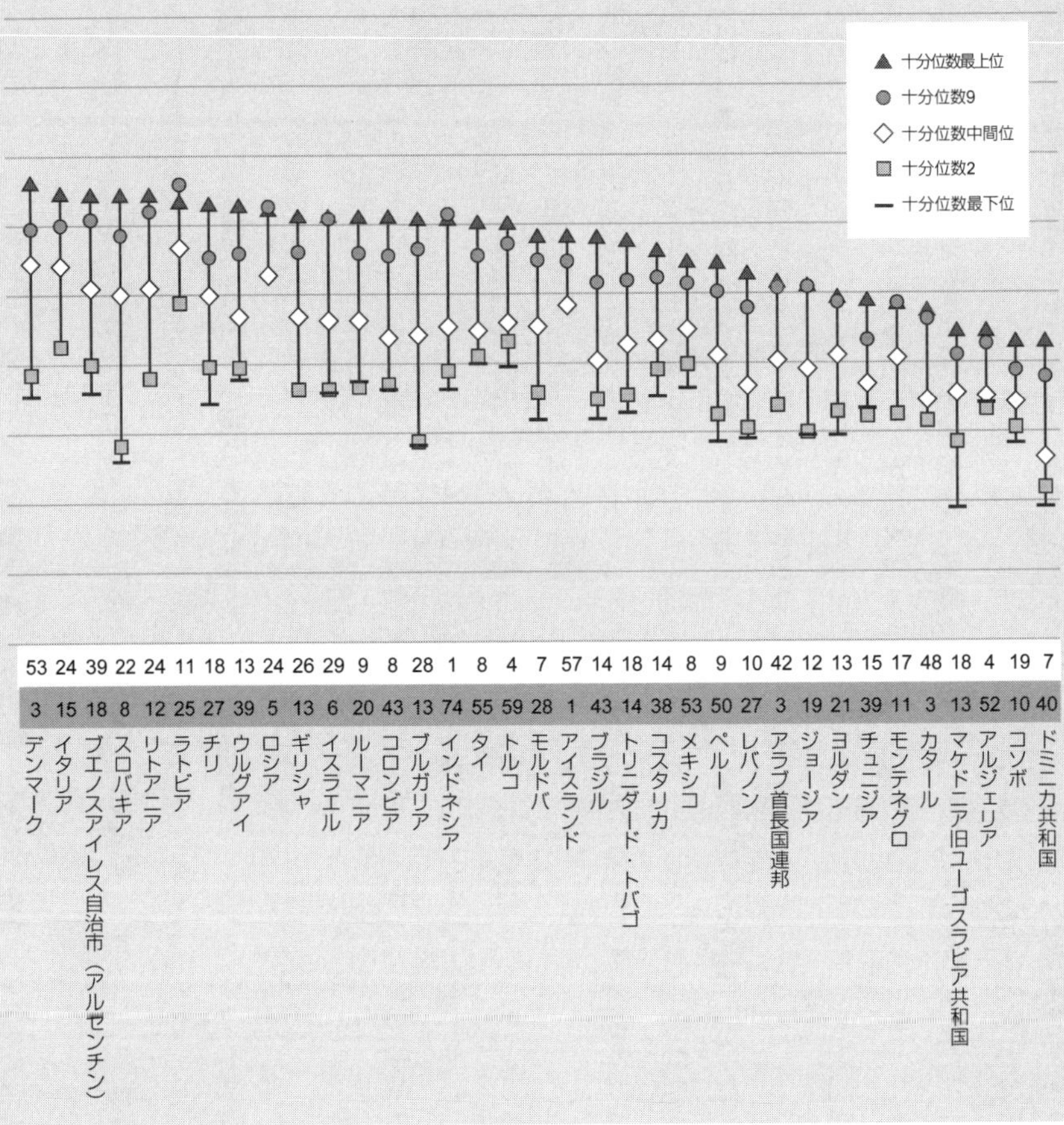
十分位数最上位
十分位数9
十分位数中間位
十分位数2
十分位数最下位
53 24 39 22 24 11 18 13 24 26 29 9 8 28 1 8 4 7 57 14 18 14 8 9 10 42 12 13 15 17 48 18 4 19 7
3 15 18 8 12 25 27 39 5 13 6 20 43 13 74 55 59 28 1 43 14 38 53 50 27 3 19 21 39 11 3 13 52 10 40
デンマーク
イタリア
ブエノスアイレス自治市（アルゼンチン）
スロバキア
リトアニア
ラトビア
チリ
ウルグアイ
ロシア
ギリシャ
イスラエル
ルーマニア
コロンビア
ブルガリア
インドネシア
タイ
トルコ
モルドバ
アイスランド
ブラジル
トリニダード・トバゴ
コスタリカ
メキシコ
ペルー
レバノン
アラブ首長国連邦
ジョージア
ヨルダン
チュニジア
モンテネグロ
カタール
マケドニア旧ユーゴスラビア共和国
アルジェリア
コソボ
ドミニカ共和国

図 1.1　貧困だからといって運命が決まるわけではない

PISA 2015 科学的リテラシーの各国生徒の得点における PISA 経済社会文化背景指標の十分位数分布

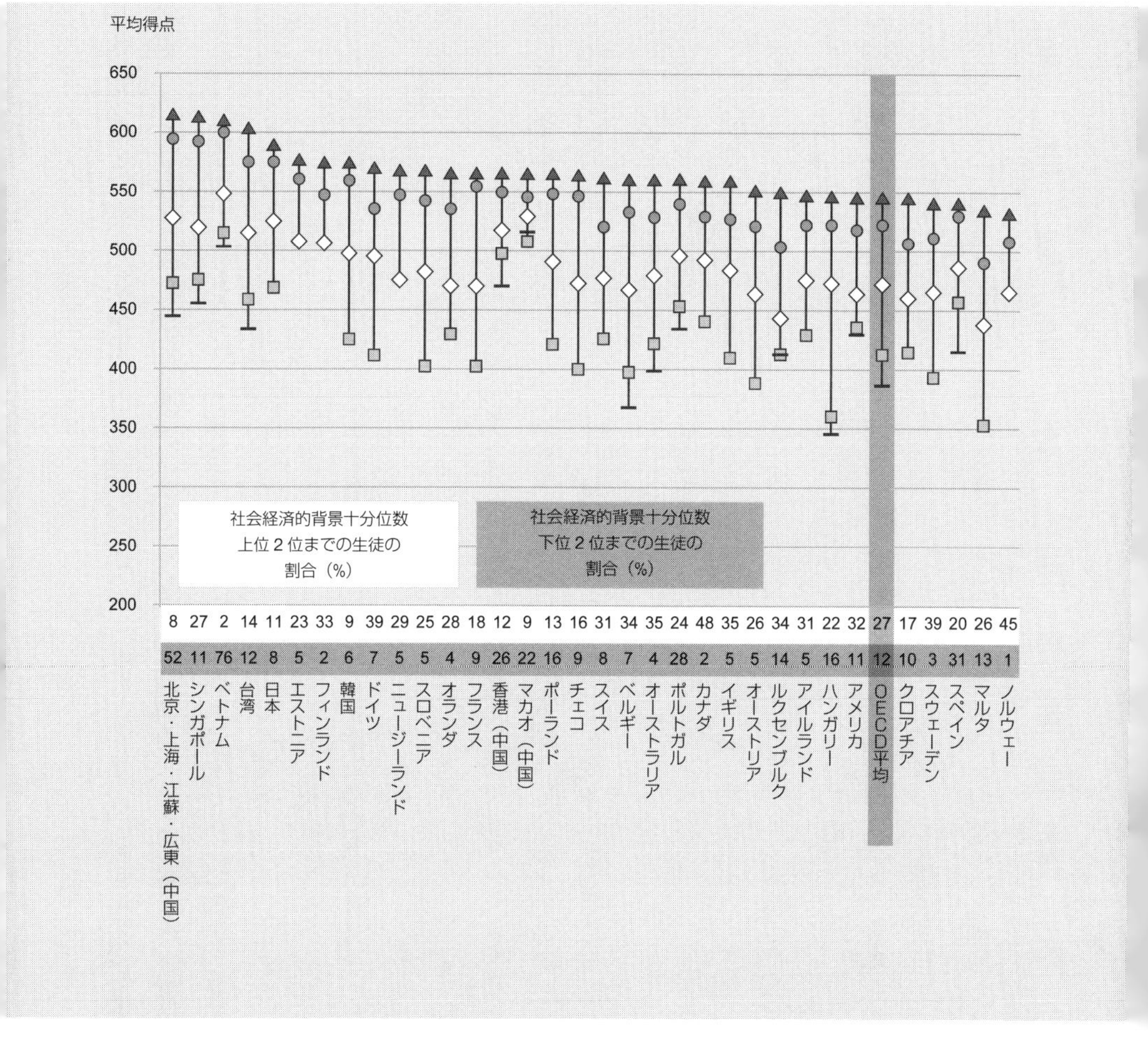

注：十分位数とは、すべての国・地域における PISA 経済社会文化背景指標の分布を指す。データが得られた国・地域のみ示した。

左から順に、PISA 経済社会的背景指標の十分位数最上位（上位 10%）に属する生徒の科学的リテラシーの平均得点が高い国・地域。

出典：OECD, PISA 2015 Database, Table I.6.4a.

StatLink http://dx.doi.org/10.1787/888933432757

化させる。これからの学校は、生徒が職場でも市民としても、他者に共感し、自ら考え、他者と交流する手助けをする必要があるだろう。学校は、生徒が揺るぎない善悪の判断力を持ち、他者から自分に向けられた主張に配慮し、個人と集団行動の限界を理解できるよう支援しなければならない。職場、家庭、地域で、私たちは、異なる文化や伝統のもとで他者がどのように生活し、どのような考え方をするのか、科学者としてであれ、あるいはアーティストとしてであれ、深く理解する必要がある。機械が人類からいかなる仕事を引き継ぐにしろ、人類が社会的市民的生活において意義のある貢献をするための知識とスキルはさらに必要性を増すだろう。

妥当な知識とスキルを持つ者にとって、デジタル化とグローバル化は解放感と刺激をもたらすものである。しかし、十分な備えがない者にとってそれは不安定で保障のない職、見通しのきかない生活を意味する。今日の経済は、地域生産ハブへとシフトしている。このようなハブは、情報と物のグローバルな鎖でつながっているが、相対的な優位性があり発展する地点に集中する。この現象は知と富の分配を決定づけ、ひいては教育機会を分配していく。

デジタル技術は経済や社会の体制に破壊的影響を及ぼすが、その影響力は決定的というわけではない。私たちにはエージェンシー［訳注：自ら考え、主体的に行動して、責任を持って社会に参画し、変革していく力］がある。いかなる影響を受けるかは、これらの破壊に対し、私たちがいかに協同し体系的に対応するかにかかっている。

学校教育の大幅な改革には、何ができるかについての思い切った展望だけでなく、賢明な戦略と効率的な制度も必要だ。現存の学校制度は、産業化時代に生み出されたものである。その時代は画一化と規則遵守が重んじられ、生徒を集団で教育し、教員を在職期間にただ一度だけ訓練するのが効果的かつ効率的とされていた。生徒が学ぶべき事柄としてピラミッドの頂点で作成されたカリキュラムは、しばしば政府の複数の階層を通過した上で、指導書や、教員の育成、学習現場向けに翻訳され、ようやく個々の教員によって教室で実施されていた。

産業化時代の業務モデルを引き継いだこの体制は、急速に変化する世の中に反してほとんど旧態依然のまま。社会の変化の速度は、現行の教育システムの対応能力をはるかに凌いでいた。最良の教育大臣ですら、何百万人もの生徒、何十万人もの教員、何万もの学校のニーズにもはや対応しきれない。教員や学校のリーダーたちのノウハウを集め、優れた政策と実践に落とし込むことが課題だ。これは、単に千本もの花を咲かせるだけでは実現できない。教員と学校の自由な創造を促し、変革のための資質能力を身につけられる環境を緻密に整備する必要がある。また、生徒をさしおき教育者や行政の利益や慣習にとらわれがちな組織構造に挑むリーダー、社会変革に真摯に取り組み、想像力に富んだ政策を策定し、これまでに築いた信頼を効果的な変革に活用できるリーダーが必要だ。

1　アートから科学へ

私は大半の人とは異なる視点から教育分野に携わるようになった。物理学を学んだ私は、しばらく医療関連企業に勤務した。物理学者は、広く認められた原理と確立された専門的慣例に基づき国や文化を越境して交流し協力する。これに対し教育者は、一般化されがちな比較論にはかなり懐疑的な立場をとり、全ての生徒を個別に見ようとする。

しかし、私が見た医療産業と教育分野の最大の相違は、それぞれの専門分野での実務的な仕事の進め方の違いだ。医学分野の専門家は研究の成果が臨床に生かされることを願う。医者は、主症状に対してこれまでに開発された最良の治療方法について詳細に研究しないかぎり、自分を専門家とは見なさないし、自分たちで薬を開発しようとは思わないだろう。

医療分野ではまず患者の熱を測り、最適な治療を施すために診断する。教育分野では、全ての生徒を同じ方法で教育し、同じ治療を施し、時には学年末になってからその治療がどこまで有効だったかを診断する。

私が最初に就職したフィリップス・メディカル・システムズでは、あらゆる装置の開発と個々の部品のテストおよび検証を慎重におこなうよう上司から厳しく指導された。そうしなければ、ユーザーが欠陥を見つけた場合に訴えられる可能性を十分認識していたからだ。一方、当時の教育の政策立案者といえば、実験や品質保証をほとんどおこなわず、また、公的説明責任もろくに負わないまま、既存の教育改革の上にまた新たな改革を上乗せしていた。

それでも私は教育の世界に魅力を感じ、教育によって生活や社会を変えられると信じていた。また、教育改革の機会を、アートの領域を超えてむしろ科学の領域ととらえていた。

私がこうした洞察を得るに至ったのは、三人の傑出した学者、トルステン・フーセン氏、ジョン・キーブス氏、そして最も重要なネビル・ポスルスウェイト氏に負うところが大きい。ハンブルク大学で共に研究したネビルは優れた教育学者であるだけでなく、教育分野の進展のために世界中の代表的研究者をたばねて、大規模な研究プロジェクトを率先、実行する人並み外れた能力を持っていた。

私がネビルに出会ったのは1986年で、たまたま興味本位で彼の比較教育学のセミナーに参加した時だった。初日から私は、彼がその知見と人脈を惜しげなく公開し、質問に答えてくれる様子に感動した。

数週間後、彼は私に「今までにどんな論文を発表したか」と尋ねた。私は、実際見せるものは何もないと認めざるを得なかった。彼は「ならば最初の論文に取りかかろう」と言い、私にクラスター分析の手法を教えてくれた。彼は私に分析対象のデータを提供し、それぞれのページについてレビューし、修正し、討論した。そして、出版社に論文を出版するよう説得してくれた。でき上がった論文には私の名前を掲載した。学者であれば通常は逆のプロセスであることがわかるだろう。

その後何年間かハンブルク大学を始め様々な場所で共同研究をおこない、ネビルはいわば私の第二の父となった。彼は、他者の成長を助けることに喜びをみいだす人間だった。私がハンブルク大学からパリのOECDに移ってからもネビルは論文や記事を送ると全て読んでコメントしてくれたものだ。

2　PISAの始まり

1990年代後半にOECDにPISAの開発を促したのは、教育政策に科学研究の厳密さを適用してはどうかという考えからだった。1995年にパリのOECD本部でおこなわれた教育省高官たちとの最初の会議では、会議室に28か国の代表が着席していた。自分たちの教育システムが世界最高だと自慢する者もいた。おそらくは、それが彼らの最もよく知っているものだったからだろう。私が、自分の国の教育システムを世界各国と比較できる国際的なテストについて提案すると、大多数は「それは不可能だ」「おこなうべきではない」「国際機関の仕事ではない」と述べた。

ここで引き上げるか、もう一押しするか、決断するのに30秒もかからなかった。最終的に私は当時OECDで私の上司だった教育雇用労働社会問題局のトーマス・J・アレクサンダー局長に、「本プロジェクトの完全な合意を得られなかったことは認め、各国に試行調査の実施を提案してほしい」と書いた黄色い付箋を手渡した。PISA案の誕生だった。そしてトーマスは、PISAの最も熱心な推進者となったのである。

もちろんOECDはそれまでにも教育比較に関する多数の調査結果を発表していた。しかし、それらは主に就学年数の測定に基づくものであり、必ずしも学校で学んだことで実際に何ができるかを示す指標にならなかった。

PISAにおける私たちの狙いは、トップダウン組織にさらなる層を作ることではなく、学校や政策立案者が官僚制度の中で上に向けていた目線を、次世代の教員、学校、国のために外部に向けるようシフトさせることだった。

意義のあることに力を注ぐのがPISAの本質である。高精度のデータを集め、それらをより広範な社会的結果に関する情報と結びつける。そして、教育者や政策立案者がより多くの情報に基づいて決定できるように、これらの情報を提供する。

PISAでは、国際的に同意した測定基準で生徒のスキルを直接テストし、生徒、教員、学校、行政から得たデータとリンクさせてテスト結果の差異を解釈し、そしてさらに、共通の評価基準を定めたり周囲からの要望を利用したりしながら、データ分析に向けて協同作業の力を活用する。ここにPISAの背景となる変革的思想が存在する。今日のPISAは代表的なサンプルテストの単なる国どうしの結果比較ではない。数千におよぶ個別の学校が、それぞれの国際的な位置を知るために学校ベースのテストに自発的に参加しているのである。

PISAを別の方法で従来の評価と差別化する努力もしてきた。私たちは、教育とは学ぶことへの情熱を育てること、想像力を刺激し、未来を築くことのできる自立した意思決定者を育成することだと考える。したがって、教室で習ったことを生徒に再現させて、習得の度合いを評価することには重点を置きたくなかった。PISAで高い得点を取るためには、生徒は知っていることから推測し、学校で習う教科を横断して考え、未知の状況に対して自分の知識を応用しなければならない。私たちが知っていることを生徒に教えるだけでは生徒は教員の足跡を追えばよいと思うだろう。しかし、学び方を教えれば、生徒は自分の行きたい方向へ行くことができるのだ。

ＰＩＳＡは、生徒に学校で習得しないことをテストするために不公平だとする批判的な議論もあった。しかし、人生とは不公平なものだ。人生における試練は、昨日学校で習ったことを覚えているかどうかを問うものではない。今日想定し得なかったことに将来対応できるかどうかが問題になる。現代の世の中では、何を知っているかではなく、知っていることで何ができるのかが試される。

パイロット調査にあたっては当然のことながら予算の問題があった。実際最初の2年間はＰＩＳＡへの予算配分はゼロだった。しかし、結局はそれが私たちの最大の強みともなった。調査実施の際、計画を立てたらそれを実行するために技術者を雇用するのが通常である。その結果数百万ドルを要するテストが作成されるわけだが、それは組織が所有するものであり、教育改革を必要とする人々のものにはならない。

私たちはそれを逆転させた。ＰＩＳＡの理念はたちまち世界の代表的な思索家をひき寄せ、参加国から何百人もの教育者、研究者を動員して、子どもたちに何を求めるべきか、それにはどのようなテストをすればよいのかという探究が始まった。いわばクラウドソーシングであるが、呼び名は何であれ、ここから生まれた使命感が成功の鍵となった。

ボトムアップ方式による国際比較構築の有益性を実証した別の例を挙げよう。２００1年に最初の国際結果一覧が発表され、フランスの学校の結果がふるわなかったのを見て、フランスの教育関係者の多くはテストに欠陥があったに違いないと結論づけた。しかし、ＰＩＳＡの方法論の設計主任でオーストラリア教育研究所（ACER: Australian Council for Educational Research）のＰＩＳＡプロジェクトコンソーシアム・コーディネーターのレイモンド・アダムズ氏は、この批判に対する答えを持っていた。彼は、文化的背景やカリキュラムにおける妥当性に鑑みてフランス人が作成し、フランスが高く評価するＰＩＳＡの問題を用いて、つまり、フランスが教育で最重要視するレンズを通して世界と比較した[2]（この手法がどの国にも適用できることも判明した）。結果が明らかに類似していたため、異文化間での妥当性とテストプロセスの信頼性についての議論は一気に静まった。

ＰＩＳＡは教育改革への影響力を年々増していった。3年に一度の調査は、難しい決断をエビデンスにより裏付けることで政策立案者の政治活動コストの削減に寄与してきた。一方で、ＰＩＳＡにより、政策や取り組みが不十分な分野が明るみに出て、これらの政治的な不活動に関してはさらなる投資がおこなわれた。パリでの最初の会議から2年後、参加国は28か国になった。今日、ＰＩＳＡには世界経済の80％を担う90以上の国や地域が参加し、教育をめぐる国際的な対話がおこなわれている。

3　現状肯定に終止符を打つ「ＰＩＳＡショック」

２００1年12月4日にＰＩＳＡの結果が初めて公表されるやいなや、たちまち議論が白熱した。調査結果により明らかになった教育の姿は、大多数の人が思い描いていたものとは大幅に異なっていた。

国際機関が、結果を修正することなく全ての情報を開示したことも衝撃を増大させた。私たちが開発したシステムでは、各国は、結果の公表に同意する前に自国の成績を知ることはできるが、他の国や地域との比較した結果はわからないようになっていた。つまり、ある国が結果公表に参加するかしないかを決めた時点では、他国の教育システムと比較した自国の位置はわからないということだ。

また、私たちはデータを匿名化して、研究者たちが自国や他国の成績結果に左右されることなく結果を評価、分析できるようにした。

しかし、これはほんの手始めにすぎなかった。ＰＩＳＡの一連の調査のたびに結果はより注目を浴び、さらなる議論を呼んだ。２００７年12月に、２００６年の調査結果が公表されると議論は最高潮に達した。各国のその時点での位置を示すだけでなく、２０００年の最初のＰＩＳＡ調査以来、状況がいかに変化したかを測定する三つのデータポイントも含めたからだ。

ある国がなぜ他国の成績に及ばないのかを説明するのは容易だが、政策立案者が「状況が改善していなかった」「他と比べて進歩が遅かった」などと認めることは大変難しい。その結果、政治的圧力がかかることは避けられない。２００６年にＯＥＣＤに着任して間もないアンヘル・グリア事務総長にブリーフィングすると、彼は即座にＰＩＳＡの教育改革への影響力をみいだし、ＰＩＳＡを成功に導くべく尽力した。

ＰＩＳＡがもたらした最も重要な見識の一つは、教育システムは変革可能であり、改善できるということだ。学校がいかなる成果をあげるかに関して不可避で固定的なことは皆無だとＰＩＳＡは示した。調査結果からは、社会的な不利と学校での成績不振には必然的な関連がないことも明らかになった。

この結果は、現状肯定派にとって挑戦的なものだった。ある国が成績向上のための政策を実施することができ、社会的格差をなくすことができたなら、他の国に同じことができない理由はあるだろうか？

さらに、学校の質を保つ教育システムなど、成功すれば持続性のある安定した教育成果がもたらされることを示した国もあった。例えばフィンランドは、ＰＩＳＡの最初の調査で全体的に最も成績の良かった国だが、保護者は自分の子どもがどの学校に入学しても一律に高い水準の教育が受けられると信頼している。

国の成績が絶対的な数値としても、その国の期待値と比較しても低いことが判明した場合、当然のことながらＰＩＳＡの与える反響はかなり大きかった。ＰＩＳＡが、強力な教育改革運動を引き起こすほど国民の注目を集めた国もあった。国民が思っている教育システムと調査結果が相反するときに非難の声は最大となり、国民と政治家が自分たちの教育は世界で最高のものだと思っているのに、ＰＩＳＡがそれとは異なる結果を示した場合には実に大きな動揺をもたらした。

私の出身のドイツでは、ＰＩＳＡ２０００の発表後に激しい教育政策議論がかわされた。生徒の成績が予想を下回っていたことで、政策立案者たちはいわゆる「ＰＩＳＡショック」の応酬を受けた。ＰＩＳＡショックが引き金となって、教育政策と改革に関する国民の議論が続き、何か月もの間、新聞やテレビのニュースを賑わせた。

ドイツでは、どの学校も適切かつ平等に処遇するべく甚大な力が注がれてきていただけに、国民は全ての学校の学習環境は当然一律だと認識していた。しかし、ＰＩＳＡ２０００の結果から学校が社会的経済的に恵まれているか否かによる大きな教育格差が明らかになった。また、生徒の成績の学校間での差が50％のドイツに対し、その差がわずか５％というフィンランドの学校の均質性を示すエビデンスは、ドイツに強い印象を与えた。言い換えれば、ドイツでは我が子をどの学校に入学させるかが重要な問題となっていた。

伝統的にドイツの学校制度では、10歳で子どもたちの進路が知的労働者としてのキャリアへと続く学問コースと、最終的に知的労働者の下で働く職業コースとに分かれる。ＰＩＳＡはこの選別プロセスが今日の格差社会をかなり強固にしたことを示した。すなわち、ＰＩＳＡの分析により、社会経済的背景が有利なドイツの子どもたちは、制度によって、より優秀な教育成果を残す社会的地位の高い進学校へ進み、かたやあまり恵まれない背景の子どもたちは、教育成果も社会的地位も高くない職業学校へと進んでいることが示唆された。

ドイツの教育者や専門家の大半にとってＰＩＳＡが提示した格差はそれほど驚くことではなかった。しかし、不利な環境の生徒の学校の成績がふるわないのは当然のことであり、公共政策の一環として改善するべきこととは見なされていなかった。ＰＩＳＡの結果で衝撃的だったのは、生徒の社会経済的背景が学校の成績に及ぼす影響は国によって実に様々で、ドイツよりも効果的にその影響を軽減している国々があったことだった。実際、ＰＩＳＡによって改善できることがわかり、変革に向け拍車がかけられた。

PISAのおかげでドイツではエビデンスとデータへの新たな態勢が築かれた。特筆すべきは、教育について連邦政府がほとんど口出しをしないこの国で、エーデルガルト・ブールマン連邦教育研究大臣自身がドイツの教育改革に向けた長期ビジョン策定に特別なリーダーシップを見せたことだ。ドイツは2000年代初めに教育への国家支出を実質的に2倍に引き上げた。しかし、お金よりも議論によって国内での幅広い改革の取り組みが始まり、中には革新的な改革も見られた。幼児教育には手厚い教育支援が盛り込まれ、全国教育スタンダードが学校に適用され（州の自治が聖域とされる国では想像しえなかったことである）、移民などを含む貧困層の子どもたちへの支援が強化された。9年後の2009年、ドイツのPISAの結果はかなり改善し、質も公平性も共に大きな進展を見せた。

比較的短期間に教育システムを改善したのはドイツだけではなかった。韓国の平均成績はすでに2000年の時点でも高レベルだったが、PISAの読解力で優良レベルなのは少数の限られたエリートだけであることを韓国国民は懸念していた。10年も経たないうちに、韓国はトップレベルの生徒を倍増させることができた。

ポーランドは学校制度の徹底的な見直しにより、学校間の教育成果のばらつきを軽減し最低レベル校を改善することで全体として学年の半分以上に匹敵する成績アップを遂げた。ポルトガルはコロンビアやペルーと同様に、まとまりのなかった学校制度を統一して全般的な成果を向上させることができた。PISAにおける各国の相対的地位は主として社会文化的要因を反映していると主張する人々さえも、今や教育の改善は実際に可能なのだと認めざるを得ない状況である。

エストニアとフィンランドは、ヨーロッパの教育関係者と政策立案者の視察国として最も人気がある。この2か国では、子どもたちは6歳になると学校に入学し、授業時間は他の多くの国や地域と比べて短い。しかし、15歳になるまでに、この2か国のどの社会経済的スペクトラムに位置する子どもたちも世界のトップレベルに入る。また学校間のばらつきがほとんどなく、学校システム全般において質の高さと均質性の保持に成功している。

ＰＩＳＡの開始当初、成績が良く、教育システムの急速な改善を見せていたのはほとんど東アジアの国だった。実際は学びの定着にあたるものがドリルと反復練習として誤解される場合があるため、西欧ではアジア諸国の成功を生徒への強いプレッシャーと丸暗記によるものだとみなしがちだが、この結果はそうした西欧の一般通念を揺るがせた。[3]

ＰＩＳＡで好成績を取るには丸暗記だけでは不十分である。２０１２年にＰＩＳＡが最初の創造的問題解決スキルの評価をおこなったとき、多くの評論家は国際評価一覧の順位が逆転するか、少なくとも東アジアの得点はかなり低くなると予想した。しかし、トップとなったのはシンガポールだった。シンガポールは、一世代で、開発途上国から最新の工業経済圏へと変容を遂げた国だ。

私が２０１４年3月にシンガポールでこの結果を発表した際、当時のヘング・スウィー・キート教育大臣は、シンガポールが創造的で批判的な思考、社会情動的スキル、人格形成にいかに重点を置いているか強調した。シンガポールというと未だに市民の社会参加、政治参加が遅れているというイメージがあるが、西欧諸国がほとんど気づかぬうちに、シンガポールの教育は静かな革命を成し遂げていた。シンガポールは今や教育機関の質においても、革新的な教育政策の立案や実施における教育者の関与の深さについても一歩先を進んでいる。

日本はこれまで一貫してＰＩＳＡ最上位国の一つだが、各教科の履修内容の再現を要求する問題には強くても、習得した知識を未知の状況に応用する自由記述形式での成績は芳しくないことが判明した。この結果について多肢選択式の大学入試に慣れている親世代や世論の理解を得るのは容易ではなかった。日本は全国学力調査に「ＰＩＳＡ型」の自由記述形式を取り入れるという政策で対応した。この改訂により指導方法にも変化が見受けられた。２００６年から２００９年の間に日本は、ＯＥＣＤ加盟国の中で、自由記述形式において最も足早の改善を見せた。この改善は、弱点に対応するための公共政策の変化が、いかにして教室の現場での変化をもたらせるかを示している点で大きな意義がある。

国民の生活向上のために東アジアがどれだけ教育に力を注いでいるか、未だに西欧諸国は低く見積もりがちだ。２０１２年9月ロシアのウラジオストクでのＡＰＥＣ首脳会議で講演した際、私は、これが教育関係者だけでなく、政府のトップレベルにおける強い関心事となってきていると実感した。

アメリカでは最初のＰＩＳＡはそれほど注目を集めなかった。２００６年の調査結果発表と共に風向きが変わった。ウェストバージニア州の前知事で、卓越した教育連盟（Alliance for Excellent Education）のボブ・ワイズ会長の呼びかけで、全米知事協会（National Governors Association）、全米州教育長協議会（Council of Chief State School Officers）、ビジネスラウンドテーブル（Business Roundtable）、アジアソサエティ（Asia Society）が調査結果を聞くために２００７年12月4日にナショナルプレスクラブで一堂に会したのだ。

数か月後の２００８年2月、私は全米知事協会冬期会議でＰＩＳＡについて講演し、国際比較に向けられた州知事たちからの大きな関心を目の当たりにした。その月に故エドワード・ケネディ上院議員とワシントンのオフィスで会い、ポーランドがいかにして6年間で成績不振の生徒の数を半減させたか説明した。彼の瞳は輝き、当初20分の予定だった私のアポイントはほぼ3時間に及んだ。その年の5月、当時の上院多数党院内総務のハリー・リード上院議員とケネディ上院議員によって特別なランチョンミーティングが手配され、私は20名の上院議員と共にＰＩＳＡの結果について議論した。

ＰＩＳＡへの関心はますます盛り上がっていた。２００９年8月に私が外部専門家として出席したアメリカ下院教育労働委員会（US House Committee on Education and the Workforce）のリトリート会議では、世界の教育リーダーからアメリカが学び得る政策上の教訓について活発な議論がおこなわれた。ひと月後、私は全米州教育長協議会（CCSSO: Council of Chief State School Officers）主催リトリートの一環で、州政府教育部門リーダーたちのフィンランド視察に随行した。[4] 抽象的な議論はその時点ですでに終わっていた。アメリカのリーダーたちは世界最高の成果をあげた教育システムを持つ国の教育リーダーたちに直接会うべく視察に向かっていた。

しかしアメリカ政府が調査結果に本気で注目したのは、続く２００９年のＰＩＳＡ調査後、２００９年から２０１５年までアメリカ教育長官を務めたアーン・ダンカン氏の主導によってだった。彼の「トップへの競争」（Race to the Top）の取り組み[5]はアメリカ各州間の競争を推進するだけでなく、ワールドクラスの教育システムに注目し、外部へ目を向けるよう各州に促した。私はアメリカで一般的に教育のイメージキャラクターとみなされるマサチューセッツ州でこの取り組みの諮問委員を務めた。諮問委員会は、マサチューセッツ州が、州の結果と世界で指折りの教育システムとの依然として大きなギャップをいかにして埋めることができるかに正面から取り組んでいた。

各学年の履修内容の枠組み設定を目指して制定されたコモンコア教育スタンダード[6]の検証委員を務めたときは、アメリカの子どもたちが21世紀に習得するべき目標を設定するにあたり、世界最高レベルの教育システムとの比較が大きく影響していたのを見た。

当然のことだが、メディアが幅広く取り上げてくれたおかげでＰＩＳＡの影響は世界中に広まった。ドイツではＰＩＳＡに関するテレビ番組が作成され、かなり人気となった。[7] そして、教育という特定分野の議論が、教育、社会、経済の関連性という国民的議論へと変容していった。

政府がＰＩＳＡの結果を、同様の課題を持ちながら成功している他国と比較し、政策と実行を検証するピアレビューの開始点として利用してきた国もある。改善に向けた一連の具体的な政策アドバイスを引き出すこうしたピアレビューは、ＯＥＣＤにおける私たちの業績を裏付けるものとなった。

ＰＩＳＡにより、政策立案者や研究者どうしのピアラーニングが促された。しかし、おそらく最も意味があったのは、教員の組織や組合を含む現場の教員たちのピアラーニングも活発になったことだろう。最後になるが、ＰＩＳＡの重要な貢献として忘れてはならないのが、一般国民がより良い教育サービスを求めて声を上げるようになったことだ。多くの国の保護者組織が積極的な役割を果たした。私は、ドイツ、イタリア、日本、メキシコ、ノルウェー、スウェーデン、イギリス、アメリカ、欧州議会の議会公聴会に出席しただけでなく、様々な組織や企業の経営者たちとも会ってきたが、これらの人々は、教育を単に自分たちの会社の将来の働き手を生産する工場としてではなく、自分たちが暮らし働く社会を形成するにあたり重要な役割を果たすものであることを理解している。

政治的怠慢のコストの上昇

１９９７年にＰＩＳＡ開発に取りかかったとき、ブラジルの大統領からＰＩＳＡに参加したいとの電話を受けた。ブラジルはＯＥＣＤ加盟国以外でＰＩＳＡへの参加意向を表明した最初の国で、ある意味驚きだった。当時のフェルナンド・エンリケ・カルドーゾ大統領は、ブラジルが国際結果一覧の下位になるだろうと予想していたはずだ。しかし、後にこのことを彼と話した際、彼は当時のブラジルの教育制度改革における最大の障壁は資源や能力の欠如ではなく、「低レベルの教育水準の中でも生徒が良い点数をとっていることなのだ」と語った。誰も改革が必要だとも、可能だとも思っていなかった。カルドーゾ大統領は国民に真実を理解してもらうことが大切だと考えた。そこでブラジルは、自国のＰＩＳＡの得点を公表しただけでなく、２０２１年までにＰＩＳＡのＯＥＣＤ平均得点に到達するためにはどれだけの成績向上が必要かをすべての中等学校に向けて説明した。

それ以降のブラジルのＰＩＳＡにおける進歩はめざましかった。初めてＰＩＳＡに参加してから９年後、ブラジルは読解力で２０００年のＰＩＳＡ開始以来、最大の得点アップを記録した。

メキシコも同様だった。２００６年のＰＩＳＡ調査によると、メキシコの15歳のほぼ半数がＰＩＳＡ到達度基準の最低レベル以下の学校に通っていたというデータがあったにもかかわらず、２００７年のメキシコの調査では保護者の77％が子どもたちが受けている教育の質について良いまたは大変良いと回答していた。一般に受けとめられている教育の質と、国際比較の結果との齟齬には多くの理由が考えられる。例えば、現在メキシコの子どもたちが通っている学校は、保護者が通っていた時代のものよりも質が高いのかもしれない。

しかし、ここで大事なのは、世論からの要求がない事項への公的投資の正当化は容易ではないということである。２００８年２月にメキシコの当時のフェリペ・カルデロン大統領に会った時、彼は国内の中学校に対してＰＩＳＡ型の国際水準達成を目標に設定するよう検討していた。この達成目標によって、国内の成績と国際水準とのギャップが際立ち、教員の動機づけや能力開発の機会提供などを含むギャップ解消に向けた改善について詳細な話し合いがおこなわれたと思われる。

ＰＩＳＡ型の達成目標に向けて多くの国が同様の対策をとった。各国は、もはや過去の調査結果と学習到達度を比較するだけで自国の教育制度を検証するのではなく、今や世界最高レベルの教育システムが達成した得点をもとに目標を設定し、その目標への到達度を測っているのである。

4　危機に瀕していること

個人や国にとっての教育とウェルビーイング

社会がどのように人々の知識や技能を使い発展するかは、繁栄の決定要因の一つである。ＰＩＳＡに端を発したＯＥＣＤ国際成人力調査（PIAAC: Programme for the Internationl Assessment of Adult Competencies）によると、スキルの低い人はより良い報酬や報われる仕事に従事することが非常に難しい。新しい産業の登場に伴い他の産業が衰退するように、デジタル化はこの傾向を拡散している。この衝撃をやわらげるのが教育に他ならない。２０１６年5月にスウェーデンのステファン・ロヴェーン首相に会ったとき、彼はこのことを踏まえ、今後自分の仕事が消えるかもしれないことを人々が受け入れるためには、知識やスキルを持って新しいものを創造するという自信を持つことの重要性を何度も強調した。

スキルの低い成人人口が多い場合、生産性を向上させ技術を活用することが困難になり、収入や雇用以上に生活水準を上げる障壁となる。ＰＩＡＡＣによると、スキルの低い人は変化する雇用市場では脆弱なだけでなく、社会から遮断され政治的なプロセスにおいて無力だと感じることが多い（図１・２）。

また同じくＰＩＡＡＣによると、スキルが低いほど他者や制度に不信感を持っている。一方、教育、アイデンティティ、信頼の関係性の根源は複雑だが、これらは現代の社会どうしを結びつけるのに重要だ。人や公共機関、十分に規制や整備された市場への信頼なくして、特に短期的な犠牲があり長期的なメリットが直ちに明らかにならない場合、革新的な政策のための公的支援の結集は困難となる。

教育者は元来、道徳的な見地から教育を主張することを好むが、教育の質と経済実績との関連性は強い。それは単なる仮説ではなく測定可能なものだ。経済学者でスタンフォード大学のフーバー研究所（Hoover Institution）のエリック・ハヌシェク上級研究員は、工業世界の教育システムが最高の状態ではないため、OECD加盟国[8]では今年生まれた世代が生涯にわたり経済生産高260兆米ドルを失う可能性があると指摘している[9]（詳細は第4章を参照）。言い換えれば、教育システムの欠陥は大きな景気後退と同等の影響を永久的に持つことになる。

過去に学ぶのではなく、子どもたちの将来のために備える

孔子とソクラテス以来、教育者は二つの目的を認識してきた。それは、過去の意義や重要性を伝えるとともに、若者が未来の課題に備えられるようにすることだ。学校で学んだことが生涯にわたり長持ちするとされた時代には、知識や型どおりの認知能力を教えることがまさに教育の中心だった。検索エンジンを介してコンテンツにアクセスし、定型的な認知課題がデジタル化されてアウトソーシングされる今日、生涯学習者となれるように焦点を当てる必要がある。

生涯学習とは、絶えず学び、状況が変化したときに知識を調整し学び直すことであり、振り返り、見通し、行動の連続したプロセスを意味する。振り返りには、意思決定や選択、行動する際に既知のものや想定されているものから一歩引き、異なる視点をもって批判的なスタンスを取る必要がある。見通しには、将来何が必要か、今日取った行動が将来の結果に及ぼす影響を見越すため、分析的思考や批判的思考といった認知能力を結集する。情勢を作り変化させるのは私たち全ての人にかかっていると信じるからこそ、振り返り、見通しとともに、責任ある行動を進んでとるようになる。こうして主体性が育つ。現代の学校とは、生徒が絶えず進化、成長し、変化する世界で適切な場所を見つけて順応するための場である[10]。

図 1.2　教養の高い成人が経済的アウトカムと社会的アウトカムについて積極的な回答をする確率

読解力の習熟度がレベル 4・5 の成人が、高収入、他者への信頼の高さ、政治的効用感の高さ、健康状態の良さ、ボランティア活動への参加、就業中を回答する傾向を示すオッズ比。比較基準となるグループはレベル 1・レベル 1 未満。

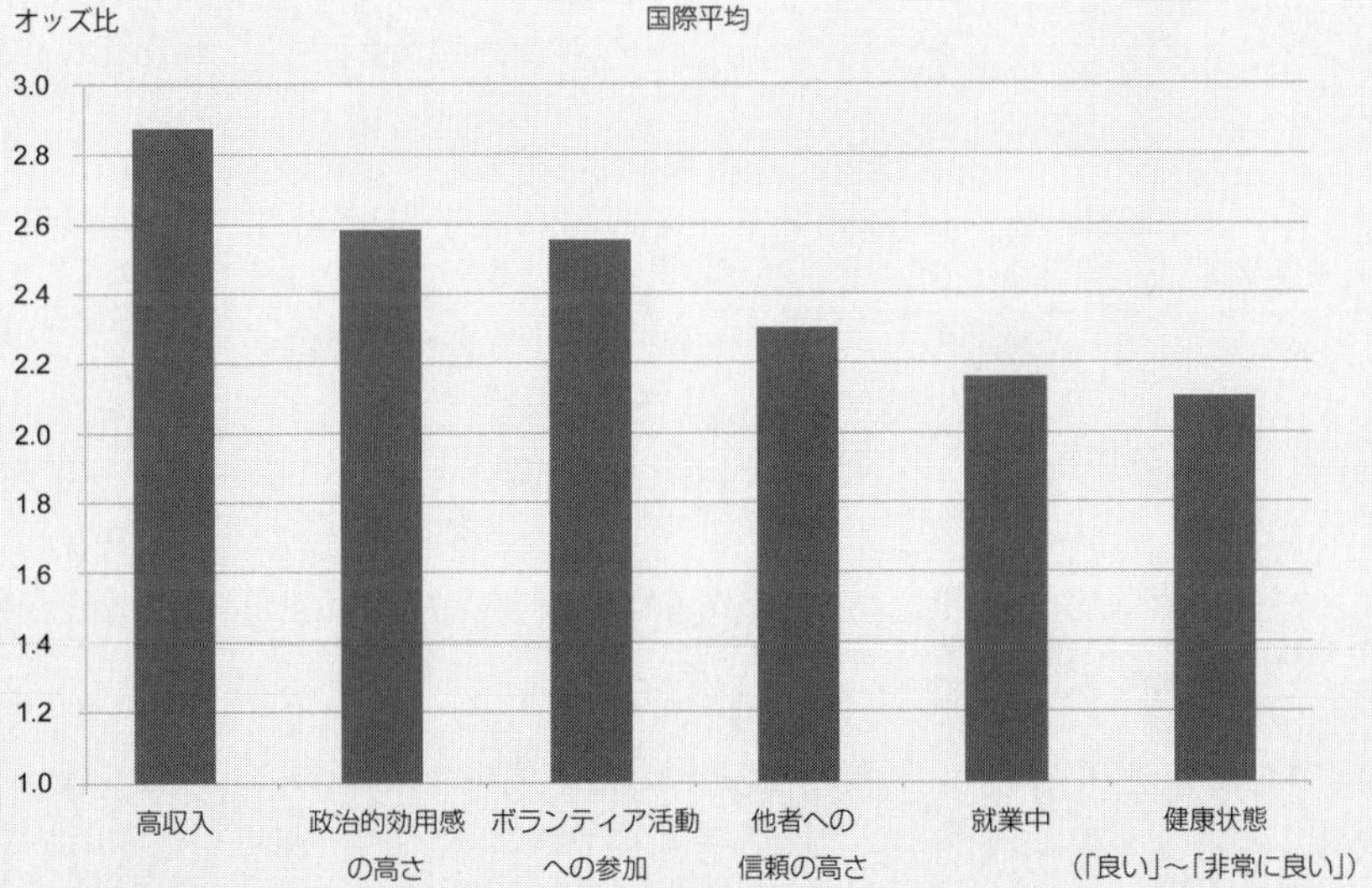

注：オッズ比は、年齢、性別、学歴、移民か否か及び言語的背景を調整済み。高収入とは、労働者の時間当たりの収入が国の中央値よりも高い場合。
出典：Survey of Adult Skills（PIAAC）（2012, 2015）, Tables A5.13, A5.14.
StatLink：http://dx.doi.org/10.1787/888932903633

まだ存在しない将来の仕事のために学び、想像し得ない社会の課題に取り組み、まだ発明されていない技術を活用する準備のため、学校は生徒がかってない急速な変化への準備をする場となる。また、生徒が相互につながり合う世界で、異なる視点や世界観を理解し、他者を尊重して互いによくかかわり合い、持続可能で集団的福利のために責任を持って行動する準備の場となる。

認知的、情動的、社会的レジリエンスを強化する教育により、予期せぬ混乱の中でも人は組織や制度を存続し、おそらく繁栄させることができ、社会や経済の変化にあって繁栄するのに必要な柔軟性、知性や敏感さをコミュニティや機関に提供できる。

もちろん最先端の知識は常に重要だ。革新的で創造的な人々は、一般的に知識や実践の分野で専門的なスキルを持っている。学び方を学ぶことが重要で、人は常に何かを学ぶことによって身につける。しかし、教育での成功はもはや学んだ内容の知識を再現することではなく、主に既知のことから推定し、今までにない状況で創造的に応用することだ。例えば、科学者、哲学者、数学者のように考える認識論的知識は、特定の公式、名前、場所を知ることよりも優先される。だから今日の学校教育に特に必要なのは、創造性、批判的思考、課題解決や判断を含む考え方、コミュニケーションやコラボレーションを含む活動方法、新しい技術の可能性を理解し活用する能力を含む活動のためのツール、能動的かつ賢明な市民として多面的な世界に生きる能力である。[11]

学校での従来的なアプローチとして、扱いやすいように課題を小さく分割し、解決方法を教えることがよくある。しかし、現代の社会は様々な知識分野を統合し、以前は関係ないと思われたような考えを結びつけることによって価値を創造する。そのためには他分野の知識に精通し、受容する必要がある。

現在の学校では、通常、生徒が個々に学び、学年末には個々人の成績を評価する。しかし、世界がより相互に依存するにつれ、より協同的であり俯瞰して実務をおこなうような人が必要になる。イノベーションとはいまや孤立した個人の成果ではなく、むしろ知識を動員、共有、統合された成果である。ウェルビーイングは総意に基づいて協同する人々の能力にますます依存している。したがって学校は、生徒が現代の生活で多元的共存性を自覚して成長することをよりよく促す必要がある。つまり、協同を教えその価値を理解するとともに一人ひとりの学業成績を達成し、生徒が自分自身のために考え、他者のために行動できるようにすることを意味する。

現実には生徒がほとんどの時間を個々の机で過ごしており協同学習の時間は限られていることが、2015年のPISAによる最初の「協同問題解決能力」の調査結果から驚くほど明らかになった。集団力学を意識し続け、目的達成のための障害を克服し、他者との意見の不一致を解決する行動をとる必要があったとはいえ、比較的シンプルな内容の問題解決のタスクを完了することができた15歳の生徒はOECD加盟国平均で10人中1人より少なかった[12]（詳細は第6章を参照）。

より一般的には、要求されるスキルの変化が社会情動的スキルの重要性を高めてきた。目標を達成し、他者と共に生きて働き、感情をコントロールするのに関係するこのスキルには、忍耐、共感、他者の視点、思慮深さ、倫理、勇気、リーダーシップなどの性質が含まれる。実際にそのような性質を育成する際立ったエリート校を見てきたが、幅広い目標を不可欠なものとして掲げてきた教育システムはほとんどない。大多数の生徒にとって学校での人間性形成は教員の優先事項であるかどうかによる運の問題である。

社会情動的スキルは次々に多様性と重要な形で交差している。様々な考え、観点、価値観を理解し、多様な文化的起源の人々と協力し、テクノロジーによって空間と時間を橋渡しする必要があるという世界、国境を越えた問題により人生に影響を受ける世界で子どもたちが生きて働くのに役立つ。テクノロジーによって世界中の人々がさらにつながっていくとともに、多様なチーム内での効果的なコミュニケーションと適切な行動が多くの職場での成功の鍵となる。雇用主は、新たな文脈に自身のスキルや知識を適用したり応用したりし、容易に適応する学習者をますます求めている。相互に関連する世界に求められる社会人として、若者はグローバリゼーションの複雑な動態を理解し、異なる文化的背景を持つ人々にオープンである必要がある。

異なる視点や世界観に従うには、一人ひとりが他者の起源や含意や前提を調べる必要がある。これは他者の現実観や視点に深い敬意と関心を持つということである。他者の立場や信条を認識するとは、必ずしもその立場や信条を受け入れることではない。しかし、複数のレンズを通して物事を見る能力は自分自身の視点を深め、より成熟した意思決定を可能とする。そうでなければ、教育システムは砂上の楼閣である。たとえ境界を主張しても、相互依存している現実では境界を維持できないのである。

これらの認知的、社会情動的スキルを育成するには、学習と教育のための非常に異なるアプローチや教員の能力が必要となる。前もって準備された知識を授けるような教育では教員の質は低くなる。そして教員の質が低いと、政府は望む結果を得るために民間セクターを使って、教員に何をすべきか、どのようにしてほしいのかを正確に伝える傾向がある。現在の課題は、教職というものを高いレベルで自律し協同的な文化で働く進歩的な知識労働者とすることだ。教員は有能な専門家、倫理的教育者、協同学習者、革新的な設計者、変化に富むリーダー、社会の構成員として働いている。

しかしそのような人々は、主に行政上の説明責任体制、職務を指示する官僚的な指揮命令系統、科学的管理主義で組織された学校の交換可能な大量生産品としては機能しない。現代の学校システムに必要な人々にとって魅力的であるためには、学校の専門的な統制基準、官僚的で管理的な職業基準を変える必要がある。過去とは社会通念であり、未来とは私たちが創り出す知恵なのである。

かつては分断されていた。すなわち生徒を内部に閉じこめるように設計された学校で、教科や将来のキャリアへの期待別に分けられたことにより、教員や教育内容も振り分けられた。校内以外は全て外部で、家族とのかかわりや他校とのパートナーシップにも消極的だった。将来は教科や生徒の相互関係に重点を置いて統合していく必要がある。また、実社会の文脈と現代の課題に密接に関連づけられ、地域コミュニティの豊富なリソースに対してオープンな学びであらねばならない。効果的な学習環境は、他者との専門的、社会的、文化的資本を高めるため、常に相乗効果を創出し新たな手法を見つけ、家庭や地域社会、高等教育、企業、特に他校や異なる学習環境でおこなわれることでまさに革新的なパートナーシップを創ることになる。複雑な学習システムにある現代の世界で孤立すると、潜在的な可能性を制限する危険がある。

過去の指導は教科中心だった。将来の指導は多くがプロジェクト型となり、主題となる教科や分野の境界を超えて生徒が考えるのに役立つ経験を積み上げる必要がある。過去は階層的でもあった。未来は協同的であり、教員と生徒の両者をリソースであり共同制作者だととらえる。

過去には、異なる生徒が似通った方法で教えられたが、現在では多様性を受け入れ異なる学び方を採り入れる学校システムが必要だ。以前は標準化とコンプライアンスが目標とされ、標準的なカリキュラムに従い年齢層ごとに教育され、全て同時期に同様に評価された。今後は生徒の学習や評価が個別化されるよう、生徒の情熱や能力から指導を組み立て、熱意や才能を育成するため独創性を奨励する必要がある。

学校システムは、一人ひとりが人生の様々な段階で異なる方法で学ぶことをより認識する必要がある。生徒が学びに向かい、生徒の成長に最も役立つ教育を提供する新しい方法を創り出す必要がある。学習とは場所ではなく活動なのだから。

従来の学校は技術的に孤立した島のようであり、既存の実践を支援するテクノロジーに限られていた。そして、生徒は学校以上にテクノロジーを導入し、活用していた。今や学校は過去の慣習から学びを解放し、新しく効力のある方法で生徒をつなぎ、知識の源泉や革新的な応用でテクノロジーを使いこなす必要がある。

従来の政策は、教育を提供することに注力してきた。それが今、教育の結果の保証に変わっている。上を見て働く官僚主義から次世代の教員、次世代の学校、そして次世代の教育システムへの移行である。従来の政権は、学校運営を重視していた。今求められるのは、優れた教員を支援、評価、育成し、イノベーティブな学習環境を作り上げる学校管理職の教育的リーダーシップである。これからは品質管理ではなく、品質保証が求められるのである。

そのようなシステムの変革は、表面的な法令のコンプライアンスをもたらす施政によって義務づけることはできず、まったく何もないところから構築することもできないのが課題である。

政治だけで教室内を革新させることはできないが、変化のために事例の構築や組織だったコミュニケーション、21世紀の学びに向けた指針を明確にすることには役立つ。政治は刺激を与えるとともに実行可能となるよう、プラットフォームや橋渡しとして重要な役割を担っている。資源を集中し、政策の情勢を促進し、新しい実践を奨励するよう説明責任や報告を調整することができる。

しかし、教育は変化の鍵となる主体をより明確にし、擁護し、イノベーションの拡大と普及のためにより効果的なアプローチを見つける必要がある。それは、イノベーターがリスクをとって新しいアイデアを実現するためにありとあらゆることをおこない、成功を認識し、報酬を与えるのにより良い方法を見つけることである。過去においては、公共セクターと民間セクターが対立していたが、今後は公共セクターと民間セクターが共に進むことが重要である。

多くの教育システムはこれらの課題にひるむことなく、孤立した地方の事例だけでなく、システム的にも革新的な対応を見つけるための道を切り開いている。

インスピレーションを求めて

暗い夜、車に戻った時に車のキーを紛失した運転手の話がある。彼が街灯の下を探し続けていたところ、誰かに「鍵を落とした場所はそこか」と聞かれ、「違うがここしか見えないから」と答えた。

教育にも同じことが言える。最も手にしやすく、見やすいものを見るという根深い本能がある。見るのに最適な場所ではなくても、慣れ親しんだ質問と回答がある。多くの場合、最も重要なことではなく、最も簡単に測定できる方法で教育の進捗状況を確認する。そして、他の所で達成されているものとの比較ではなく、自国や特定の地域の自身の学校内で起こっていることのみに基づいて教育を議論することが多い。

グローバル化は、経済、職場、日々の生活に大きな影響を与えており、教育は非常に局所的で内向きになることが多い。教育システムは、互いに学ぶことから分離する「壁」を構築する傾向がある。学校が組織され情報が管理されることで、学校と教員が自分たちの仕事に関する知識を共有するのが困難になっている可能性がある。教育システムの運営者は、自分の長所と短所に関する知識を得られるが、最前線で教育を提供し尽力している校長や教員はそうではない。自身の知識をより効果的な実践に転換する方法を知らないかもしれない。

同様の壁が各国の教育システムを隔てており、国境を越えて他国の教育政策や実践に目を向ける機会はほとんどない。言い換えれば、他国の経験から学ぶことがほとんどない。今を生きる若者の人生や未来のため、新たな政策や実践を試みる倫理的な要素を考えれば残念なことだ。

国際比較が非常に重要な理由はここにある。教育の世界をリードする人々が達成した公平性、効率性の高い功績に基づいて教育の可能性を示すことができる。これにより政策立案者は、測定可能な目標に基づいて有意義な目標を設定することができ、異なる教育システムが類似の課題にいかに対処しているかを理解できる。おそらく最も重要なのは、政策立案者や実践者が国際的な視点から自らの教育システムについてより明確な見解を得る機会が提供されることである。そのシステムの根底にある信念や構造、強みや弱みを深く理解したうえで教育システムは変更、改善されなくてはならない。

国際比較することで教育開発の変化の速度も明らかになる。アメリカと韓国を例に挙げよう。１９６０年代のアメリカの高校卒業率は世界で最も高かった[13]。アメリカは経済大国かつ軍事的大国であり、また教育大国でもあった。学校教育の一般化という投資は、「先行者利益」として経済的成功を導く助けとなった。

しかし、１９７０年代と１９８０年代には、他の諸国が追いつき、１９９０年代にはアメリカの高校卒業率は13位に落ちた。現在でも55～64歳の層で高校と大学の両方の卒業資格を持つ割合で見ると[14]、アメリカは他国よりも進んでいるが、若年層の卒業率は平均に向かって低下している。早急な進展には至らなかったのは、アメリカが後退したわけではなく、アメリカの平均教育水準を上回る国が増えたためである。

対照的に１９６０年代の韓国は今日のアフガニスタンと同程度の生活水準にあり、教育水準は最も低い部類にあった。現在、十代の高校卒業率については、韓国は世界で最も高い[15]。韓国は教育基盤を構築し、ハイテク経済に変化した。韓国や東アジアの教育システムの高い成果は、満足度が低い生徒の犠牲に成り立つと言われる向きもあるが、東アジアへの教訓として、最新のＰＩＳＡの結果を見ると、エストニア、フィンランド、オランダ、スイスなどの教育システムは、生徒の高い満足度と優れた学習成果の両方を達成している。

もちろん、国際評価には思わぬ誤りもあり、信頼性の高いテスト設計にはまだまだ課題が残る。成功といえる基準は、国家間の比較が可能であり、国レベルで意味のある方法でなくてはならない。比較可能な結果を得るためには、同条件でテストを実施する必要がある。それ以上に、政策立案者は新たな選択肢を探索するための手段としてではなく、既存の方針を擁護する結果を重点的に使用する傾向がある。

最新のＰＩＳＡの結果が２０１６年12月に発表される直前、今回のＰＩＳＡの順位に大きな変化があるかと、世界中の人々から電話がかかってきたが、ＰＩＳＡのような国際比較には驚くようなことはない。教育の質と公平性は、計画的で慎重に設計され、組織的に実施された政策と実践の結果である。急速に改善した学校システムがＰＩＳＡの結果という証拠を得たとしても、教育改善には地層ができるような時間を要する。しかし、国の相対的な立場は主に社会文化的背景を反映していると主張する者でさえ、教育システムの改善は可能だと認めざるを得ない。ＰＩＳＡの結果で最も驚くべきことは、優れた学校や教育システムには多くの違いにもかかわらず、文化的、国家的、言語的な境界を超えた共通の特色が見られることである。だからこそ、国際的な視点から教育を調査研究する価値があるのだ。

今こそ問いかけよう。世界一先進的な学校システムから何を学ぶことができるか。他国の事例は生徒、教員、学校管理職にどのように役立つか。政治家や政策立案者は、類似の課題に直面している国からどのように学び、情報に基づいたより良い意思決定をおこなうことができるか。さらにそれに続く国際的な例があるにもかかわらず、なぜ彼らから学ぶのが難しく、同じ過ちを繰り返すのを止められないのか。このような疑問を尋ね、答えることはかつてなく急務である。

注

1　これらはＰＩＳＡ測定基準のレベル１の問題で、簡単なテキストの読解力と基礎的な数学および科学の概念と手順の習得という初歩的スキルを問うものである。レベル１では、必要な情報はすべて与えられ、質問も明確で、見慣れた内容の問題に答えればよい。わかりやすい状況の中で直接的な指示に従うことにより、情報の特定ができ、決まった手順を踏むことができる。ほとんどの場合わかりきった作業をおこない、与えられた条件にそのまま反応するだけでよい。その上のレベル２では、生徒は単純な推論で解釈、理解できるような問題を与えられる。生徒は、単一の情報源から必要な情報を取り出し、一つの代表的なひな形を利用することができる。このレベルの生徒は、整数を使った基礎的アルゴリズム、公式、手順、基本的解法を行使できる。また、結果を文章で説明できる。詳細とサンプル問題は、OECD（2016a）を参照。

2 Adams（2002）参照。

3 Chu（2017）参照。

4 https://www.ccsso.org/ 参照。

5 https://www2.ed.gov/programs/racetothetop/index.html.

6 http://www.corestandards.org/.

7 PISA – Der Ländertest, http://www.imdb.com/title/tt1110892/.

8 ２０１８年5月現在、ＯＥＣＤ加盟国である35か国は、オーストラリア、オーストリア、ベルギー、カナダ、チリ、チェコ、デンマーク、エストニア、フィンランド、フランス、ドイツ、ギリシャ、ハンガリー、アイスランド、アイルランド、イスラエル、イタリア、日本、ラトビア、ルクセンブルク、メキシコ、オランダ、ニュージーランド、ノルウェー、ポーランド、ポルトガル、スロバキア、スロベニア、韓国、スペイン、スウェーデン、スイス、トルコ、イギリス、アメリカである。

9 Hanushek（2015a, 2015b）参照。

10 Leadbeater（2016）参照。

11 Griffin and Care（2015）参照。

12 OECD（2017h）参照。

13 歴史的達成率のデータについては、Barro and Lee（2013）参照。

14 現在の教育達成のデータについては、OECD（2017a）参照。

15 後期中等教育の初回卒業率については、OECD（2017a）参照。

第2章

幾つかの神話を暴く

WORLD CLASS

はじめに

ＯＥＣＤ生徒の学習到達度調査（PISA: Programme for International Student Assessment）のような国際テストは各国が他国の教育システムと比較してどのような成果を上げているかを映し出す鏡である。また、多くの間違った仮定を明らかにし、教育改善に向かうことを可能にする。

1　貧しい子どもは成績が悪い。これは運命なのか

生徒が持って生まれた貧困を補うために教室で奮闘する教員でさえ、貧困は必然だと信じている場合がある。しかし、ＰＩＳＡの結果は、それが誤りだと示している。社会集団の良し悪しがそのまま学校の成績や日常生活に直接結びつくとは限らない。

この話には二つの側面がある。一方は、全てのＰＩＳＡ参加国で学習成果と生徒や学校の社会的背景には関係が見られることである。これは教員や学校にとって大きな課題である。[1] しかし、一方で、社会的背景と学習成果の質との関係は、教育システムで大きく異なる。つまり恵まれない生徒だからといって、必ずしも学習成果も悪いわけではない。２０１２年のＰＩＳＡでは、上海で15歳の最も恵まれない10％の生徒が、アメリカや他国の最も恵まれた10％の生徒よりも優れた数学的リテラシーの成果を示した。[2] 同様に、２０１５年のＰＩＳＡでは、エストニアとベトナムの最も恵まれない10％の生徒がＯＥＣＤ加盟国の平均的な生徒と

同様の成果を示した（図1・1参照）。

エストニアや上海、ベトナムの恵まれない生徒が西欧諸国の平均的な生徒と同等の学習成果を出せるならば、なぜ他の国の貧困層がエストニアや上海、ベトナムと同じ成果を出せないと言えるだろうか？

通う学校や住んでいる国によって、似たような社会的背景を持つ生徒でも学習成果に大きな違いが見られる。恵まれない生徒が成功する国や地域は、社会的不平等の緩和に成功している。幾つかの国や地域では、最も才能のある教員、最も困難を抱える生徒、最も優れた学校管理職を最も恵まれない学校に集め、成功するために必要な支援を与えている。彼らは全ての生徒に高い基準を適用し、挑戦し、全ての生徒と向き合っている。背景の異なる生徒に寄り添いながら、最も適切で効果的な学習指導方法を用いるのである。

全ての国に優秀な生徒はいるが、全ての生徒が優秀な国はない。教育による更に大きな公平性の達成は、社会正義として重要であるだけでなく、より効率的に資源を使用し、全ての人々が社会に貢献できるようにするための方法でもある。結局のところ、最も弱い子どもたちをどのように教育するかは、社会の在り方を反映している。

アメリカ人批評家は、「恵まれない生徒が非常に多いアメリカでは、教育の国際比較をおこなう意味がない」と主張する。しかし、実際にはアメリカは他国よりも多くの社会経済的利点を持っている。ほとんどの国に比べて裕福であり、教育に多くの予算を投じている。高齢のアメリカ人は他のほとんどの国の人よりも教育水準が高く、それは生徒にとって大きな利点である。実際、アメリカの社会経済的に恵まれない生徒の割合は、ＯＥＣＤの平均値にほぼ等しい。

これまでのＰＩＳＡによると、アメリカでは社会経済的に恵まれないことが生徒の成績に大きな影響を与えたと言える。言い換えれば、アメリカでは、異なる社会経済的背景を持つ二人の生徒の学習成果の違いが、他のＯＥＣＤ加盟国よりもはるかに大きいということだ。

PISA入門

PISAは、参加国・地域の15歳から無作為抽出された生徒が受検し、数学的リテラシー、読解力、科学的リテラシー、革新的な分野について、3年ごとに実施される国際的な学力調査である。受検対象は、多くの国で義務教育が修了する15歳である。

PISAは、16～65歳の読解力、数的思考力、ITを活用した問題解決能力を測定するOECD国際成人力調査（PIAAC: Programme for the International Assessment of Adult Competencies）と緊密に連携している。PISAは学校システムが人生の基盤をいかに効果的に達成しているかを評価するのに対して、PIAACは初期スキルがどのようにその後の学習、経済、雇用、社会的な成果につながるかを調査する。

PISAは学んだ内容に関する知識、学んだ内容を未知の状況で創造的に活用する能力の両方を評価する。

PISAの基本的な調査設計は、初めて調査を実施した2000年以来一定である。これにより、各国は政策変更と教育成果の改善を経年で比較できる。

PISAは、幅広い文化や言語に対応し、評価に用いる題材のバランスをとることに相当な労力を費やしている。テストのデザイン、翻訳、サンプリング、データ収集においても、厳格な品質保証がおこなわれている。

PISAは様々な関係者の協働で推進されるプロジェクトである。PISAの出題範囲と内容、収集される背景情報は参加国・地域を代表する専門家が決定する。政府は、政策的な共通の関心に基づいてこれらの決定を監督する。

しかし、ここがこの物語の面白いところである。アメリカのＰＩＳＡの結果は、学校ごとの成果の格差が人生の機会の不平等につながり、社会的流動性を低下させる悪循環につながることを示している。

アメリカでは２００６年から２０１５年における社会的背景と生徒の成績との相関が他のＰＩＳＡ参加国・地域よりも弱い。次のように考えてみよう。２００６年には、最も恵まれない15歳の少年のうち５人に１人が科学的リテラシーで優れた成績を残した。２０１５年には３人に１人がそうすることができた。つまり社会的流動性が増し、アメリカン・ドリームを実現する可能性がある生徒の割合は、10年で12％増加したのである（図２・１）。

2 移民は学校システムのパフォーマンスを低下させるのか

近年、何千人もの移民や亡命希望者（前例のない数の子どもたちを含む）が、ヨーロッパでの安全とより良い生活を求めて荒海や有刺鉄線のバリケードを越えようとしている。私たちの学校は、移民の生徒が新しい社会に受け入れられるように助ける準備ができているのか？　そして、異なる文化的背景の人々と協力し合う準備ができているだろうか？　多くの人は、それは単に不可能だと考えている。

しかし、次の点を考慮してほしい。ＰＩＳＡの結果は、ある国の移民の背景を持つ生徒の割合と、その国の生徒全体の成績には関係がないことを示している（図２・２参照）。同じような移民履歴と背景の生徒であっても、各国の成績レベルには非常に大きな違いがある。移民問題が起こる前から教育移民はあったが、近年移民生徒への注目は高まっている。

例えば、オランダに移住したアラブ系移民の生徒は、社会経済的な違いを考慮したうえでも、カタールに

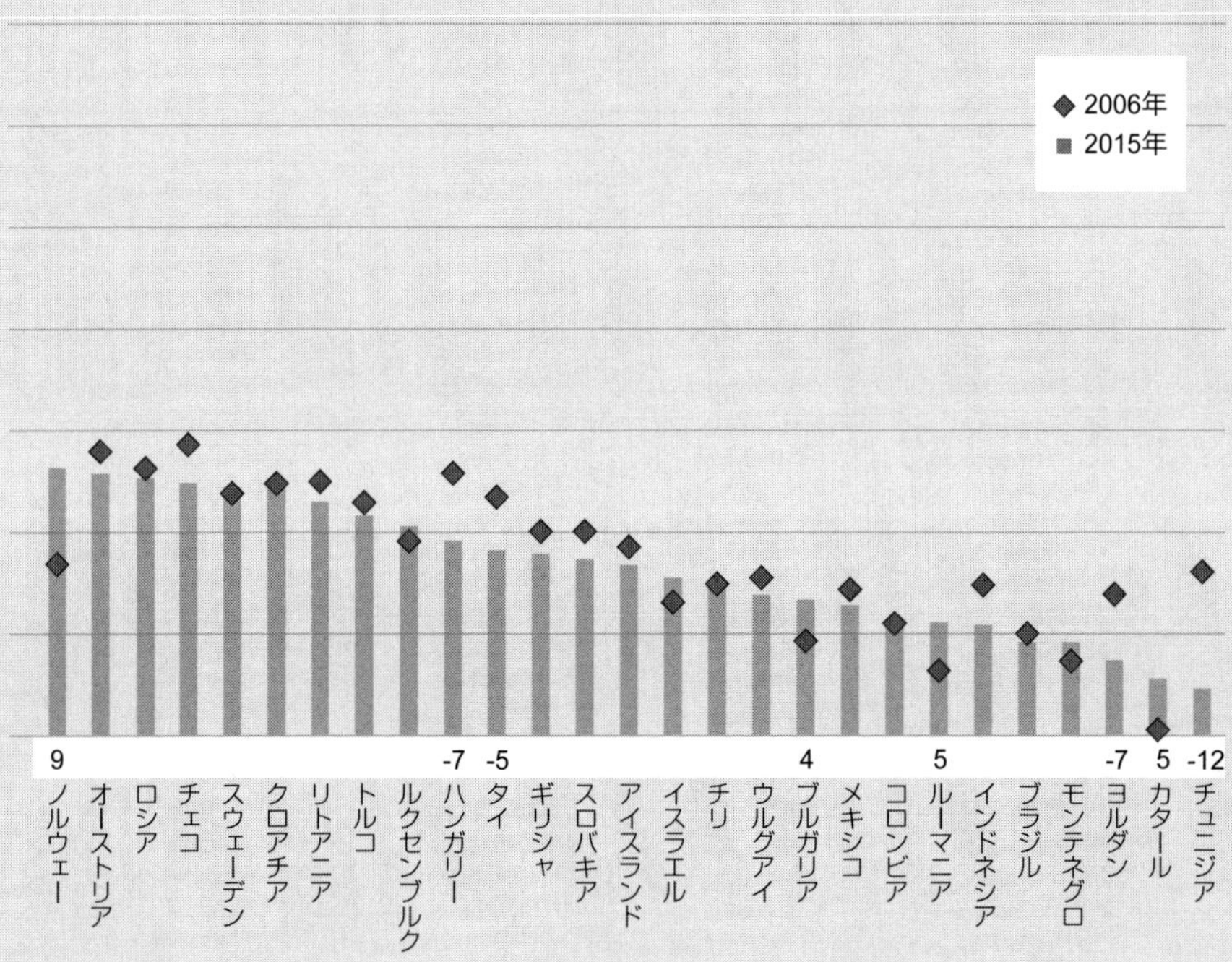

2006年
2015年
9
-7
-5
4
5
-7
5
-12
ノルウェー
オーストリア
ロシア
チェコ
スウェーデン
クロアチア
リトアニア
トルコ
ルクセンブルク
ハンガリー
タイ
ギリシャ
スロバキア
アイスランド
イスラエル
チリ
ウルグアイ
ブルガリア
メキシコ
コロンビア
ルーマニア
インドネシア
ブラジル
モンテネグロ
ヨルダン
カタール
チュニジア

図 2.1　貧困層の生徒は富裕層の生徒や世界の成績上位の生徒に勝目はあるのか

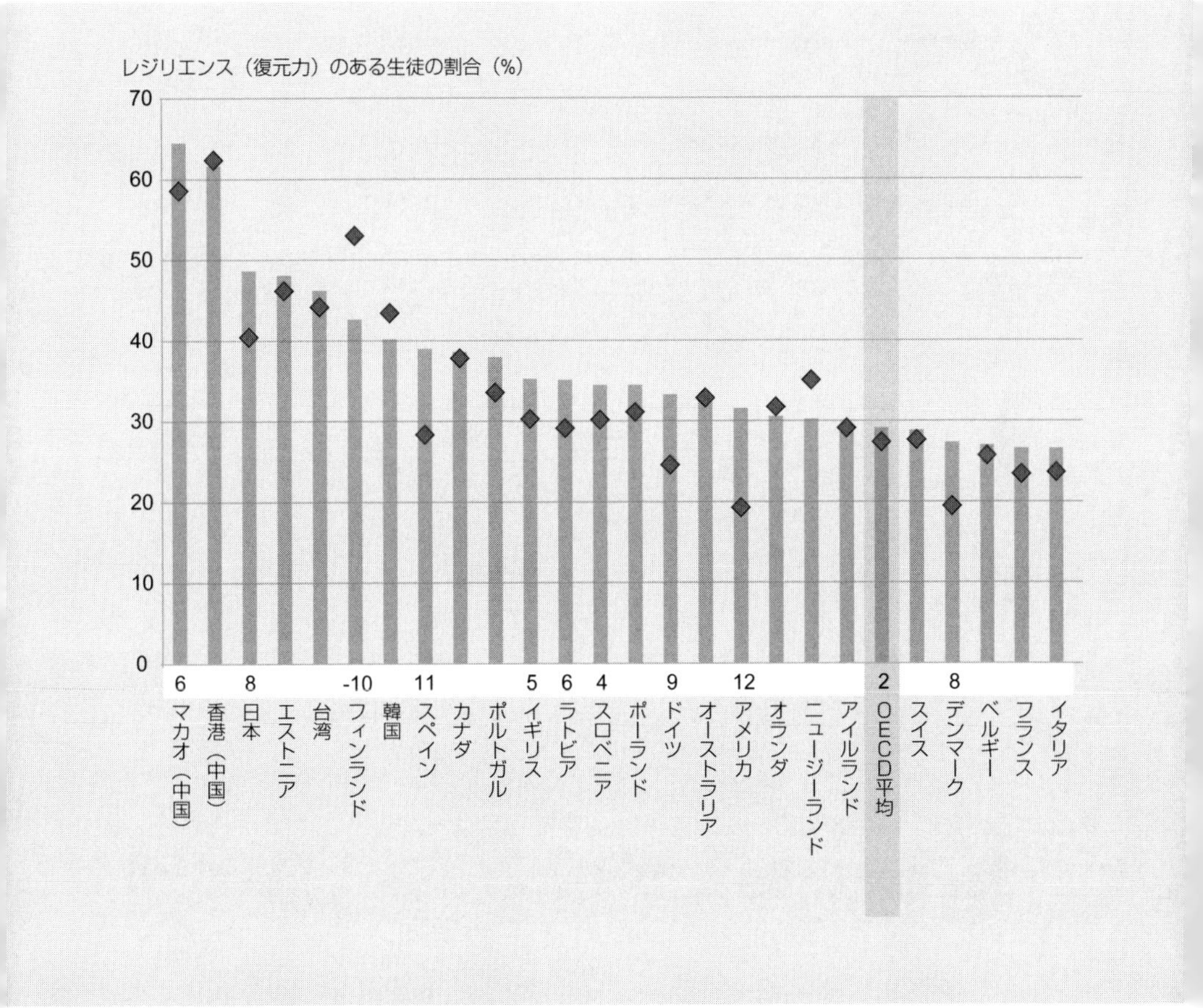

注：PISA の経済社会文化的背景指標の下位 4 分の 1 の生徒が、全ての国の生徒の上位 4 分の 1 にいる場合をレジリエンスのある生徒と考える。2006 年と 2015 年のレジリエンスのある生徒の割合の差（パーセントポイント）を国・地域の名前の上に示す。統計的に有意差のあるもののみを示す。
左から順に、2015 年にレジリエンスのある生徒の割合が高い国・地域。
出典：OECD, PISA 2015 Database, Table I.6.7.
StatLink：http://dx.doi.org/10.1787/888933432860

科学的リテラシーの成績（得点）と恵まれない移民生徒の割合

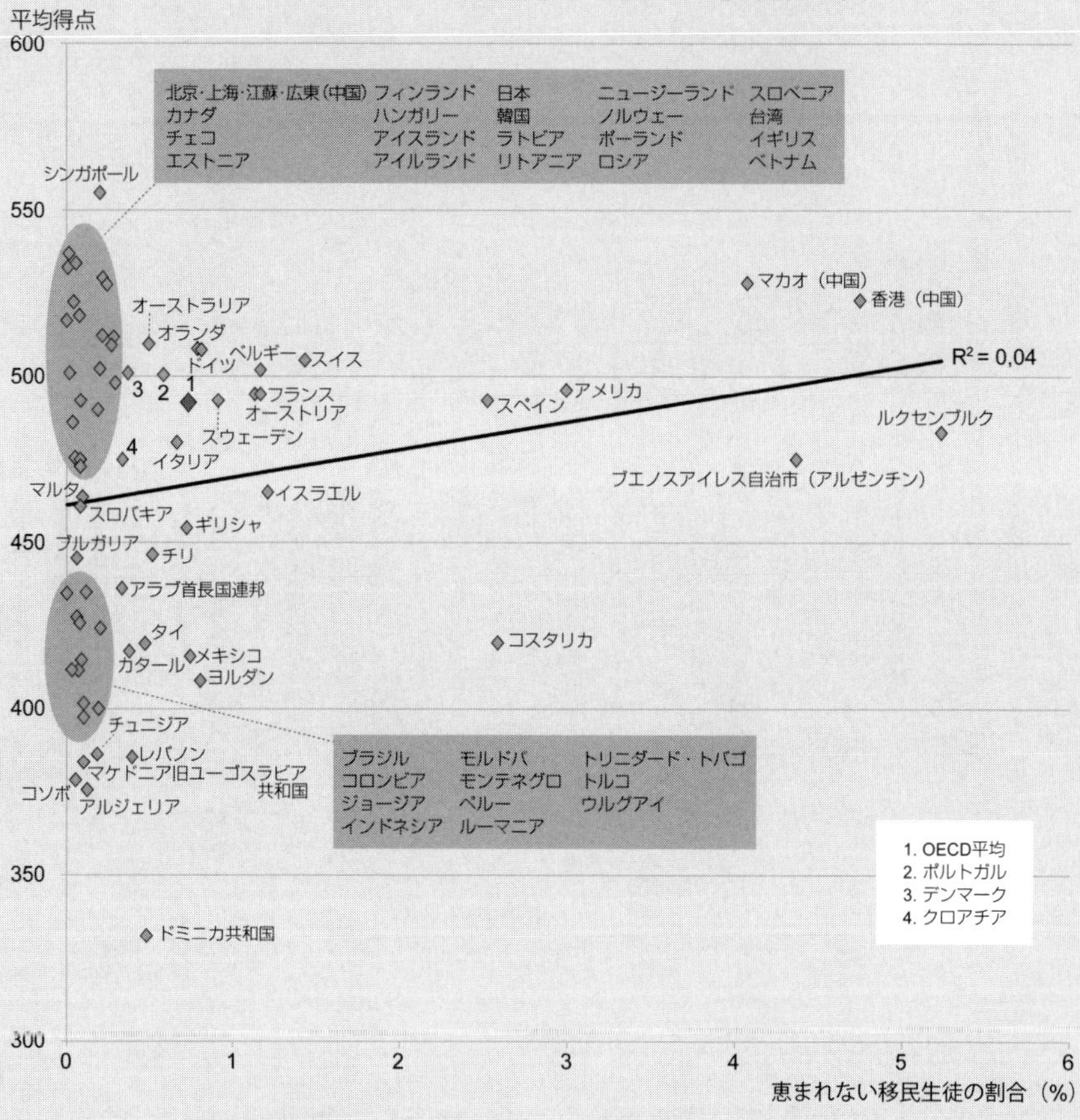

図 2.2　移民生徒の人口と国の成績平均に相関はない

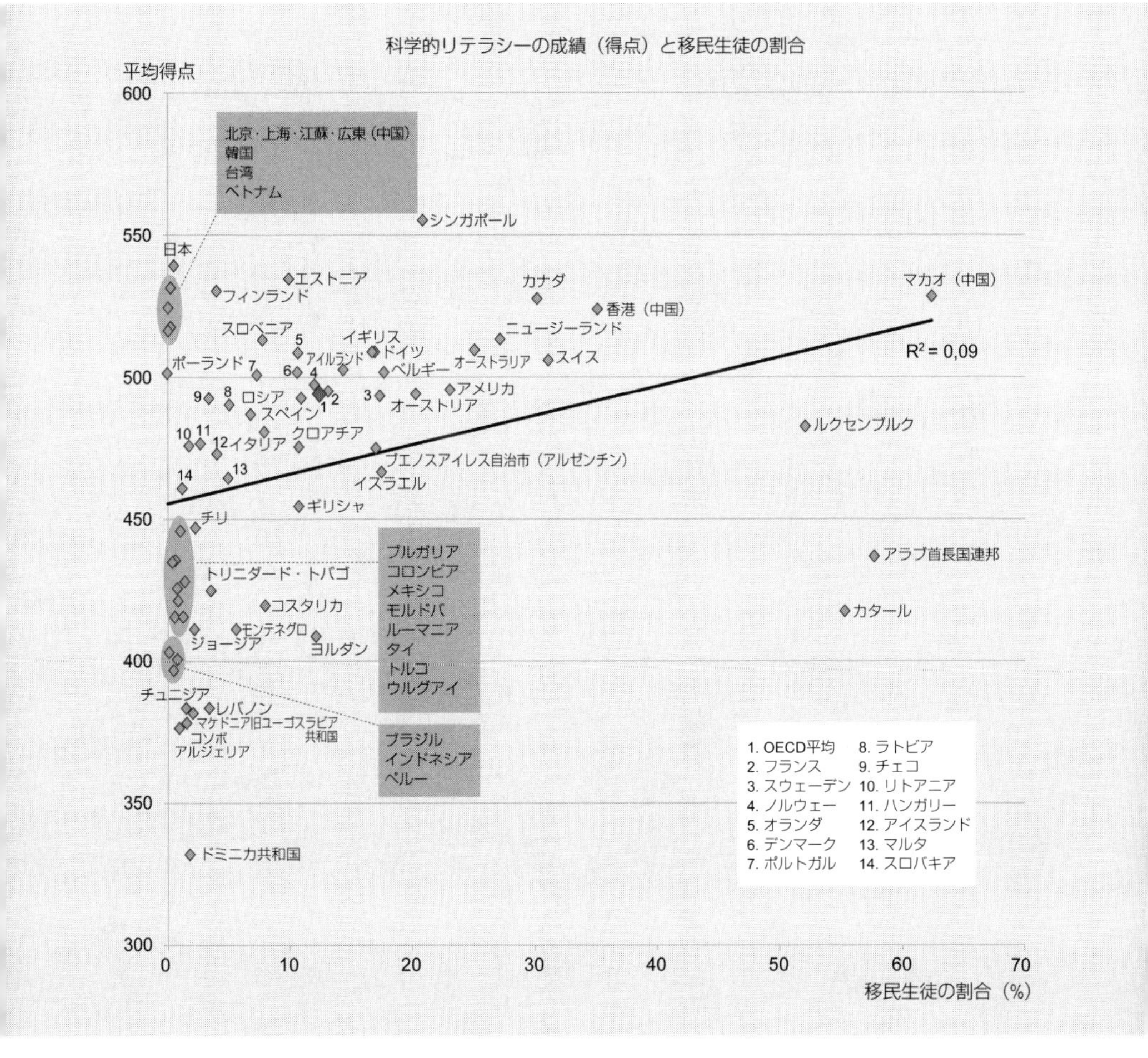

出典：OECD, PISA 2015 Database, TableI.7.3.
StatLink：http://dx.doi.org/10.1787/888933432897

移住した同じ国の生徒よりも科学的リテラシーの成績は77点高い。これは2学年相当の違いである。彼らはまた、デンマークに移住した同様の生徒と比べても56点高い。

中国で生まれて他国に移住する生徒は、行き先がどこであっても母国の生徒よりも成績が良い。しかし、行き先がどこであるかは重要である。オーストラリアでは、第一世代の移民がオーストラリア人の同級生とほぼ同じ502点を獲得している。第二世代の移民はオーストラリアの同級生よりも2年以上早く592点を獲得した。言い換えれば、社会的背景が生み出すコホート効果（世代効果）があるかぎり、これらの移民生徒は、生徒の社会経済的背景を考慮しても、移民背景がないオーストラリアの生徒よりもオーストラリアの学校システムの恩恵を受けている。

OECD加盟国では、移民の生徒と移民背景のない生徒の成績格差は2006年から2015年にかけて縮小した。この変化は、ベルギー、イタリア、ポルトガル、スペイン、スイスで特に顕著であった。[3]例えば、その期間にポルトガルでは移民背景がない生徒の科学的リテラシーの成績が25点向上したのに対し、移民の生徒は約2学年に相当する64点向上した。イタリアの移民生徒は科学的リテラシーの成績が31点、スペインでは23点向上したが、両国で移民背景のない生徒の成績は一定であった。どの国もこれらの改善が移民人口の動態変化とは関係していない。例えば、イタリアとスペインの両方で、教育を受けた保護者を持つ移民生徒の割合は、2006年より2015年の方が約30%低くなっている。

これらの改善は、移民背景がある生徒の潜在能力を支援する政策と実践が相当に進んだことを示している。

3　より多くのお金を使えば教育は成功するのか

市民が生産的な生活を送るためには、各国は教育に投資する必要がある。しかし、より多くの資金を教育に投入したからといって、それだけで教育が改善されるわけではない。

6～15歳に一人当たり5万米ドル未満を投資する国々では、生徒一人当たりの投資額と学習成果の質に強い相関関係があることをPISAは示している。しかし、そのレベルを超える大半のOECD加盟国では、生徒一人当たりの投資額と生徒の学習成果の質には相関関係がない（図2・3参照）。6～15歳までに生徒一人当たり4万7000米ドルを費やしたハンガリーと、18万7000米ドル以上を費やしているルクセンブルクは、購買力の差異を考慮しても15歳の生徒の成績は同程度である。言い換えれば、ルクセンブルクはハンガリーの4倍の投資額にもかかわらず成果がない。

成功はどれだけの予算を投じたかではなく、その予算がどのように使われたかによるのである。

4　クラス規模が小さいほど成績が良くなるのか

政治的にクラス規模の縮小はよく議論されるが、それが学習成果を向上する最良の方法であると示す国際的な証拠はない。クラス規模を縮小する費用対効果は馬鹿げているかもしれない。その代わりに良い教員に高い給料を支払ったほうがよいかもしれない。

図 2.3　生徒一人当たりの支出額が一定の水準を超えると成績の平均値と支出額には相関がない

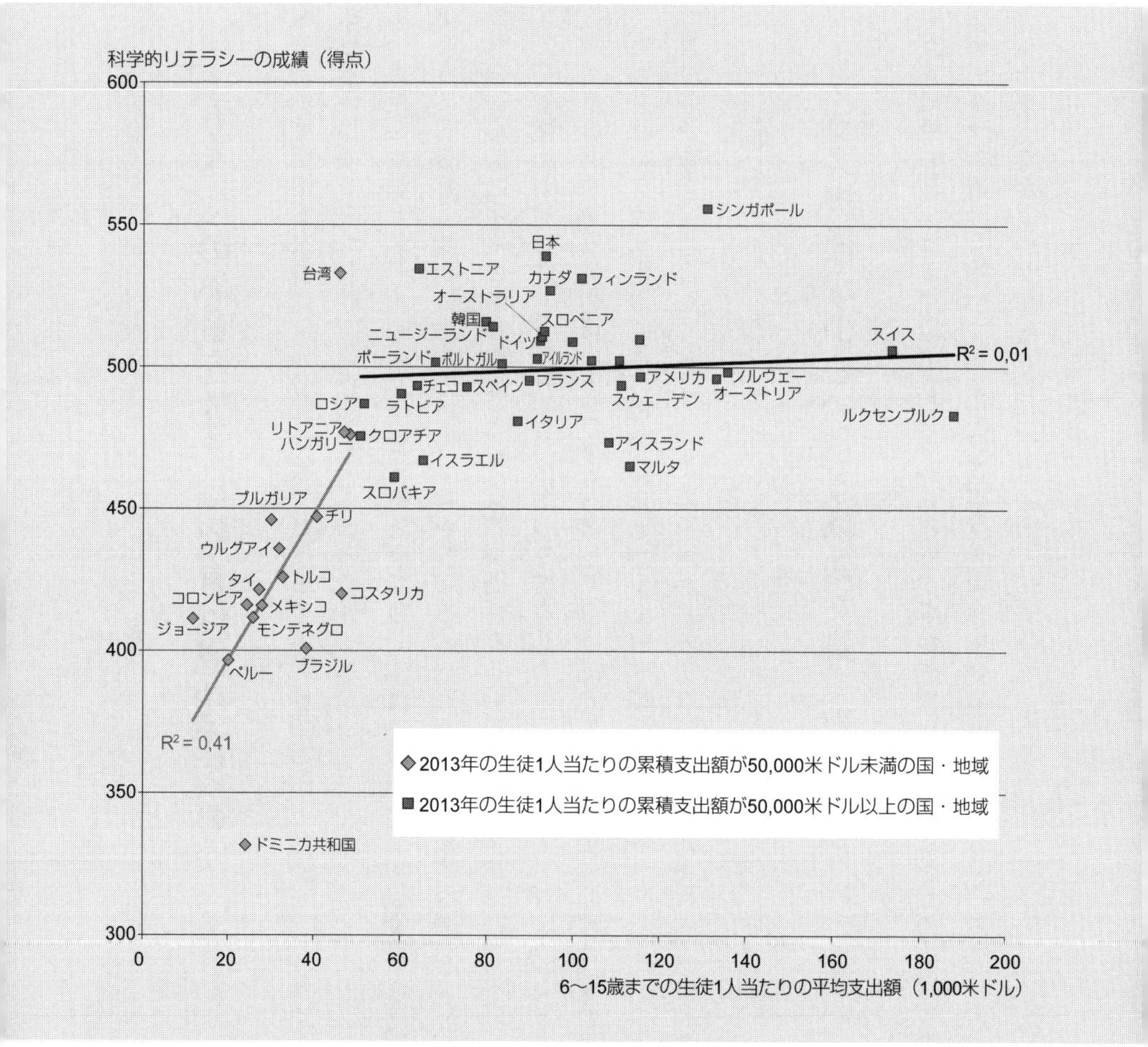

注：利用可能なデータを持つ国・地域のみを示す。有意な相関があるもの（p <0.10）を灰線、有意な相関がないもの（p> 0.10）を黒線で示す。支出額は購買力平価の差異に合わせて調整している。
出典：OECD, PISA 2015 Database, Tables I.2.3 and II.6.58.
StatLink：http://dx.doi.org/10.1787/888933436215

実際、ＰＩＳＡで成績上位の教育システムは、クラス規模よりも教員の質を優先する傾向がある。つまり、小規模クラスと教員への投資のどちらかを選ぶとすれば、いつも後者を選択しているのだ。他の条件が同じであれば、より効果的で新しい教育実践の機会を広げ、クラス規模を小さくするほど学習成果は向上する。しかし、それはしばしば間違った予算の使い方である。なぜならば、政府は予算を一度しか使えないからである。もしクラス規模を縮小すれば、教員の給与を上げたり、教員に授業以外の重要なことに取り組む機会を与えたり、生徒の学習時間を延ばすための予算が少なくなる。

小規模クラスの利点を示す根拠がないにもかかわらず、多くの国が引き続き、その優先度を高めている。教員、保護者、政策立案者は、より良い、より個別最適化された教育の鍵として小規模クラスをとらえている。２００５年から２０１４年の間に、世論と人口動態の変化により、ＯＥＣＤ加盟国の前期中等学校のクラス規模は平均で６％縮小した。[4]

しかし、ほぼ同時期の２００５年から２０１５年の間に前期中等学校の教員の給与はＯＥＣＤ加盟国平均でわずか６％増加したが、３分の１のＯＥＣＤ加盟国では減少した。前期中等学校の教員には、他の大卒フルタイムの労働者の88％の給与しか支払われていない。[5] 教員の給与に競争力がなければ、教員は自身に投資しない。もし仮に教員が自身に投資しても、彼らの専門知識がもっと使え、認められ、より高い報酬が得られる職場に移動してしまうだろう。

5 学習時間が多いほど成績が良くなるのか

学校システムによって、特に授業時間後の学習にどれだけの時間を費やすかは大きく異なる。ある教科に対する学習時間が長くなるほど、その教科の学習成果が向上する傾向があるため[6]、政策立案者と保護者は長い授業時間を支持する。しかし、この点について国際比較をすると、その関係は逆転する。授業時間と学習時間が多い国は、ＰＩＳＡの成績が悪い（図2・4Ａ参照）。なぜか？

これは単純なことである。学習成果は、常に学習機会の量と質の結果である。教育の質を一定に保ったまま学習時間を増やせば、学習成果は向上する。一方、国が教育の質を向上させれば、生徒の学習時間を増やすことなく、より高い学習成果が得られる傾向がある。

例えば、日本と韓国の生徒の科学的リテラシーの得点は、ほぼ同じである。しかし、全教科の学習時間を合算すると、日本の学習時間は週に約41時間（学校28時間、放課後14時間）、韓国は週に50時間（学校30時間、放課後20時間）である。ＰＩＳＡ２０１５には、チュニジアと中国（北京、上海、江蘇、広東の４つの市と省）が参加した。両国の生徒が学校で学ぶ時間は週30時間、放課後で27時間であったが、科学的リテラシーの平均点は中国の５３１点に対して、チュニジアは３６７点だった（図2・4Ｂ参照）。この違いは、学習時間以外に学校システムの質と生徒の学習時間の有効利用、放課後の学習機会の質が影響していると考えられる。

ほとんどの保護者は、子どもたちが学校で確かな学問知識とスキルを身につけると同時に学業以外の活動に参加する時間があることを望む。演劇や音楽、スポーツ等を通じて社会情動的スキルを発達させ、彼らの

図 2.4A　学習時間が多いからといって、必ずしも最高の成績を収めるわけではない

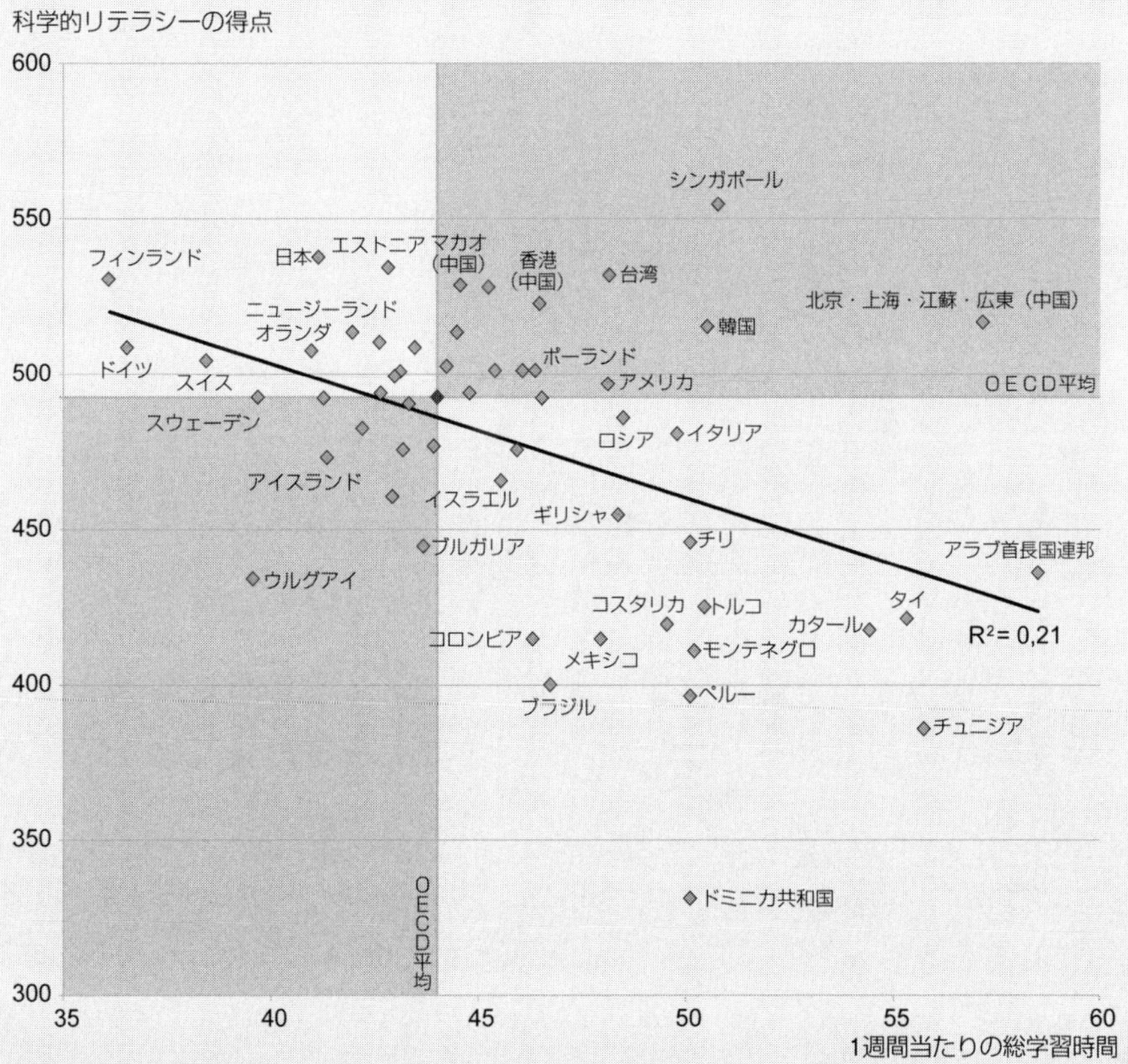

注：総学習時間には、学校、宿題、追加の指導、家庭学習が含まれる。
出典：OECD, PISA 2015 Database, Figures I.2.13 and II.6.23.
StatLink：http://dx.doi.org/10.1787/888933436411

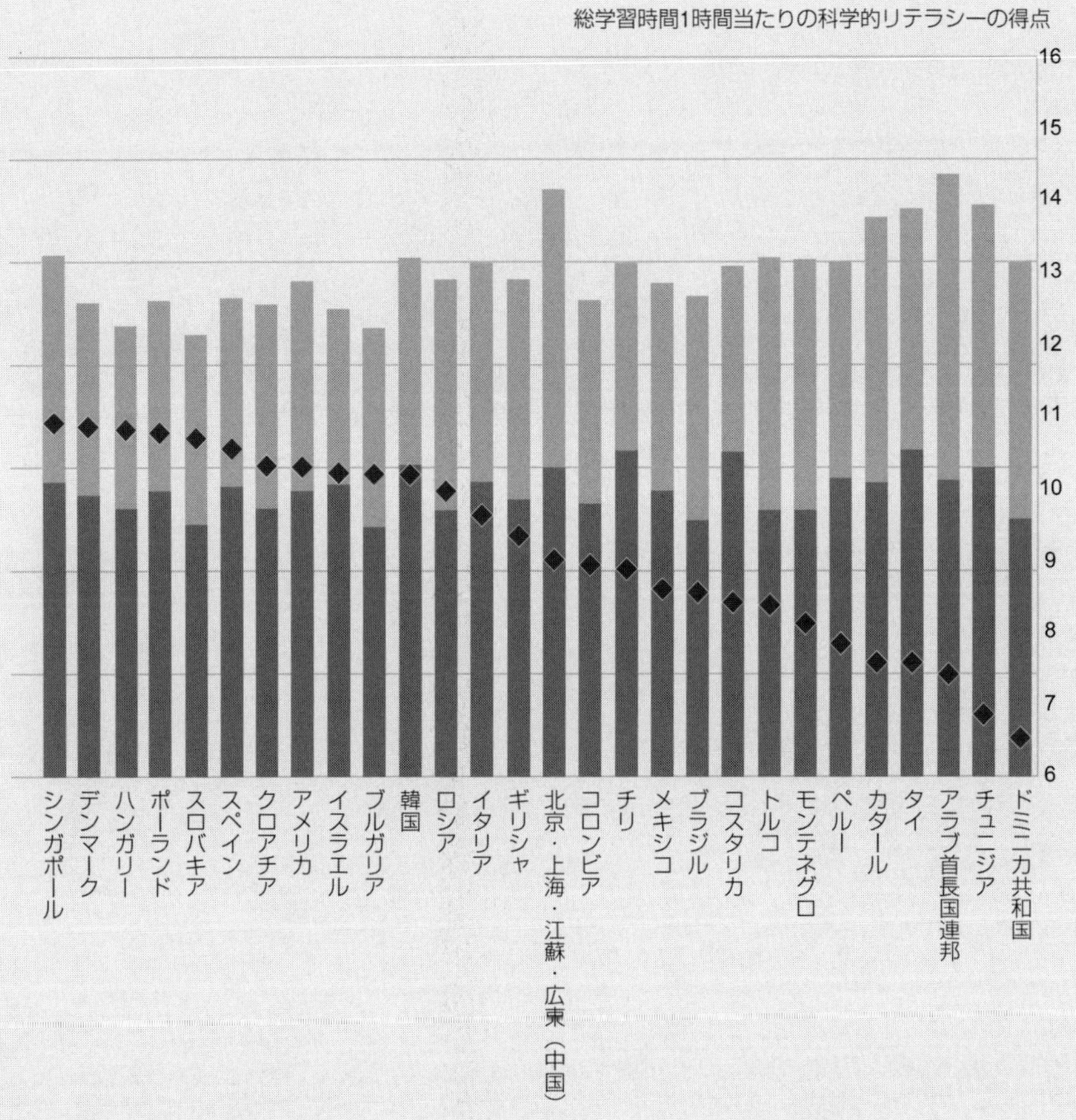
総学習時間1時間当たりの科学的リテラシーの得点
16
15
14
13
12
11
10
9
8
7
6
シンガポール
デンマーク
ハンガリー
ポーランド
スロバキア
スペイン
クロアチア
アメリカ
イスラエル
ブルガリア
韓国
ロシア
イタリア
ギリシャ
北京・上海・江蘇・広東（中国）
コロンビア
チリ
メキシコ
ブラジル
コスタリカ
トルコ
モンテネグロ
ペルー
カタール
タイ
アラブ首長国連邦
チュニジア
ドミニカ共和国

図 2.4B　学習時間の量と質による生徒の成績

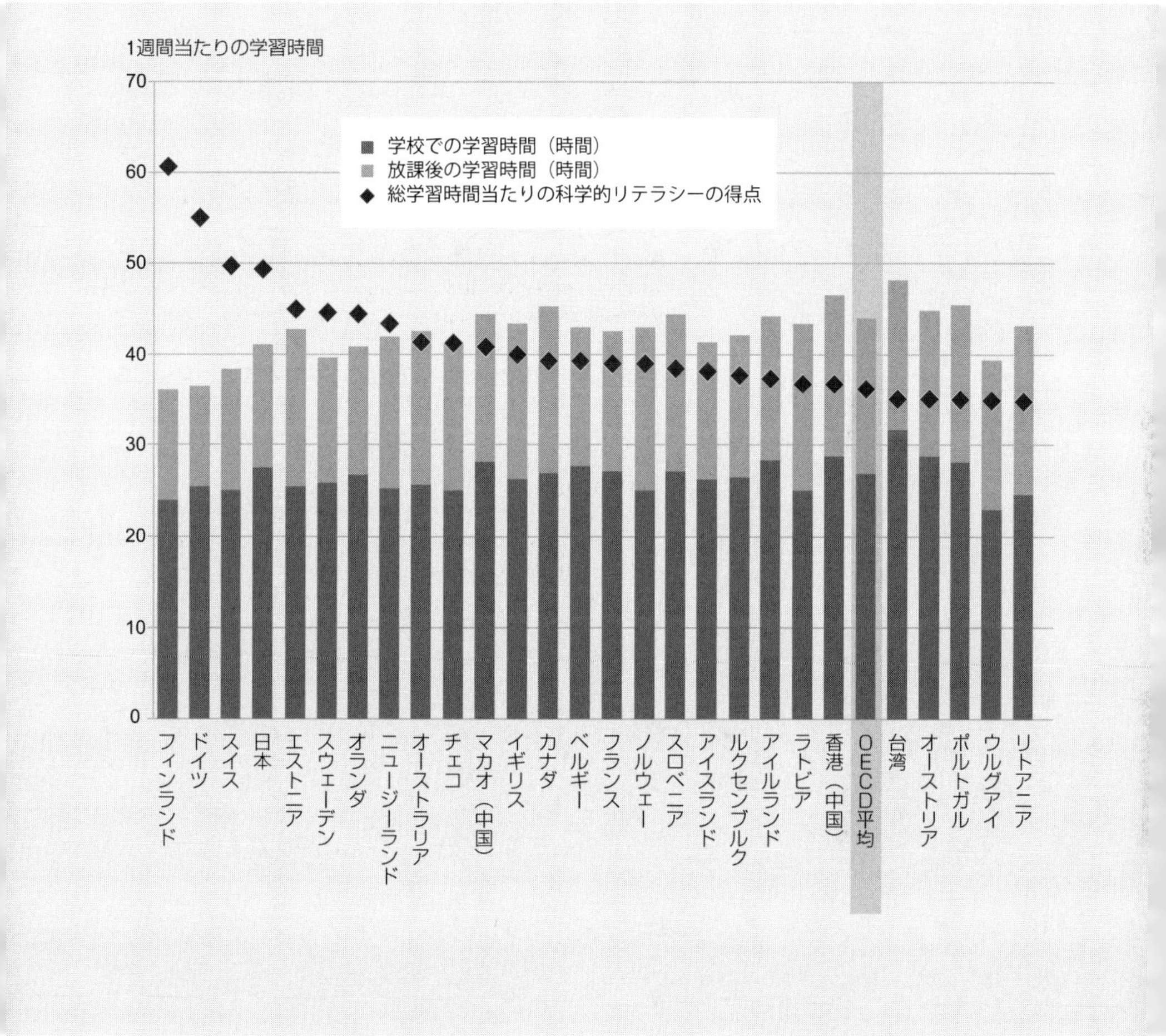

注：菱形記号は、総学習時間１時間当たりの科学的リテラシーの得点を示す。総学習時間には、学校での授業時間に加え宿題、追加指導、家庭学習等の全ての学習時間を含む。
出典：OECD, PISA 2015 Database, Figure II.6.23.
StatLink：http://dx.doi.org/10.1787/888933436411

ウェルビーイングが向上することを望んでいる。

6　持って生まれた才能で教育の成功が決まるのか

多くの教育心理学者の著作は、生徒の学習成果は主に努力ではなく、遺伝的な知性の産物であるという考えを広めた。ＰＩＳＡは、15歳の生徒が何を知っているかをテストするだけでなく、テストでの成功または失敗の裏にあるものを生徒に質問しているが、多くの国の生徒は他責的なコメントを残した。２０１２年に、フランスの平均的な成績の生徒の４人に３人以上は「ＰＩＳＡの問題が難しすぎる」、３人に２人は「教員が問題に興味を持つようにしなかった」と回答した。また、２人に１人は「教員がテストの趣旨をうまく説明せず、生徒は運が悪かった」と回答した。[7]

シンガポールでは、まったく異なる結果となった。生徒は、彼らが頑張ったら成功すると信じており、自身の成功を助けてくれる教員を信頼している。一部の国の生徒は、学習成果は持って生まれた知性よりも、むしろ努力の産物であると信じている。これは学校システムや社会全般が、生徒の学校への態度や結果にどのように影響を与えるかを示唆している。

ＰＩＳＡの最も重要な発見の一つは、生徒が努力して学習成果を出さなければならないと思っている国の大半では、実際に全ての生徒が好成績をあげていることである（第３章参照）。

ＰＩＳＡの成績と学校の成績を比較すると、生徒の読解力、学習習慣、学校と学習への態度において、社会経済的に恵まれた生徒の方が社会経済的に恵まれない生徒よりも学校の授業では高い成績を示している。[8]二つの理由により、この結果は広範かつ長期間にわたって続く可能性がある。一つは、多くの生徒が学校の成績をもとにその後の教育とキャリアを期待されること。もう一つは、学校システムでは学校の成績を使って、生徒への進路指導と大学入学のための選考をおこなうことである。

要するに、全ての生徒を支え、十分な努力を払っている最も成績の良い国の成果を認めないかぎり、学校システムが同じ結果を出すことはできないのだ。

7 文化的背景は教育に大きな影響を及ぼすのか

教育政策や実践は根底にある規範や伝統に基づいているため、幅広い文化を持つ国々の教育システムを比較しても無意味だという意見がある。類似の文化的状況においてのみ比較可能であり、異なる文化的規範の国を比較するとまったく違う意味になるというのである。

確かに文化は生徒の成績に影響を与える。例えば、儒教の伝統に基づいた文化を持つ国々は、教育と学校の成績を高く評価することが知られている。多くの評論家は、この文化的特徴がこれらの国々に大きな利点をもたらすと考えている。

しかし、その伝統を共有する全ての国がＰＩＳＡで高い成績を上げているわけではない。儒教の遺産は資産かもしれないが、それが必ずしも成功を保証しない。カナダやフィンランドのようなＰＩＳＡの成績上位国は儒教文化と同じくらい教育を重視している。

成功の決定要因は文化であるという主張への強烈な反論は、世界各国で見られる生徒の成績の急速な改善である。たとえば、コロンビア、イスラエル、マカオ（中国）、ポルトガル、カタール、ルーマニアでは、２００６年から２０１５年に科学的リテラシーの平均成績が大幅に向上した。この間、マカオ（中国）、ポルトガル、カタールは好成績の生徒の割合を増やし、同時に低成績の生徒の割合を減らした。

これらの国や地域は、文化や人口構成を変えたり、教員を変えたわけではなく、教育システムと教育実践を変えたのである。これらを踏まえると、ＰＩＳＡ参加国の相対的な位置関係は主に社会的および文化的要因を反映したものだと主張する人は、継承された文化だけでなく、思慮深い政策と実践の結果だと認めるべきだろう。

8　成績の良い生徒が将来教員になるべきか

自国の学習成果が悪い理由として最も頻繁に使われるのは、最も優秀な卒業生が教員にならないということだ。ＰＩＳＡで成績上位の国は、成績上位3分の1の卒業生から教員を採用している。学校システムの質が教員の質を上回ることはないため、もっともなことである。そして、確かに成績上位の国の学校システムは、教職員の採用を重視している。しかし、それらの国では、成績上位の卒業生が弁護士、医師、エンジニア等ではなく、教員という職業を選んでいるのだろうか？

教員の知識やスキルを比較するデータを得ることは難しいため確認は難しい。しかし、ＯＥＣＤ国際成人力調査（PIAAC: Programme for the International Assessment of Adult Competencies）では、教員を含む成人の読解力と数的思考力を調査している。これらのデータを用いて、教員のスキルを他の大卒成人と比較することができる。[9]

結果を見ると比較可能なデータを持つ国の中で、読解力と数的思考力の平均で、教員が大学の学位を持つ成人の上位3分の1にある国は一つもない。また、下位3分の1の国もない（図2・5A参照）。実際、ほとんどの国では、教員のスキルは平均的な大卒成人と同程度である。数は少ないが例外はある。たとえば、フィンランドと日本では、教員のスキルは平均的な大卒成人よりも優れているが、チェコ、デンマーク、エストニア、スロバキア、スウェーデンではその逆である。

しかし、もう一つの見方がある。ＰＩＡＡＣでは、全ての国の教員は大卒成人と同程度のスキルを有するが、大卒成人の知識と技能は国によって大きく異なる。日本とフィンランドの教員は、数的思考力でトップにあり、ベルギー、ドイツ、ノルウェー、オランダがそれに続く。イタリア、ロシア、スペイン、ポーランド、エストニア、アメリカの教員の数的思考力は低い。

ある研究では、教員と生徒のスキルとの間に正の相関関係があることがわかっている[10]（図２・５Ｂ参照）。しかし、エストニアや韓国などの一部の国では、教員の数的思考力は平均的であるが、ＰＩＳＡの数学的リテラシーを見ると生徒の成績はトップである。さらに、成績上位の国では、その国の教員の平均的な知識とスキルから推定される以上の成績を収めている。これは、生徒の好成績は教員のスキルに加えて、他の要因が関連することを示唆している。

結局、フィンランドや日本の教員を雇う贅沢な国でないかぎり、教員が尊敬される職業でかつ魅力的な職業選択となるように、知的にも財政的にもよく考える必要がある。教員の育成と競争力のある雇用条件にもっと投資する必要がある。もしそうしなければ、悪循環に陥るかもしれない。教員の雇用条件の悪さは模範的な授業をしている教員の自信を失わせ、授業力を低下させ、最も才能のある教員を退職させてしまう可能性がある。そして、それは教育の質を低下させる。

図 2.5A　教員は大卒成人の平均よりスキルが高くも低くもない

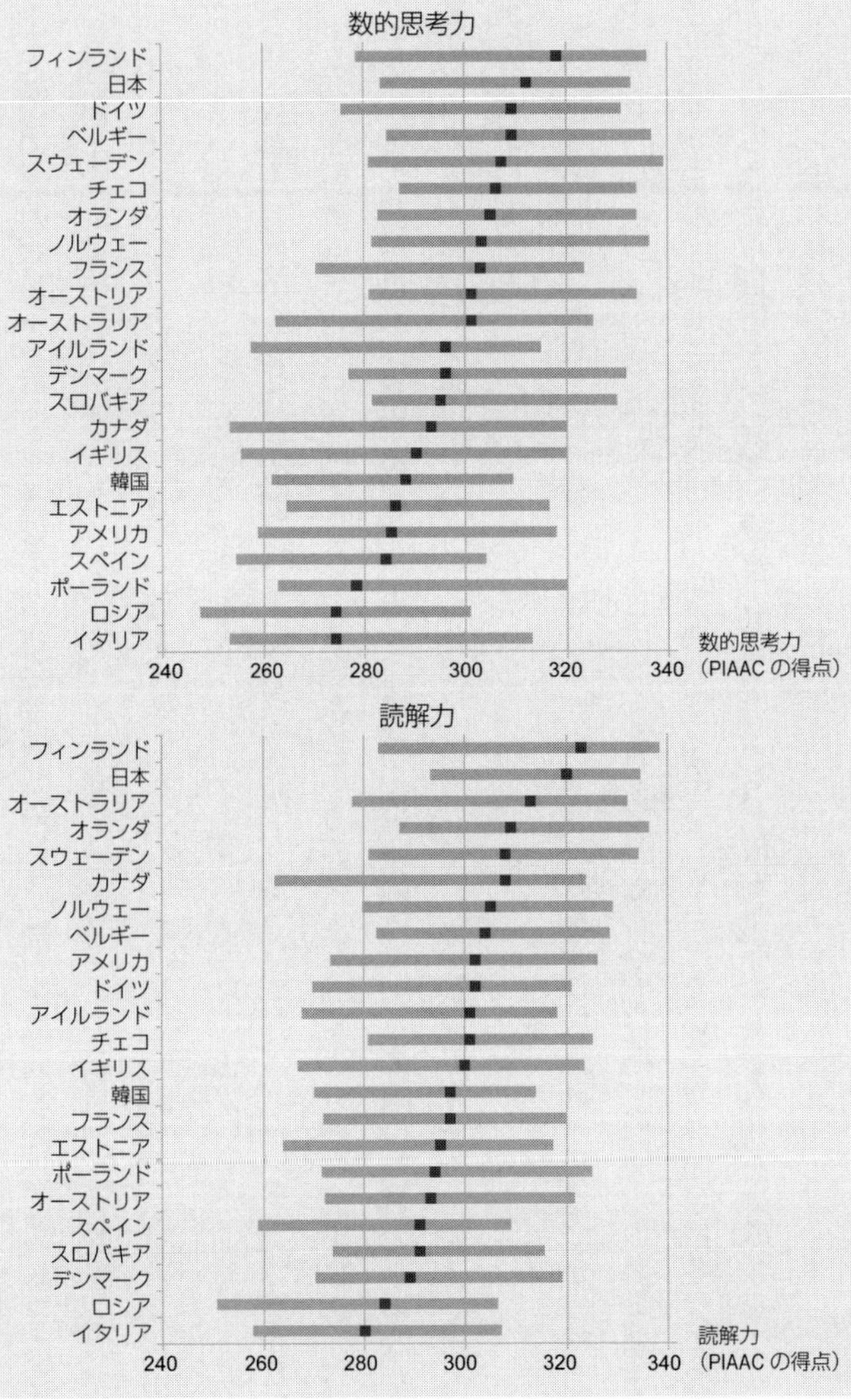

注：色の濃い部分がその国の教員の認知能力の中央値を示す。横棒は 25~75 パーセンタイルの間の全ての大学卒業生（教師を含む）の認知能力を示す。
上から順に、教員の数的思考力および読解力の得点の中央値の高い国。
出典：Hanushek, Piopiunik and Wiederhold（2014）,*The Value of Smarter Teachers: International Evidence on Teacher Cognitive Skills and Student Performance.*

図 2.5B　生徒の成績は、教員のスキルに関連するが、必ずしも依存しない

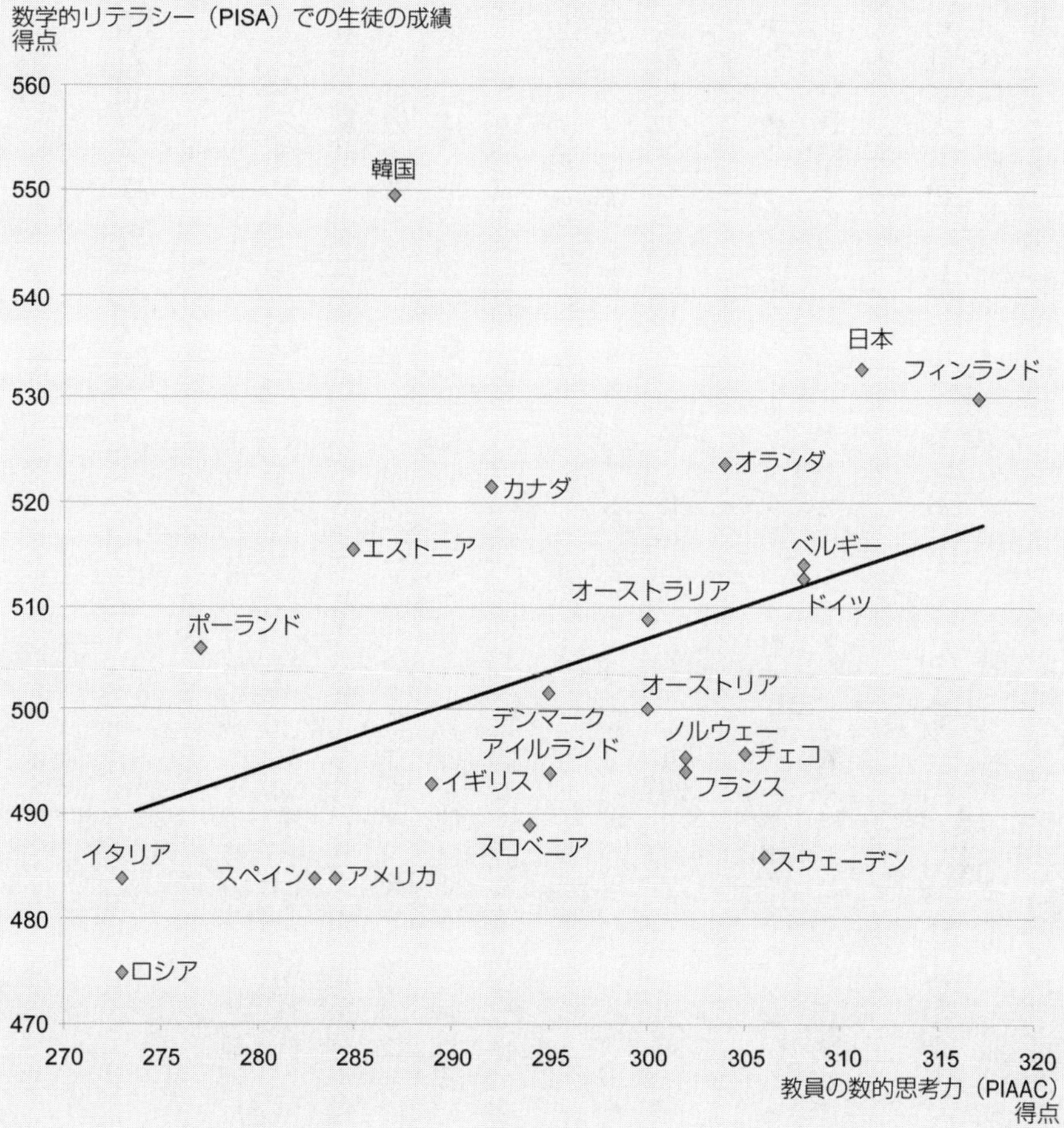

出典：Hanushek, Piopiunik and Wiederhold（2014）, *The Value of Smarter Teachers: International Evidence on Teacher Cognitive Skills and Student Performance.*

9　能力別クラスで成績が良くなるのか

何世紀もの間、教育者は学校システムをどのように設計すれば、全ての生徒のニーズに最適化できるかを問い続けてきた。幾つかの国では、全ての生徒に同様の機会を提供する非選択的かつ包括的な学校システムを採用し、生徒の能力、興味、背景の全てに対応するように各教員と学校に任せた。他の国々は、学校間と学校内のクラス間で、学力や特定のプログラムへの関心に基づいて生徒をクラス分けすることによって多様性に対応した。伝統的には、前者が公平性を提供し、後者が質と卓越性を促進すると言われる。

能力別等で生徒をクラス分けする背景にあるのは、互いの学習への関心を強めると、生徒の才能が最もよく発達するという仮定である。

クラス編制の方法は、国によってかなりの差異がある。[11] ＰＩＳＡで成績上位の国は、能力や進路等のグループ別のクラス編制をおこなっていない。成績上位の国は、全ての生徒に学ぶための平等な機会を提供しているのである。

生徒の能力差が少ないクラスや進路等のグループ別クラスの学習成果が必ずしも良くないことは、他の研究とも一致する。[12] 能力や進路等のグループ別のクラスは、カリキュラムや指導に適切な調整が加えられたときにのみ効果的である。

これまで私たちの社会と経済は、比較的少人数の教育を受けた人や集団がいれば十分であり、一部の生徒だけが学校で成功すればよかった。近年は学校での成績低下が社会経済的コストを伴い、社会的に不公平なだけでなく、非効率になっている。現代の教育システムと社会では、公平性と包摂性が不可欠である。

ここまで学習成果に何が影響するかについて、幾つかの神話を暴いてきた。ここからは高い成果を上げている教育システムがどのようにつくられているかを分析する。

注

1 OECD（2016a, chapter 6）参照。
2 OECD（2013d）参照。
3 OECD（2016a）参照。
4 OECD（2017a）参照。
5 高等教育を受けているフルタイムで働く25～64歳の労働者の収入に対する25～64歳の教員の給与の比率は、年間平均給与（賞与と手当を含む）で計算。データと方法論は、OECD（2017a）を参照。
6 PISA2006によると、OECD加盟国では、学校の授業で科学を学ぶ時間が1週間に2時間未満の生徒は、科学をまったく学ばない生徒よりも科学的リテラシーの点数が15ポイント高い。2～4時間未満では59ポイント、4～6時間未満では89ポイント、6時間以上では104ポイント高くなる傾向がある（OECD, 2011a, Table 4.2a）。
7 OECD（2013b）参照。
8 PISAでは生徒をテストするだけでなく、生徒に学校の評点を報告するように依頼した。多くの国や地域では、女子生徒や社会経済的に恵まれた生徒の評点は高くなる傾向がある。個々の生徒の成績、学習に対する態度や行動を考慮したうえでも、学校の学業成績に密接に関係している。生徒の成績、学習態度や学習習慣とは無関係なものに評点が影響を受けるという事実は、教員にとって自分たちが重要だと感じるものが意味を持つ点で喜ばしい。しかし、それはPISAでは直接測定されず、生徒の背景に強く関連するものである。
9 Schleicher（2017）参照。
10 Hanushek, Piopiunik and Wiederhold（2014）参照。
11 OECD, PISA 2015 Database, Table II.5.9, II.5.18, II.5.22 and II.5.27 参照。
12 Slavin（1987）参照。

第3章

優れた学校システムは何が違うのか

WORLD CLASS

1　成功した学校システムとは

すぐに回答を得たがる政策立案者は、データやエビデンスが集まり、研究が進展する進度の遅さにいつも苛立つ。彼らは「単なる経験談の寄せ集めはデータではない」ことを忘れてしまうのだろう。

ＯＥＣＤ生徒の学習到達度調査（PISA: Programme for International Student Assessment）によって集められたデータは、答えのない数多くの問いだけを残していく。その結果は、ある時点の教育システムの一面を教えてくれる。しかし、学校システムがどのようなプロセスで成果を出してきたか、あるいはシステムの発展を支えたり妨げる可能性がある団体や組織を示すことはないし、そのようなことはできない。さらに、データは因果関係について何も教えはしない。相関関係はしばしば私たちを欺く。太陽が昇れば鳥はさえずるが、毎日、毎年、世界中のいたるところで鳥たちがさえずるからといって、鳥が鳴けば太陽が昇るわけではない。

要するに、成功したシステムが何をしているかを知っても、成功していないシステムをどうすれば改善できるかがわかるわけではない。それは、国際調査の限界の一つであり、異なる方法で分析する必要性を示している。それはまた、ＰＩＳＡが参加国に何をすべきかを提案しない理由でもある。ＰＩＳＡの強みは、他の全ての人が取り組んでいることを各国に伝えることにある。

それでもなお、国際調査の結果から教訓を引き出そうとするならば、政策立案者には推論が必要である。教育の政策立案者は、ビジネスリーダーが会社を成功へと導くために学ぶのと同様に、国際比較から多くを学ぶことができる。他者からひらめきを得たり、学んだことを自身の状況に当てはめるなど、教育の政策立案者は、様々なベンチマークによって学びを得られる。例えば、ある国と別の国における教育の質、公平性、効率性の違いを分析したり、それらが国の教育システムの特徴にどのように関係しているかを考えることができる。

このような方法の鍵となる論文の一つは、1988年からアメリカの国立教育経済センター（National Center on Education and the Economy）を率いてきたマーク・タッカー氏のものである。[1] 2009年に彼と私は、一流の研究者を集め、PISAによって急速な改善が明らかになった教育システムからアメリカが何を学べるかを分析した。この調査では、歴史家、政策立案者、経済学者、教育学者、一般市民、ジャーナリスト、実業家、教育者に様々なことを尋ねた。タッカー氏の先導的な取り組みは、OECDのテーマ別および国別の政策レビューを様々な方法で補完する幅広い研究の基盤となった。

高い成果を求める国々が進むべき道を検討する際には、その国の固有の歴史、価値観、強み、課題を考慮しなければならない。しかし、タッカー氏のベンチマーク調査は、高い成果を生み出す全ての教育システムに共通する驚くべき特徴を明らかにした。

- 私たちが最初に学んだことは、ワールドクラスの教育システムのリーダーは、目の前の報酬のために投資するよりも、教育を通して将来に投資するほうが価値があること、労働の対価よりもその価値を競うほうがよいことを人々に確信させていることである。
- 教育を高く評価することは、方程式のほんの一部にすぎない。残りの部分は、全ての生徒が学ぶことができるという信念である。一部の国では、生徒は早い段階で、異なる進路に振り分けられる。これは、ワールドクラスになれるのは一握りの生徒だけだという考えを反映している。しかし、PISAは、そのような選抜が広範囲にわたる社会的不均衡につながることを示している。エストニア、カナダ、フィンランド、日本のような異なるシステムの国は、教員と保護者が全ての生徒が高い水準を達成できるように働きかけている。このような信念は、生徒や教員の行動に表れる。そして、このようなシステムは能力による人の分類から、人間の能力を育むように進化していく。

●多くの教育システムでは、一人ひとり異なる生徒が同じ方法で教えられている。だから、ワールドクラスの学校システムは、カリキュラムを犠牲にすることなく、特徴的な教育実践によって生徒のニーズに対応する傾向がある。そこでは、普通の生徒が素晴らしい才能を発揮することが理解されている。また、これらのシステムにおいて、教員は生徒の学問的な成功だけではなく、彼らのウェルビーイングにも力を尽くしている。

●学校システムの質が教員の質に勝ることはない。ワールドクラスの学校システムは教員を丁寧に選抜し、教育する。また、悪戦苦闘している教員のパフォーマンスを高め、彼らの専門性の高さを反映するような給与体系を作る。教員が協力して優れた実践を生み出す環境を整備し、教員がキャリアの中で成長していくように促すのである。

●ワールドクラスの学校システムは、高い目標を掲げ、生徒が何をできるようになるべきかを明確にし、生徒に教えるために何が必要かを教員が明確に意識できるようにする。すなわち、経営者が管理し、責任をとる形態から、組織自体が専門的に管理する形に変わっていく。また、教員がイノベーティブになり、自身や同僚のパフォーマンスを改善し、より良い実践をおこなう専門家としての成長を追求するように促していく。ワールドクラスの学校システムでは、学校システムの上席者の方を向いて働くことは重視されない。その代わりに、同僚の教員や近隣の学校へと広がり協同する文化や、イノベーションのための強いネットワークを作り出すことが期待される。

●最も高い成果を上げる学校システムは、システム全体にくまなく高い質の教育を提供するため、全ての生徒が優れた教育から多くのことを学ぶ。このような状態をめざし、これらの国々では最も困難な学校に最も優れた校長を、最も課題を抱える教室に最も優れた教員を配置する。

●大切なことを言い忘れていた。ワールドクラスのシステムは、システム全体にわたって政策と実践をいきわたらせる傾向がある。政策が一定期間にわたって継続するようにするため、政策が一貫して実行されるように見えるのである。

これらの特徴を一つひとつ詳細に見ていくことには価値があるだろう。[2]

2　教育を優先する

多くの国が教育を最優先にすると主張しているが、その主張どおりかどうかを明らかにする簡単な質問がある。例えば、次のような質問である。教職の地位はどれくらいか？　同程度の教育水準の他の職業に比べて教員の給与はどれくらいか？　自分の子どもを教員にしたいと思うか？　メディアは学校や学校教育をどれくらい報道しているか？　そして、時として重要になるのは、次の質問である。地域社会がスポーツを重視するか？　学問的な成績順位を重視するか？

ＰＩＳＡで成績上位の国の多くでは、一般的に教員に高い給与が支払われており、教員免許の価値は高い。そして、教育支出の大半は教室内の出来事に使われている。これはヨーロッパの多くの国やアメリカと大きく異なる。ヨーロッパの多くの国やアメリカでは、子どもに弁護士、エンジニア、医者になるチャンスがあると考える保護者は、学校の教員になるようには勧めない。

教育をどれくらい重視するかは、生徒の進路選択に影響を与える可能性がある。最も有能な生徒が教育を仕事として考えるかどうかにも影響する。もちろん、教育の地位は、人々が教育の専門家の見解を重視するか、それらを真摯に受け止めるかどうかにも影響を及ぼす。

２０１３年のＯＥＣＤ国際教員指導環境調査（TALIS: Teaching and Learning International Survey）は、教員が自分たちの職業の専門性を社会から評価されていると感じるかどうかは、国によって大きな違いがあるこ

図 3.1　幾つかの国では、教員の多くは仕事が社会から評価されていないと感じている

「教員の専門性は社会で評価されていると思う」との質問に「同意する」あるいは「完全に同意する」と回答した前期中等学校（中学校）教員の割合（%）

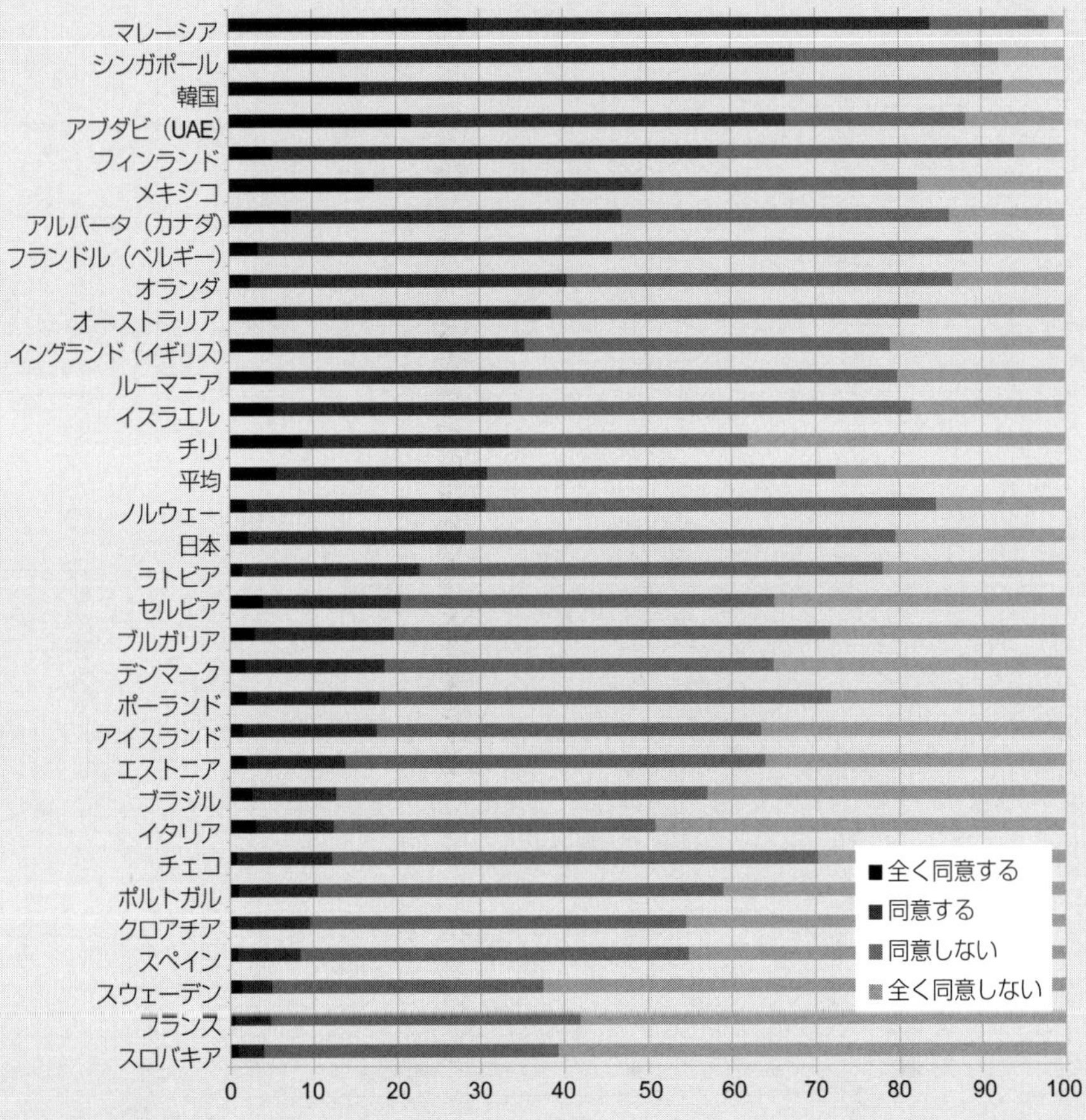

注：教員の専門性は社会で評価されていると思うという質問について、「完全に同意する」あるいは「同意する」と回答した割合に基づいて、国は降順で並んでいる。
出典：OECD, TALIS 2013 Database, Tables 7.2 and 7.2.Web.
StatLink：http://dx.doi.org/10.1787/888933042219

とを明らかにした。これは驚くべきことではない。マレーシア、シンガポール、韓国、アラブ首長国連邦、フィンランドでは、教員の大半が「社会が教員の専門性を認めていると感じる」と回答した。フランス、スロバキアでは、そのように回答した教員は20人に1人よりも少なかった（図3・1参照）。

3　全ての生徒が学び、高い水準に達することができると信じる

教育の重視は、ワールドクラスの教育システムを構築するための前提条件かもしれない。しかし、教育が重視されるのは、その国の教員、保護者、その他の市民が、少数の生徒だけが高い学問的水準に達することができる、またはその必要性があると信じている場合には、その国が得られるものにも限界がある。最近までドイツでは、労働者階級の保護者の子どもたちは、自身が労働者階級の仕事に就くと考えており、ギムナジウムが提供する学問的なカリキュラムから学べるものはないと考えていた。ドイツの多くの地域の教育制度は、今でも10歳の子どもたちを知的労働者になるために大学に進学する生徒と、知的労働者のために働くための準備をする職業学校に進学する生徒に分けている。

PISAの結果によると、これらの態度は将来の教育に対する生徒の考え方に反映されている。15歳の生徒の4人に1人が大学進学、あるいは高度な職業資格（実際にそうする人々よりも少ないのだが）の取得を期待しているが、日本や韓国では10人の生徒のうち9人がそのようになると回答している。[3]

逆に、PISAで成績上位の東アジア、カナダ、エストニア、フィンランドを含む国々の共通点は、保護者、教員、市民の多くが、全ての生徒が高い教育水準に達することができると考えていることである。シンガポール教育省がめざすのは、全ての生徒が熱心な学習者となり、全ての教員が思いやりのある教育者とな

り、全ての保護者が子どもを支えるパートナーとなり、全ての校長が人々を元気づける教育リーダーとなり、全ての学校が良い学校となることである。このような傾向は、全て生徒の考え方に反映されていく。数学と科学の学習方法に関する傾向分析によると、多くの東アジアの生徒は、成功の秘訣は持って生まれた才能よりも努力を信じることだと考えている。[4] これは、東アジアの生徒はヨーロッパに比べて、成功や失敗の原因は努力であると考える傾向があることを示す他の調査の結果にも合致する。実際、アジアの生徒は、成功の秘訣はどれだけ努力したかであると明確に教えられる。[5] アジアの教員は、生徒の成功を支えるだけではなく、生徒が成功の源は自身の能力と努力であるという考えを持つように促す。

その他の国々では、生徒が困難なことに直面したとき、教員は到達目標を下げる。[6] そうすることで教員は、生徒の達成度が低いのは持って生まれた能力が低いからだと暗に認めるのである。努力と違い、能力は生徒がどうすることもできないものであるため、生徒は困難なことに挑戦しなくなるかもしれない。幾つかの調査によると、教員はより能力を持っていると思う生徒に対して、より多くの賞賛を与え、より多くの支援や指導をおこない、質問に対してより丁寧に回答する。[6]

努力によって生徒が成長し、自身の可能性を広げられると信じられなければ、教員は高い到達目標を達成するのが難しい生徒に罪悪感を持つだろう。これは、教員が生徒に簡単な課題を与え、修了した生徒を過度に褒めると、生徒は教員が生徒の能力が低いと考えていると解釈するという研究結果と関係するかもしれない。

これらは全て重要である。なぜならば、どのくらい上手く課題をこなせると思っているかが、人々が自分自身を判断する際に最も大きな影響を与えるからである。[7] より一般的に言えば、自分の行動によって結果が決まるという信念が、動機に影響を与えることを研究結果は示している。[8] つまり、自分が達成しようとするものに結果が伴うと信じられるとき、人々はより一生懸命になるのである。

これらは完全習得学習が、その概念が生まれ研究されてきたヨーロッパよりも、東アジアにおいて浸透し、成功している説明になるかもしれない。完全習得学習は、学習は順序立てられるものであり、前段階の課題を修了することが、次の課題を修了するための基盤になるとの考えに基づいている。アメリカの心理学者ジョン・キャロル氏によると、[9] 生徒の学習成果は生徒が学習のために必要とする時間や指導の程度、さらに学習機会と指導の質が生徒のニーズを十分に満たしているかどうかを反映する。これは教員にとって、クラス全体の学習目標を多様にするだけではなく、各生徒が自分に合った方法で学ぶ機会を得られるように必要なことは何でもすることを意味している。ある生徒は授業時間の延長を希望するが、他の生徒はしないだろう。ある生徒は他の生徒とは異なる環境で学ぶことを希望するだろう。この背後には、深い信念がある。すなわち、全ての生徒が学び成功できる、そして教員の仕事は教室の中であれ外であれ、生徒が自分の可能性を実感するのに役立つ学習環境をデザインすることだという信念である。全ての生徒がそれぞれの連続した課題を修了するということは、その結果に違いがないということであり、社会経済的背景が学習成果に与える影響が少ないということである。まさにその結果は、東アジアの教育システムをＰＩＳＡとは一線を画すものにしている。

図3・2は、もう一つの見方を示してくれる。生徒が教員から受けた支援の度合いを調査したＰＩＳＡの結果によると、生徒の回答は、彼らが異なる進路を選択した年齢に密接に関係していた。教員から受けた支援が最も小さいと回答した国には、生徒が早い段階で学力によって異なる学校種に振り分けられる国が多かった。オーストリア、ベルギー、クロアチア、チェコ、ドイツ、ハンガリー、ルクセンブルク、オランダ、スロバキア、スロベニア、スイスである。たとえ回答形式の違いが国際比較を慎重におこなう必要性を示していたとしても、これらの結果は驚くべきことではない。生徒を異なる学校種に振り分けると、クラスの同質性が高まり、授業がよりわかりやすくなる。教員は生徒一人ひとりに対して、「関心を示す」「より丁

図 3.2　進路分岐が遅い生徒は、それだけ教員から支援されていると感じる

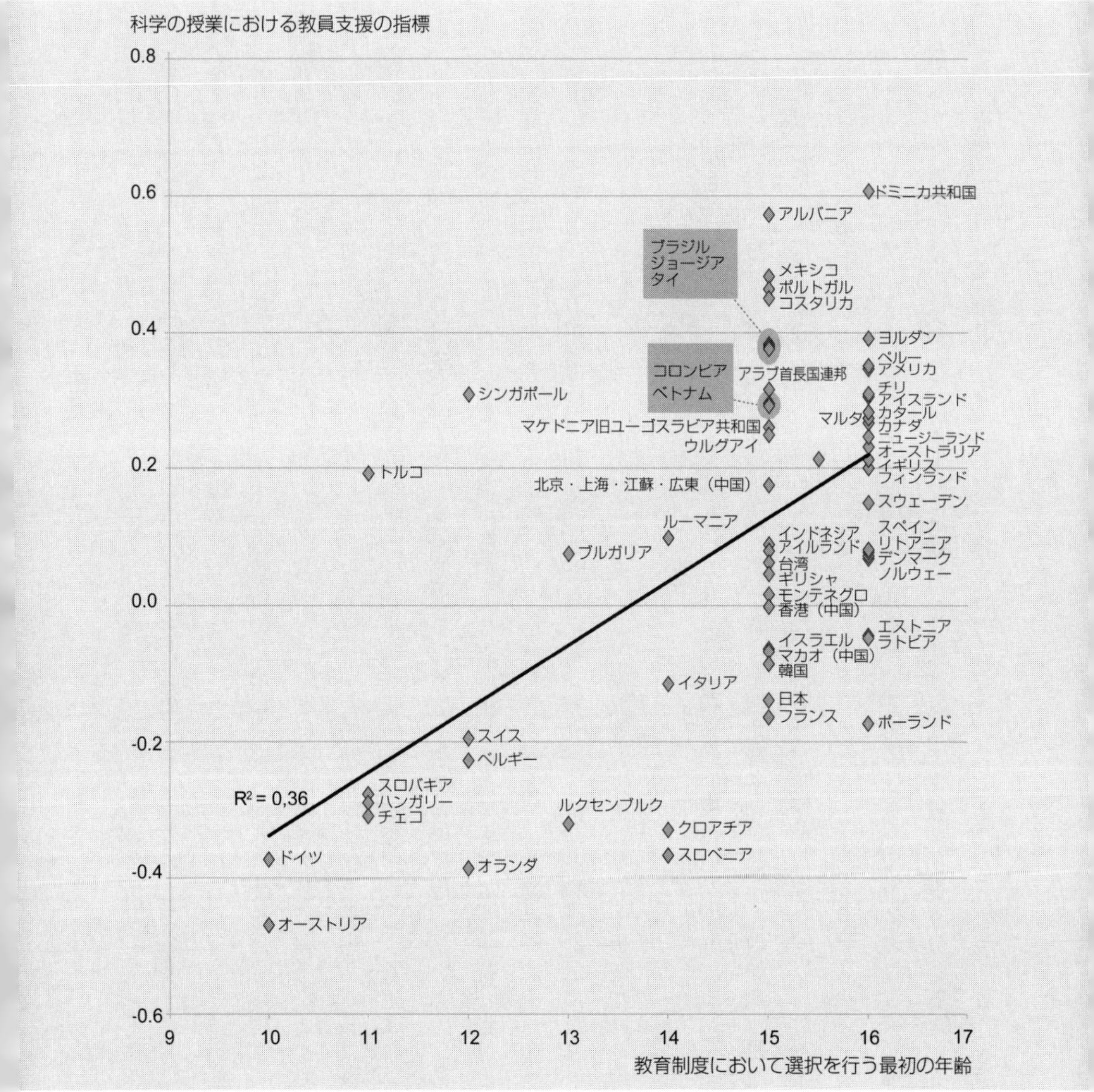

出典：OECD, PISA 2015 Database, Tables II.3.23 and II.4.27.
StatLink：http://dx.doi.org/10.1787/888933435743

寧に指導する」「生徒と一緒に取り組む」等の気を遣う必要はないと感じるだろう。

ＰＩＳＡ２０１５でトップとなったシンガポールの小学校は能力別の学級編制だったが、国が教育目標を引き上げた際に修正された。現在シンガポールでは、落ちこぼれそうな生徒を様々な方法で早期に特定して診断し、彼らを軌道に乗せるために必要なありとあらゆる支援をおこなっている。ＰＩＳＡ２０１５の結果は、シンガポールがカナダやフィンランドのような教育の公平性の水準に向かっていることを示すが、政府の経済政策および教育政策によって社会的流動性が高まり、共有の使命感が生まれ、教育の価値が広く行き渡った。

フィンランドの特別教員も同様の役割を果たしている。クラス担任と緊密に連携して支援を必要とする生徒を特定し、課題を抱える生徒がクラスメートに追いつけるように個別あるいは小グループで支援する。問題を特定し、特別教員に連絡することは、クラス担任だけの仕事ではない。全ての総合学校には、毎月2回、2時間の会議をおこなう「生徒のための様々な専門家による支援グループ」がある。グループは、校長、特別教員、学校看護師、学校心理士、ソーシャルワーカー、生徒が所属するクラスの担任で構成され、話し合いをする。話し合いの対象となっている生徒の保護者は誰でも、優先的にグループに連絡をとることができ、会議への参加を求められることもある。

カナダのオンタリオ州の教育省は、落ちこぼれを防ぐために高等学校で「生徒の成功へのイニシアチブ」(Student Success Initiative) プロジェクトを創設した。[10] 教育省は、地域の取り組みをコーディネートするプロジェクトリーダーを雇用するための補助金を設け、戦略を共有できる地域のリーダー会議にも資金を提供した。各州が資金を提供するプロジェクトの教員を雇用するためのリソースが学校に与えられ、課題を抱える生徒を特定し、適切な支援をおこなうためのプロジェクトチームを作ることが求められた。これらの取り組みの結果、オンタリオ州のシステムは大きく変わり、数年のうちに州の高校生の卒業率は68％から79％に上がった。

多くの国において、ほんの僅かの生徒だけが成功できると信じている状態から、全ての生徒が高い水準に達することができると考えられる状態になるには時間がかかる。その目標を達成するには、協同的で多面的な政策決定と能力開発プログラムが必要である。しかし、高い成果を上げている国に共通する特徴の一つは、生徒が様々なレベルの認知スキルを要求するカリキュラムを有する異なる学校種の中等学校へと振り分けられるシステムから、全ての生徒が同じように要求水準の高いカリキュラムの中等学校へと進級するシステムへの段階的な移行である。

OECD加盟国の中でもフィンランドは、1970年代にこの道筋をたどった最初の国である。また、ポーランドは2000年代に学校改革をおこない、直近でこのような道筋をたどった国である。これらの国では、以前はエリートの生徒のみが期待されていた水準に全ての生徒が到達するところまで「レベルアップ」したのである。落ちこぼれそうな生徒はすぐに特定され、問題点は速やかに正確に診断され、すぐに適切な対応がおこなわれる。これは必然的に、一部の生徒が他の生徒よりも多くの支援を受けることを意味する。しかし、このことはまた最もニーズのある生徒が最大の恩恵を受けることでもある。

このような改革に保護者を巻き込んでいくためには、強いリーダーシップと思慮深く持続的なコミュニケーションが必要である。選抜されることで恩恵を受けてきた保護者の場合、なおさらである。私は故郷のハンブルクで2010年に教訓を得た。2009年10月に政治家たちは、学校システムの階層を減らし、その影響を少なくするという政治の壁を超えた学校改革に合意した[11]。政治家は、これがより質が高く、より公平な学習機会を提供する最も効果的な方法だと理解していた。しかし、保護者がそのメリットを納得するだけの努力がなされなかったため、エリートコースで学ぶ生徒の保護者を中心とする改革反対派のロビー活動家がすぐに登場した。そして、包括的な学校制度への懸念が示され、この改革は最終的には2010年6月の住民投票によって覆された。

しかし、その最低限の取り組みは今もなお残っている。全ての生徒が高い水準に達することが可能であり、そうすることが必要であるという前提の上に教育システムを構築することなく、高い成果と公平な学習機会を提供し続けることはできない。全ての生徒が同じ水準の教育を与えられ、維持されることの重要性は、強調しすぎることはない。ＰＩＳＡは、これがあらゆる文化的背景においても可能であること、その目標に向かってすぐに成果が表れることを示している。

4　高い期待を示し、その意味を明確にする

カリキュラムの規準化によって、厳密かつ集中し、首尾一貫した教育内容を生み出し、高い成果を上げる教育システムを生み出すことができる。各学年にわたる教育内容の重複を減らし、異なる学校で提供されるカリキュラムのばらつきを減らすのである。そして、おそらく最も重要なのは、社会経済的背景が異なる人々の不公平を減らすことである。

ほとんどの国は、カリキュラムの規準化を進め、さらに中等学校の外部テストにも活用している。通常そのようなテストは、生徒が就職や次の学校段階、あるいはその両方へ進むための入り口となる。ＯＥＣＤ加盟国を見ると、規準化したカリキュラムに基づいた外部テストを必要とする学校で学ぶ生徒は、そのようなテストがない学校で学ぶ生徒よりも、平均して16ポイント得点が高い。[12] しかし、テストの設計を間違うと教育制度が元に戻り、評価や教育の対象となる範囲を狭めたり、近道をしたり、詰め込んだり、偽ったりすることになる。

ＰＩＳＡで高い成果を上げる教育システムのほとんどが、複雑な高次思考スキルの習得、現実世界の問題解決へのスキルの活用を重視していることに注目すべきである。これらの国々では、生徒に「誰が正しいのか」「どのように理解しているのか」「彼あるいは彼女が正しいと説明できるか」等の質問を投げかけることで、教員は生徒の理解度を把握し、さらなる思考を促す。

上海が伝統的な教科を「学習領域」に再編したことは、このような工夫の一つである。フィンランドはこの点で最先端である。その教育制度は、生徒と教員が教科の枠を超えて思考し、実践するクロスカリキュラムを幅広く取り入れている[13]。

したがって、ワールドクラスの国々は、多肢選択式のコンピュータ採点のテストに依存しない。その代わりに、小論文試験や口頭試問をおこなったり、定期テストだけではなく最終学年の成果物も評価対象に加える。

同時に、幾つかの国では、厳密性や比較可能性を高めるための努力がなされている。私はドイツ最大の州であるノルトライン・ヴェストファーレン州の共通の学校卒業試験を作成する調査委員会に参加していた。そこでは、政治家や専門家が妥当性や信頼性を犠牲にすることなく、学校による筆記テストから規準化された評価形式へと移行するために苦労する姿を見た。

有効性や比較可能性、妥当性や信頼性という目標は、最初は調整が難しいように見える。しかし、多くの国では、入試選抜のような重要なテストのリスクを軽減しながら、メリットを生かす高品質の試験制度の構築に向けて大きな進展が見られる。

テスト文化を変えることについて、最も私を驚かせた国の一つがロシアである。不正行為が横行してきた結果、ロシアでは長期間にわたり、テストの得点やテストに基づいた順位が信頼を失っていた。しかし、ロシアは10年以上にわたってこの問題に取り組んできた。州で統一されたテストは、今や生徒の学習成果を評価する進歩的で透明性のあるものになっている。

まず、ロシアは、多くのテスト制度に見られる効率性のために有効性を、妥当性のために信頼性を犠牲にするという罠に陥らなかった。マークシートを用いず、多肢選択式の問題もほとんど設けなかった。代わりに、オープン形式の課題を与え、しばしば小論文テストもおこなった。発展的な知識や複雑な高次思考スキル、さらにはスキルを現実世界の問題解決に活用することに焦点を当てたのである。

しかし、州で統一されたテストの最大の成果は、教育やテストへの信頼を取り戻したことである。信頼は法律で定められるものではなく、すぐに生まれるものでもない。信頼は少なくとも、それがテストを実施するための前提条件であると同様に、テストのデザインのもたらした結果である。

では、ロシアはどのようにそれを実現したのか？　まず、ロシアは今でも国中で用いられている最先端のセキュリティを導入した。受験票は、納品時も教室でも生徒と試験官の目の前で印刷され、テストの全プロセスは３６０度のカメラで監督され、記録されるのである。

最終的に、生徒が見ている前で解答用紙はスキャンされ、データ化され、匿名化される。小論文のように機械で採点できない複雑な答案は、特別な訓練を受けた専門家によって一元的に採点される。彼らの信頼性は徹底的にチェックされる。もちろん、小論文の評価には常に何らかの判断が含まれる。では、どのようにして生徒は公平に採点されたと信頼するのか？　採点が終わった解答用紙はネットに掲示され、全ての生徒は自分の結果を確認できる。納得しない場合、生徒は採点に異議を唱えられる。学校もまた、テストの結果を確認し、追跡調査をおこなうことができる。こうして、ロシアの生徒、教員、学校管理職、雇用主は、学校教育やテストについて以前よりもずっと自信を持つようになった。これは偶然に起きたことではない。

資格取得のためのテスト

テストのあと、一部の国では新聞が問題を公表し、教育省は最高得点の回答例を発表する。このようにして、生徒、保護者、教員の全員が、質の高い仕事とみなされるものを学び、生徒は自身の成果と標準的な成果を比較できる。

このようなテストは国家の資格制度とつながっていることが多い。つまり、このような制度を備えている国では、人々は次の教育段階に進んだり、特別な領域でキャリアを始めたりするためには、自身に資格があることを示す必要がある。これらの制度では、身につけた知識とそれを使って働くために必要なパフォーマンスの両方の観点から、特定の資格を得るために何が必要であるかを誰もが理解している。

スウェーデンおよび北欧の多くの国では、資格制度はモジュール式であり、資格取得が遅すぎることがないように設計されている。そのような制度では、たとえテストに失敗しても、まだ成功していないというだけである。おそらく、何を学ぶか、どのように学ぶか、どこで学ぶか、いつ学ぶかといった点において、スウェーデンの成人がOECD加盟国の中でも最も深く考える傾向があることは偶然ではない。そして、これはOECD加盟国の中で、生涯学習プログラムへの参加率が公式にも非公式にも最も高いことを反映している。[14]スウェーデンの成人は、読解力や数的思考力においても世界最高水準である。[15]

このような資格制度の国では、資格取得が遅すぎることはなく、テストはいつでも受検可能であり、その水準は決して下げられたり、撤回されたりしない。生徒は、資格取得のためには難度が高いコースを選び、一生懸命に勉強しなければならないことを知っている。生徒は、必要最低限の時間を過ごすだけでは、次の段階に進めない。これは生徒にとって大きなリスクがある制度だが、通常、教員にはほとんど、あるいはまったくリスクはない。

通常、テストは外部の人間によって採点されるので、教員、生徒、保護者は全員が同じ目標に向かう同志となる。ある程度の水準を維持したい教員と、子どもの最善の未来を望む保護者は対照的だが、保護者が学校管理職に成績の変更を要求することはほとんどない。保護者と生徒は、教員も学校管理職も試験の結果を変えられないことを知っている。したがって、結果を改善する唯一の方法は、生徒が学ぶことなのである。

入試選抜のような重要なテストは、本来の学習を犠牲にしてテスト対策に集中させたり、富裕層向けの巨大な教育産業を発展させ、不正行為を誘発することがある。こうした問題は実際に起こっているが、軽減可能である。

保護者や教育者は、テストが生徒の学習を改善せず、ただ不安にさせるだけだと主張することもある。特に、生徒の将来を決定づけるような特定の教育課程や大学入学のための規準化されたテストは、生徒の不安をあおり、自信を傷つけるかもしれない。しかしＰＩＳＡの分析によると、校長が回答したテストの頻度は、生徒が回答したテストへの不安の度合いと関係がない。[16] 実際、ＯＥＣＤ加盟国で平均すると、月に1回の標準テストあるいは教員が開発したテストを受けなければならない学校に通う生徒と、評価の頻度が少ない学校に通う生徒のテストに対する不安は、同程度である。[17] 生徒の成績と学校や国が生徒を評価する頻度の関係もまた弱い。

対照的にデータが示すのは、生徒が評価される頻度よりも、学校での経験のほうが不安を感じる可能性と強く関係することである。例えばＰＩＳＡによると、教員が生徒をより多く支援したり、生徒のニーズに合った授業をしたときに、生徒の不安は少なくなる。生徒は、教員が彼らを不公正に扱っていると感じた時、例えば他の生徒よりも難しい生徒だと評価したときや、教員が彼らを実際よりも賢くないとみなしているとの印象を持ったときに、より多くの不安を感じる。

カリキュラム設計のためのテスト

教育の規準化やテストは、教育システムの目標ではなく始まりである。鍵となるのは、これらの規準やテストがカリキュラムや、教材や、最終的な教育実践にどのように反映されるかである。しかし、カリキュラムや教材を開発し、それらを教育目標や規準、教員の育成やテストに関連づけることに注目し、リソースを投入する国が少ないことに驚かされる。

一つの国の中でも、何百万人もの生徒が何を学ぶかを決定する学者や官僚は僅かにすぎない。彼らは、生徒が知っておくべきこと、未来の世界で成功するためにできるようになるべきことよりも、規律の範囲や完璧さを守ろうとすることがある。PISA2003の開発のために各国の数学のカリキュラムを研究したとき、私は、なぜ三角法や微分積分学のようなものを教えることが重要なのかを自問した。その答えは、数学の内部構造にも、生徒にとって最も意味のある学習段階にも、今日の世界で数学が活用される方法にもみいだせない。その答えは、何世代も前に土地の広さを測定したり、デジタル化以降に高度な計算を実行するなど、数学を用いてきた方法の中にある。

生徒の学習時間は限られているにもかかわらず、私たちがもはや適切でないかもしれない教育内容を諦めきれないために、若者は過去にとらわれの身となり、学校はこの世界で成功するために必要な価値ある知識やスキルや人間性を育てる機会を失っている。

1990年代の終わり、日本はより深く、学際的な学びの時間を作り出すために学習指導要領の内容のほぼ3分の1を減らし、この状況に対応した。教員はこの「ゆとり教育」[18]という目標に賛成していたが、彼らがこの目標を教室で実践するための十分な支援を政府や地方の教育行政から受けることはなかった。

また、特に中学校の教員は、過去に効果的であると証明され、日本のテスト制度によって評価されてきた実践から逸脱することに消極的だった。２００３年のＰＩＳＡで数学的リテラシーの低下が明らかになったとき、保護者は、新しい学習指導要領が子どもたちの前途に横たわる問題を解決するために用意されたものだと信じられなくなった。彼らは、子どもの教育で不足だと感じたものを埋めるために、これまで以上に塾に関心を持つようになった。多くの人々は、２００６年から２００９年の間にＰＩＳＡのような構造化されていない、オープン形式の問題解決の能力において、日本が他のどの国よりも早く改善に取り組んだことに気付いていなかった。ＰＩＳＡの問題解決能力とは、「ゆとり教育」が強化しようとした創造的で批判的な思考スキルを引き出すものだった。しかし、改革は揺り戻しの方向に進み、この数年で学習指導要領の内容量が再び重視されるようになった。

他の国々では、カリキュラムにより多くの内容を加えることで、生徒が何を学ぶべきかという新たなニーズに応えてきた。その結果、教員は教科の大量の内容をほとんど深めることなく突き進んでいくことになった。教育内容の増加は、教育制度が新たに生じたニーズに応える簡単な方法だが、その一方で教育内容の削減は難しい。

保護者は自身が学んだことを子どもも学ぶことを期待しており、教育内容の削減は教育水準を下げるものだとみなすだろう。カリキュラムが緻密でなく、規範的でない場合、教員の仕事はより難しくなる。生徒の理解を深めるために、より多くの工夫が必要になる。

私はＰＩＳＡを通して、このことを直接学んだ。２００８年の金融危機後、政治家は学校での金融教育を強化するために、これらのスキルをＰＩＳＡに盛り込むことを求めた。それは、金融教育を増やせば、生徒の金融リテラシーが向上するという仮説に基づくものである。しかし、２０１４年に最初の結果が報告されたとき[19]、生徒の金融リテラシーと彼らがどれくらい金融教育を学んでいるかとの間には関係がなかった。ＰＩＳＡの金融リテラシーでトップの成果を示したのは上海だが、上海は金融教育を多くおこなっていたわけではない。上海が金融リテラシーの評価で成功した秘訣は、上海の学校が、数学教育で深い概念的理解と複雑な推論を育てていたことにある。なぜなら、上海の生徒は数学者のように考え、確率、変化、リスクのような概念の意味を理解しており、これらの知識を馴染みがなかった金融の文脈に難なく転移させ、活用できたからである。

これは、どの分野をどの学年でどの順序で教えるかを決定し、定期的に再検討するには、最良の知を結集することが重要であることを示している。その分野の一流の専門家だけでなく、生徒の学び方を理解している人、知識やスキルの需要と現実社会での活用法を理解している人々が必要なのである。

したがって、教員や教科書会社の仕事を導くように考え抜かれたカリキュラムの枠組みに、知の規準をどのように取り込むかが非常に重要である。厳密なテストは、複雑な思考スキルの評価、すなわち生徒がコアカリキュラム全体で到達目標に達しているかどうかに焦点を当てるべきである。また、テストに基づいた選抜制度は、成熟した資格制度の一部として機能すべきである。

教育制度が、それぞれの学問分野だけではなく、生徒の学びと発達について知見を培ってきた学習科学を拠り所にして構築されることも非常に重要である。例えば、シンガポールはカリキュラム開発において、ラーニングプログレッション（学習の段階）を明示した。小学校から中学校へ、中学校から高等学校へと進むにつれて、生徒は間違ったことと正しいことを区別する段階から、道徳的な誠実さの理解を経て、何が正しいかを示す道徳的な勇気を持つ段階へと進むことが期待されている。教員には、生徒の成長の支援、すなわち生徒が自身の強みと弱みを知る段階から、自身の能力を信じ、変化に適応し、逆境に直面してもめげない段階まで支援することが期待される。また、生徒は、チームで活動し、他者に共感したり、文化を超えて協同したり、社会的な責任を負うことで、他者との協力や共有から成長していくことを期待される。彼らは、小学校で活発かつ好奇心旺盛な段階から始まり、中学校では創造的かつ探究心を持つ段階を経て、高等学校ではイノベーティブで起業家精神を持つことを期待される。教員には、生徒が自ら考え自信を持って表現できるようになる段階から始まり、異なる見方を尊重して効果的にコミュニケーションをとれる段階を経て、批判的に考え説得力のあるコミュニケーションができるように導くことが期待される。特に、生徒は自らの取り組みに自信を持つ段階から始まり、自らの学習に責任を持つ段階を経て、卓越性を追求するように成長することが期待される。

この10年間に、多くの国でカリキュラムの設計方法がより計画的で組織的になったのは驚くべきことである。このような動きの多くは、チャールズ・ファデル氏やハーバード大学にある彼のカリキュラム・リデザイン・センターで働く人々の業績の影響を受けた[20]。この変化は、2016年に開始したＯＥＣＤのEducation 2030 のカリキュラムデザインのプロジェクトにも反映されている。国際的な観点からカリキュラムを議論することを何年にもわたって拒否してきた国々（各国はカリキュラムを国内政策の領域とみなす傾向がある）も、カリキュラム設計のためのイノベーティブな国際的な枠組みの開発をＯＥＣＤに任せた。彼らは、社会が教育に期待することと現在の教育制度が提供することのギャップが拡大しており、そのギャップを減らすためには国際協働が必要であると認識したのである。

5　質の高い教員を採用し定着させる

私たちは、教員に多くのことを要求する。教員が知っていること、気にかけていることが、生徒の学びに違いをもたらすために、私たちは教員が何を教えているか、誰に教えているかについて、深く、そして広く理解することを教員に期待する。それは、学習成果につながる学習環境を作り出すことができるような専門的な知識（例えば、学問的な知識、その学問のカリキュラムに関する知識、その学問を生徒がどのように学ぶかに関する知識）、専門家としての実践についての知識を必然的に伴う。それはまた、生涯学習者として彼らの職業的な専門性を伸ばすための探究や研究のスキルも含む。教員が生涯学習者にならないかぎり、生徒もそのようにはならない。

しかし、私たちは教員に対して、彼らの仕事として定義された以上のことを期待している。私たちは教員にまた、情熱的で思いやりがあり、思慮深いことを期待している。すなわち、生徒が何かに参加し責任を持つように促したり、異なる背景と多様なニーズを持つ生徒に対して、寛容さや社会的結束を促すこと、さらに生徒への継続的な評価とフィードバックをおこない、生徒が自尊感情と仲間意識を感じられるようにし、協同学習を促すことである。そして、私たちは教員自身がチームとなり、他校や保護者と一緒に共通目標を設定し、目標達成のための計画を立てて行動することを期待する。

これらは、教員の仕事を他の専門職に比べて、より高度で特別なものにする側面の一つである。シンガポールの権威ある国立教育研究所のウン・セン・タン局長は、教員は同時に様々な学習者のニーズに応えるため、マルチタスクの専門家である必要があると述べている。[21] 教員は、常に予想不可能で、どのように反応するかを考える時間がない教室の中で働いている。教員がすることは何でも、たった一人の生徒と一緒であっても、全ての生徒に見られており、その日からその教員が学校でどのように見られるかを決定づける。

ほとんどの人が、少なくとも一人くらいは、自分の人生や希望に深く関心を持ち、自分が誰かを理解し打ち込むことを見つけるのを支えてくれた、学ぶことの喜びを教えてくれた恩師を覚えている。

教育システムの質が決して教員の質を超えることがないことは、すでに明らかである。そのため、教育システムが立ち向かうべき最大の課題は、優秀な教員を引きつけ、育成し、確保し続けることである。その課題を解決するために、政府は企業がチームを構築する方法から学べることがある。企業は社員を採用し、選抜するための人材プールの重要性を理解している。すなわち、新入社員が採用前に受ける初期教育、新入社員を指導して業務を担当できるようにする導入教育、継続的な社員教育、報酬体系、成績優秀者を評価する方法、課題を抱える社員のパフォーマンスを改善する方法、昇進や昇格を目指して高いパフォーマンスを発揮する機会を与える方法等である。

質の高い教員を引きつける

教員採用を研究したときに私が最初に学んだことの一つは、ワールドクラスの教育システムは、教育の専門家を排他的にし、教育を包括的にすることである。

どんな業界や組織も専門家を採用する際、最も高い成果を見込める層から人々を集めるためにあらゆる努力を尽くすだろう。ほとんどの業界や企業は、その選抜のために学校や大学、テスト制度に大きく依存している。それは、日本のトップ省庁が東京大学から採用する際、ウォール街のトップ企業が主にハーバード大学、イェール大学、スタンフォード大学の卒業生から採用する際におこなっていることと同じである。彼らがこれらの機関をターゲットにするのは、卒業生が何か特別な知識やスキルを持つからではなく、最も才能のある若者がそこに集まっていると信じるからである。一方、卒業生の中でも最も高い能力を示す層から全ての専門家を採用する余裕はないので、企業は最も優れた人を鍵となるポジションに配置し、それほど優秀でない人を補助的なポジションに配置する仕組みも作っている。多くの場合、企業は最も優れた専門家を最大限に活用できるようにキャリア構造を利用する。

では、企業が専門家を選び出す人材プールを作るものは何か？　一般的には、それは仕事と社会的地位との結びつき、仕事に貢献できそうな度合い、仕事の経済的および知的な報酬の組み合わせである。

ある国の教員の地位は、誰がその職業になりたいと希望するかに極めて大きな影響を与える。フィンランドでは、教職は非常に選抜された仕事であり、高い技術を持った高学歴の教員が全国に広がっている。フィンランドでは、教員よりも高く評価される仕事はほとんどない。一方、伝統的に儒教文化圏では、長い間教員の社会的地位がヨーロッパのほとんどの教員よりも高かった。東アジアの一部では、教員が全公務員の中で最も高い給与を得られるように、教員の給与を法律で定めている。

イギリスではトニー・ブレア氏の労働党政権が誕生した時に、歴史上、最悪の教員不足に直面した。5年後には、毎年8倍の応募者が集まるようになったが、初任給を上げたり、教員の労働環境を大きく変える必要があった。しかし、方向転換の際には、洗練された強力な募集広報プログラムが重要な役割を果たした[22]。

シンガポールは、教員養成課程の志望者を選抜する仕組みの質を高める優れた方法で知られている。政府は志望者を丁寧に選び、教員養成課程を受けている間にも月給を与える。これは、他の職業の新卒者に月給で劣らないようにするためである。その代わりに教員養成課程を修了後、少なくとも3年間は教職につかなければならない。シンガポールは初任給にも注意を払っており、新規採用する教員の給与を調整している。その結果、シンガポールでは、最も資格のある候補者にとって、教職は他の職業と同じくらい経済的に魅力的である。PISAのデータによると、シンガポールの学校は、雇用面では限られた裁量しか与えられていない。しかし、教員養成課程で学んでいる教員が所属する学校の校長は、教員採用の審査に参加し、意思決定のための議論に加わる。教員採用に失敗すると、40年にわたって教育を貧弱にする可能性がある。つまり一つの学校だけでなく、システム全体の成功にかかわるのである。

教えることを経済的に魅力的にするのは比較的容易だが、一方で、教えることを知的で魅力的にするのは、はるかに困難である。しかし、非常に才能がある個人を教職に引き付けるための鍵となるのは後者である。特に、教育にかかわる人々が、自分たちの社会に変化をもたらしたい時はそうである。けれども、それは教員の仕事がどのように組織されているか、職業上の成長機会があるかどうか、仕事が専門家および社会の中でどうみなされるかに依存するので難しい（図3・1）。このような条件が満たされても、教員の専門性が国際的に卓越性を認められ、表彰されることは少ない。２０１６年に映画産業は、第88回のアカデミー賞を発表した。しかし、同年はグローバル・ティーチャー・プライズ[23]がおこなわれた最初の年であった。

しかし、第2章で論じたように、ＯＥＣＤ国際成人力調査（PIAAC: Programme for the International Assessment of Adult Competencies）によると、最も優秀な大卒成人の上位3分の1から教員が集まっている国はない（図2・5A）。実際、教員は大卒の平均的な労働者と驚くほどよく似ている。さらに興味深いことに、教員のスキルを他国と比べても、平均的な大卒者と比べても良くない一部の国（ポーランドがその一つである）が、最も急速な進歩を遂げたことである。つまり、優秀な卒業生の採用は教育改革の一要素にすぎない。各国が教員の継続的な専門能力開発のために投資することも、少なくとも同程度に重要である。

質の高い教員を育てる

優れた教員の特徴は何か？　教育研究者のトーマス・L・グッド氏とアリソン・ラビーネ氏[24]は、印象的な特徴をまとめている。例えば、優れた教員は、生徒には学ぶ能力があり、自身にも教える能力があると信じている。彼らは教室にいる時間の大半を授業に費やし、教室を組織化して生徒の学習時間を最大化する。彼らは小さな一歩を踏まえながら早いペースでカリキュラムをこなし、アクティブな教授法を用いる。そして、生徒が習得するまで教える。

しかし、私たちはどのようにしてこのような教員を育てるのだろうか？　ここでは自然から学んだ比喩で説明しよう。カエルは、非常にたくさんの卵を産み、その中から何匹かのオタマジャクシが生き残り、最終的には次の世代のカエルへと成長していくことに希望を託す。アヒルは数個の卵しか産まないが、それが孵化するまで守り温め、その後は命を懸けて雛を守る。ある意味、これらの繁殖に関する多様な哲学は、各国の教員養成課程の多様性を示している。幾つかの国では、教員養成課程の門戸は誰にでも開かれている。しかし、それは最後の手段であり、中退率の高い選択肢である。他の国では、教員養成課程は非常に選抜されたものになっている。これらの国では、政府が投下するリソースは、教員として成功すると認められた人に集中する。

ワールドクラスの教育制度の多くは、入学難度が比較的低い大多数の教員養成系の単科大学から、入学難度が高く序列が高い少数の総合大学の教員養成学科へと教員採用の対象を変えた。教員になるためのハードルを上げることで、これらの国は能力の低い若者が教員になることを防ぐ。他の高い地位の職業につくことができる優秀な若者は、容易になることができる職業に就く可能性は低い。そこで、より需要の高い専門職に就けなかった優秀な若者を教職にひきつけるのである。

フィンランドでは、教員養成課程は最も人々が尊敬する学問的なプログラムの一つとされる。フィンランドの教員養成機関には、毎年どこでも9人以上の応募がある。選抜されなかった人は、代わりに弁護士や医者になることもできる。応募者は高等学校の成績や大学入学試験の得点に基づいて評価される。しかし、より厳密な選抜はこの後である。まず、応募者は学業資格の最初の選考を乗り越えると、授業実践の様子を観察され、面接を受ける。卓越した学業成績に加えて、教育に対する明確な適性を持つ応募者のみが選抜される。

入学のハードルを上げることと、教員に自律性と教室や労働環境を管理するための権限を認めることの組み合わせが、教職の地位を上げるのに役立った。教員は、今やフィンランドの若者の中で、最も望ましいキャリアの一つである。フィンランドの教員は、全ての生徒が成功する学習者になることを支援できると示し、保護者や広く社会からの信頼を獲得した。

ワールドクラスの教育制度でもまた、初期の教員養成課程を学問的な教育よりも教育実践の場での専門性を身につけるものへと移行している。教員はより早い段階で学校に入り、そこで多くの時間を過ごし、その中で多くの良い支援を受けられる。これらのプログラムは、教員が課題を抱える生徒をより早く正確に診断し、それにふさわしい指導をおこなうスキルを伸ばすことを重視している。見込みのある教員が、経験豊富で、参加型で、イメージ豊かで、探究型のイノベーティブな教授法を幅広く使いこなし、自信を持つことが期待されているのである。

幾つかの国では、教員養成の初期段階に研究スキルを指導する。教員は、生涯学習者としてこれらのスキルを使うこと、すなわち現代社会に定着している知識を疑ったり、専門家の実践を改善することが期待されている。研究は、専門職としての教員の重要な要素である。フィンランドでは、全教員が教員養成課程の初期段階を終える際に修士論文を執筆して学位をとる。フィンランドは、創造性やイノベーションを支援するカリキュラム設計の最前線にいる。そのため、教員の仕事は研究、開発、設計を含む専門職の魅力にあふれている。

今後の最大の課題の一つは、教員になった方法ではなく、自らが何を知っており、何ができるかについて、教員が理解を深めることである。私は、ティーチ・フォー・オール（Teach for All）運動についてしばらくの間、大きな関心を持っていた。彼らがめざすのは、少なくとも2年間は特別な支援が必要な学校で教え、教育の質と公平性を生涯かけて増進していく学問分野や職業を超えた有望なリーダーを集めることである。

その理事会メンバーになると、すぐに私は２０１２年にロンドンで開催された第1回の年次総会に参加して「いかにして1万の教室を変えていくか」という講演をおこなった。私は、成功したキャリアを捨てて、恵まれない子どもの人生を変えるために教育団体に参加した人々の話を聞いた。ナイジェリアで年間４００名の教員のための集中的な教員養成プログラムを企画・実施している若い参加者の話は非常に印象的だった。その国ではもともと、教員養成のためのインフラが存在しなかったのだ。また中国の参加者は、地方の農村地域に緊急に必要とされる教育力を築くために、どのように自治体と協力したかを共有してくれた。

20年以上前にティーチ・フォー・アメリカを設立したウェンディ・コップ氏は、2007年に彼女が共同設立したティーチ・フォー・オールの進化について詳しく語った。教育の公平性をめざす一部の国の社会起業家の小さな集団として始まったものが、今や47の独立した関連組織を有する国際的なネットワークとなった。そして、最も弱い立場の子どもたちに教育を提供するために、組織としてのリーダーシップを発揮するために活動している。ティーチ・フォー・オールの最も成熟したパートナーであるティーチ・フォー・アメリカは、現在5万人以上の現職教員および退職教員の同窓会組織を持つ。その80％以上は教育あるいは教育資源が不足するコミュニティで働いている。現在そのうち6500人以上のメンバーが、アメリカ国内のほぼ40万人の生徒にかかわっている。そして、その同窓会メンバーは、教員、校長、学区のリーダー、政策立案者、社会起業家として変化を持続するために活動している。ティーチ・フォー・オールが二番目に長く連携するパートナーであるティーチ・ファーストは、現在、イギリスで2500人以上の教員と共に、16万5000人以上の生徒にかかわっている。ティーチ・ファーストの7000人の卒業生のほぼ70％は教育にかかわり続けており、ロンドンの公立学校を変えるうえで重要な役割を果たしている。ティーチ・フォー・オールのネットワーク組織は世界中のあらゆる地域で生まれ、発展しており、5000人以上の教員と6000人以上の卒業生が、アメリカやイギリス以外で働いている。

これらの組織に対する批判者は、大学の学部課程での学び、教員養成課程、教室の中での経験という伝統的な方法に代わるものはないと主張する。これは一面の真実ではある。しかし、批判者は、才能、情熱、経験の結合が意味する教育分野の創造性の可能性を過小評価しているかもしれない。

これらのプログラムが非常に魅力的であるために、専門職としての教員の地位が低下しているにもかかわらず、最も有望な人材を集めているという事実が物語っている。これらの組織は、優れた学業成果と教員が協力して優れた実践を生み出すための仕組みを組み合わせている。そして、教員として、学校や行政のリーダーとして、あるいは政策立案や社会起業等の異分野においてさえも、キャリアで成長していくための知的な道筋を示している。私が最も心を打たれたのは、これら全ての仕事の背景にある「教員のリーダーシップからコミュニティの組織へ」という社会変革のビジョンである。ティーチ・フォー・オールは伝統的な教員養成への代替案を提供していない。しかし、その教員の多くは、教育の専門職として大いに必要とされるルールメーカーやイノベーターになった。

教員のスキルをアップデートする

生徒の学びをより効果的に支援したいと思うならば、私たちは教員がより強力に学べる機会を提供することをもっと真剣に考えなければならない。しかし、良い教員は、一貫性があり、学校を超えて普及可能な方法でどのようにして優れた教員になっていくのだろうか？

教員の能力開発では、教員養成の初期段階、すなわち教員として仕事を始める前に教員が身につける知識やスキルに焦点を当てる傾向がある。同様に、教員の能力開発のためのリソースの大半は、就業前教育に割り当てられる傾向がある。しかし、教育の急速な変化と多くの教員の長いキャリアを考えると、教員の成長は、生涯学習の観点からとらえなければならない。つまり、教員養成の初期段階は継続的な学習の基盤であり、専門家としての成長の頂点ではないのである。技術革新や新しいメディアによって教員が直面する課題を考えてみよう。あるいは、近年の移民の流入によってヨーロッパの教員が直面する課題を考えてみよう。今日の教員が教育を受けた数十年前の教員養成では、これらの課題を予測することはできなかった。

オンタリオ州のダルトン・マクガインティー前知事は、２０１０年に私に「新世代の教員を待つよりもむしろ、既存の学校や教員に投資し、彼らが改革に取り組むようにしたり、彼らの改善への取り組みを支援することが大切だ」と話してくれた。その取り組みには、学校における広範囲の能力開発や年4回の会議の開催が含まれている。会議には行政のリーダー、教員組合、教育長による組織、学校管理職の委員会が集まり、改革戦略を実行する方法を議論する。

他の国々もまた、教員の専門性の開発に多大な投資をしてきた。シンガポールの教員は、年間100時間を専門性の開発に費やし、常に自分の専門性を最新のものにして実践の改善に努めている。教員のネットワークや学習の専門家コミュニティは、教員どうしの学び合いを奨励している。2010年9月には、教員による継続的なベストプラクティスの共有をさらに進めていくために、シンガポール教員アカデミー(Academy of Singapore Teachers)を設立した。教育養成の初期段階で現実の生徒や教室を経験する機会がないという、教員養成へのよくある不満はシンガポールでは耳にしない。とはいえ、年間2000人もの教員候補を教室に入れることは、混乱を招き、非常にコストがかかるために難しい。

では、どうするか? 自らの判断が与える影響を理解していない地方自治体が意思決定するアメリカやヨーロッパの一部の事例を参考にするだろうか? あるいはナショナル・スタンダードが機能せず、少数の選抜された集団への教員養成をおこなう有名大学の取り組みを参考にするだろうか? シンガポールは、非常に異なる方法を試みてきた。10週間から22週間の学校での教育実習に加えて、デジタル技術を用いて国が選んだ教室にリアルタイムでアクセスできるようにして、シンガポール国立教育研究所は教員養成に教室を取り込んでいる。彼らはまた、教室を核とした実証研究も推進しており、教員が学習経験を自分のものにしたり、教室での多様性の増加や学習スタイルの違いに対応し、カリキュラムや教授法、デジタル教材の発展に追いつけるように支援している。

上海では、全教員に5年以内に240時間の専門能力開発を取り組むことを要求する。中国において上海は例外ではない。私は中国でトップの教員養成機関である北京師範大学（Beijing Normal University）で客員教授を務めている。そこで講義をする際にはいつも、教員の専門性の高さや継続的な改善への努力、そして彼らが他国の教育実践に強い関心を持っていることに深い感銘を受ける。

効果的な専門能力開発には、継続的な教育・実践・フィードバックが含まれており、フォローアップのための適切な時間が必要である。成功したプログラムは、現職教員が実際におこなっている授業に受講者を巻き込むものである。

しかし、鍵となるのは、現職教員の授業に参加する機会の多さだけではない。キャリアの根底にある構造、すなわち他者とは異なる新しい知識やスキルが求められ、提供していく社会的組織の中で、教員どうしが一緒に働く時間とかかわる。成功したプログラムは、教員が専門知識や経験を共有できる学習コミュニティの形成を促す。研究と実践のつながりを強化し、学校を学習する集団として発展させることで、教員全体で知識を累積していくことへの関心が高まっていくのである。

シンガポール国立教育研究所のデヴィット・ハング氏は、教員の考え方を変えることが教育改革の最も重要なポイントだと考えた。[25] 彼は自らの挑戦を「知識の伝達から知識の共創」「教科書による抽象的な知識の習得から経験に基づく学習」「総括的評価から形成的評価」への移行であると語る。これは、失敗する恐怖を挑戦への意欲に変えていくことを必要とする。自己効力感が非常に高い教員、あるいは低い教員は学んだ新しいスキルをあまり使わない。しかし、自身の能力に中程度の自信を持つ教員は、最も新しいスキルを使う傾向がある。自己効力感は、組織のあり方にも関係している。授業を見学したり、協同で専門能力開発に取り組んだり、協同で授業をおこなうほど、教員は自分のことを有能な教員であると考える[26]（図3・3）。

しかしながら、教員が生涯にわたって学び続ける方法はほとんど知られていない。だから私はOECD国際教員指導環境調査（TALIS）を通して、教員に意見を述べようと思った。2009年の最初の調査結果で明らかになったことは、一般的に最も効果的だと考えられる専門能力開発に参加していると回答した教員がいかに少ないかであった[27]。続いて、2013年のTALISからは、教員による協同やインフォーマルな情報交換は頻繁にあるが、一方で教員の自己効力感に最も関係する授業見学や授業研究のような専門能力開発は、未だに少ないことが示された[28]（図3・3および図3・4）。

TALISが示すのは、教員の教育実践に影響を与える専門能力開発は学校内でおこなわれ、教員が協同的な集団で働けるようにしていることである。専門家として高度な自律性を持ち、高度な協調性と教育的なリーダーシップによって特徴づけられる協同的文化で働く教員は、学校内の専門能力開発に頻繁に参加しており、その活動が彼らの教育実践に大きなインパクトを与えている[29]。

これを実際におこなうことは容易ではない。ボトムアップ型の教員主導の協同と、誰かがリードする体系的な改善プロセスの間には緊張関係が生じる。多くの学校において教員は、一緒に働く機会を尊重するが、その時間を最大限に活用しようとすることはない。一方、教員どうしの協同を一気に進めようとすると教員は反発する。

事実、学校に協同的文化を構築することは、口で言うほど簡単ではない。ボストン大学リンチ教育学部のトーマス・モア・ブレナン委員会の委員長であるアンディ・ハーグリーブス教授は、学校で協同的文化を構築すること、そしてその文化を少数のリーダーシップが優れた熱心な学校や学区を超えて普及させていくことの難しさに注目してきた[30]。彼は、幾つかの学校制度が採用する方法が「仕組まれた同僚性」（contrived collegiality）につながると論じている。それは、何をすべきか、誰とすべきかといった要件をあらかじめ定めた押し付けられた協同であり、ボトムアップ型による専門的で自発的な取り組みや真の協同を妨げる。

しかし、学習コミュニティを創造し、維持するリーダーシップ開発戦略を確立することで真の協同を促すためには、政策が大いに役立つ。例えば、学校監査や認証評価に専門家との協同で作成した指標を組み込む、専門的な学習コミュニティへの参加を業績給や教員の能力評価と関連づける、校内または学校間での自己学習のための資金補助等である。集団で一緒に学ぶ時間や機会が含まれるような教員の協同を促す仕組みやプロセスは、教員集団としての自己効力感を高めるために不可欠である。このような活動には、教員主導の研究プロジェクト、教員ネットワーク、授業見学、メンタリングやコーチングを含む。効果的な専門能力開発に最も関係する条件や活動を支援することで、生徒もまた好影響を受ける可能性が高まる。

フィンランドの教員は、職業人生を通して効果的な教育実践にかかわる研究に貢献することを期待される。中国の教員養成制度もまた研究の重要性を強調しており、教員が取り組んだ研究に基づいて教育制度が改善される。私は、中国の教員主導でおこなわれる研究の量の多さや、教員が研究のために政府の助成金を容易に獲得できる仕組みに驚いた。成功の基準は、教員の研究成果を他校の教員の手で再現できるかどうかである。上海の実験校の元理事で、後に上海トップクラスの教員養成大学の学長になったツァン・ミンシャン氏は、学校がいかにして新しいプログラムや政策を施行したり、他校での適用可能性を実証するための政府助成金を獲得するかを説明してくれた。これらの学校の最も経験豊富な教員は、新しい研究の成果を評価するために共同研究者として参加する。

一方、アジアの他の国々も、優秀な教員を育成している。教育省が最も優れた教員を選び、教員としての業務の一部を削減することで、彼らは他の教員に講演をおこなったり、授業を実践して見せたり、地区、州、さらには国中で他の教員を指導することができる。学校単位では、優秀な教員が授業開発をリードする。経験豊富な教員は、新任教員を支援し、ある生徒がなぜ学習に困難を抱えているかを分析するうえで重要な役割を果たすように求められる。

これらの政策や実践は、教授する能力自体の質に影響を与える。例えば、日本で伝統的におこなわれている授業研究は、日本では教員どうしが授業の質を改善するために一緒に活動することを意味している。教育

図 3.3　インフォーマルな交流は、深い専門的な協同よりも教員の間で一般的に行われている

少なくとも月に一度次のような活動をしていると回答した前期中等学校（中学校）の教員の割合は低い

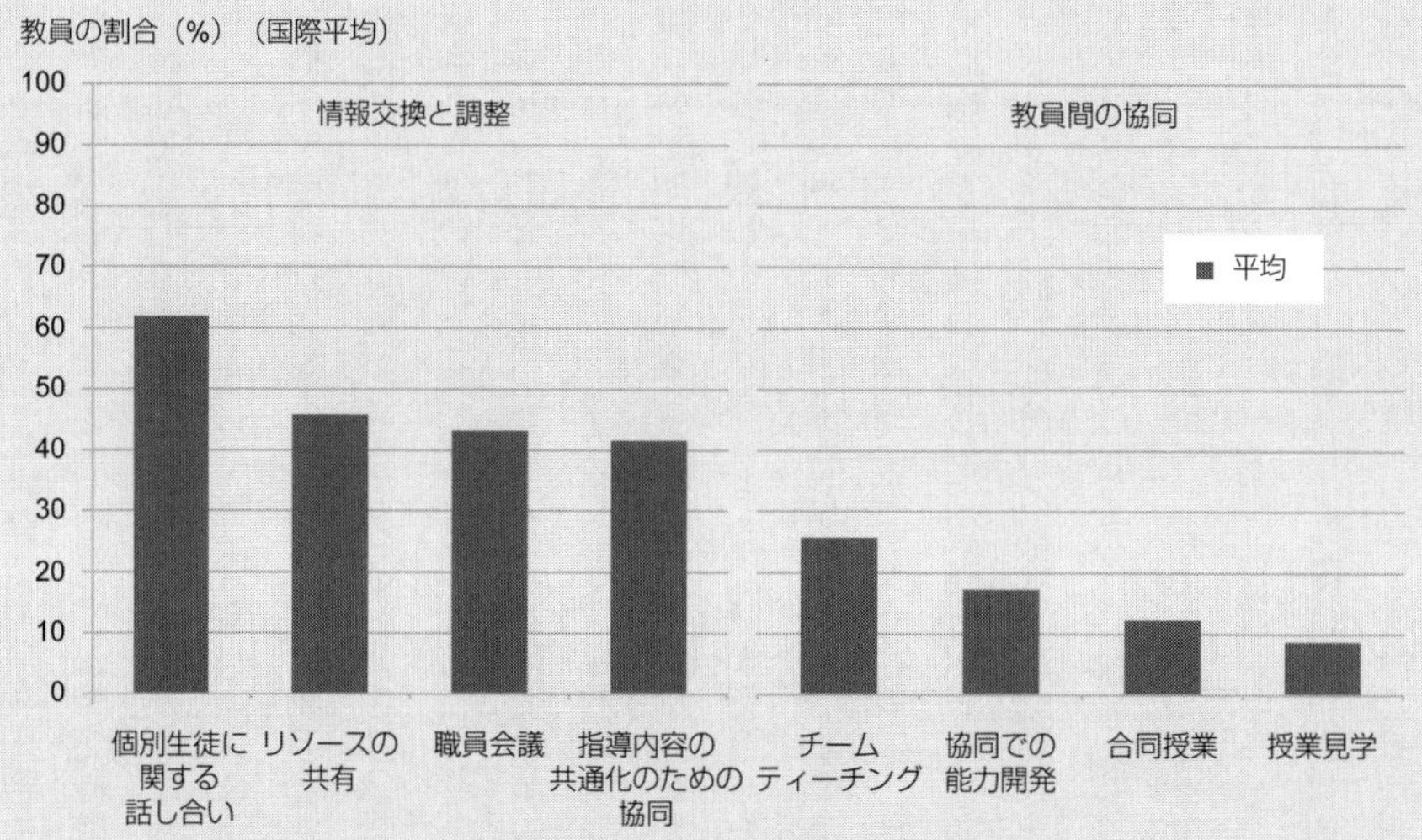

出典：OECD, TALIS 2013 Database, Table 6.15.

図 3.4　教員としての役立ち感は、同僚との協同に関係する

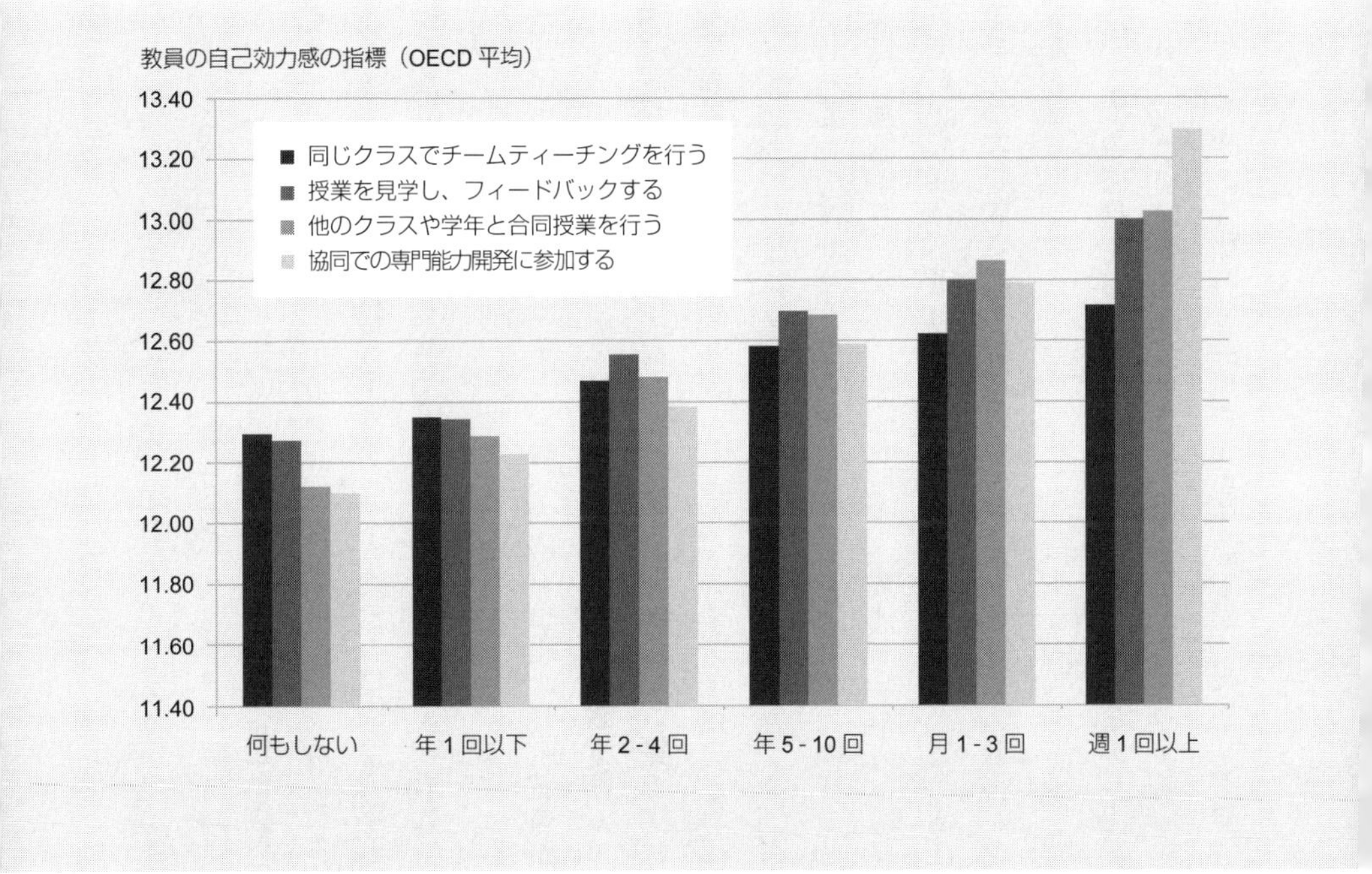

注：教員の専門家としての協同方法による、教員の自己効力感。異なる協同方法を頻繁に行う教員ほど、自己効力感が高い。
出典：OECD, TALIS 2013 Database, Table 7.10.
StatLink：http://dx.doi.org/10.1787/888933042295

実践の質がリーダーよりも劣っている教員は、何が良い実践かを学ぶことができる。専門職の階層構造によって信頼や責任が段階的に増え、優れた教員がさらに優れた教員をめざすようになるのである。

シンガポールは、成果向上マネジメント・システム（Enhanced Performance Management System）を通して、教員の成長を促している。2005年に初めて完全導入されたこのシステムは、「教育サービスの専門性育成とキャリアプラン」（Education Service Professional Development and Career Plan）に基づくキャリア形成と表彰制度の一部である。このシステムは、キャリアパス、金銭的な報酬による評価、評価システムという三つの要素で成り立つ。シンガポール政府によると、キャリアパスでは教員が様々なキャリアの目標を持つことを踏まえ、三つのコースを用意している。教育コースは、教員が教室に留まり、指導教員になることを可能にする。リーダーシップコースは、教員が学校や教育省本部で管理職になることを可能にする。上級専門家コースは、教育省本部のメンバーとして、教育のある分野で深い知識とスキルを持った強力な専門家集団の中核として新しい分野を開拓し、シンガポールが最先端を進むように貢献する。

成果向上マネジメント・システムは、コンピテンシーに基づき、各コースに合った知識、スキル、専門家としての人間性を定義している。この過程には、計画立案、コーチング、評価が含まれる。計画立案では、教員は年初の自己評価から始まり、学校の教育、教授法の革新と改善、専門家および個人としての成長のための目標を立てる。教員は、通常は部門の責任者である調査官と面談し、目標設定や成果基準について議論する。コーチングは、年間を通しておこなわれるが、特に調査官が教員と面談して進捗やニーズを話し合うときにおこなわれる。

年度末におこなわれる業績評価では、調査官が評価面接をおこない、計画に対して実際の成果がどうだったかを振り返る。成果に対して与えられた評点は、その年の成果に対して与えられるボーナスに影響する。業績評価段階では、次の等級への昇格が「現時点で期待される可能性」に基づいて判断される。教員の可能性に関する判断は、教員と一緒に働いた上級スタッフとの協議でおこなわれる。その判断は、観察や教員の話し合い、ポートフォリオの記録、学校や地域への教員の貢献に基づくものである。

これもまた、国際交流が政策や実践に大いに貢献できる分野である。２０１４年にイギリスの教育・保育担当国務長官であり、元数学教員のリズ・トゥラス氏は、ＰＩＳＡの数学的リテラシーにおける上海の好成績に刺激を受けた。彼女は上海を訪れ、数学の授業や地域の教員や学校間プログラムを見学し、感銘を受けた。彼女は、中国と協力し、中国とイギリスの教員交換留学プログラムを作った。[31] これは、政府による「数学の拠点地域」であり、数学の優れた教育機関が集まる政府間ネットワークとして、数学教育のベストプラクティスの普及と教育水準の向上をめざすものである。

その試みは当初、懐疑的な目で見られた。ＢＢＣがプログラム開始当初に私と教員組合の代表にインタビューをしたとき、私はそれを直接経験した。教員組合の代表は、ある国や文化で機能しているやり方が別の場所でも通用するものかと疑問を投げかけた。私は、中国は数学の教育方法を長い年月をかけて改善してきたと反論し、イギリスが中国の経験から学べることは何もないのかと尋ねた。彼は、納得できないようだった。

しばらくして、プログラムが始まった。約50人の英語を話す中国人の数学教員が、イギリスの30を超える数学の拠点地域に配置された。彼らは、トップクラスの生徒への指導法、課題を抱える生徒を一対一で支援する方法を含む、彼らが普段用いている教授法を披露した。彼らは毎日数学の授業をおこない、宿題を出し、フィードバックをおこなった。中国の教員はまた、地元校のためのマスタークラスを開講し、教科別に実地での教員養成をおこなった。一方、数学の拠点地域から集まったイギリス人の先導的な数学教員は、中国の学校で働いた。このプログラムは、両国でかなりの注目を集めた。教員が機会を与え、私たちが思い切ってイデオロギーの壁を取り払えば、異文化からどれほど多くのことを学べるかを示したのである。[32]

6　独立した責任ある専門家としての教員

「プロフェッショナリズム」としての専門性の概念は、歴史的には一つの職業に携わる人々が行使する自律性と内部規制の程度にかかわりがある。18世紀から19世紀にかけてのヨーロッパでは、単なる職業と専門家の違いは、後者がどの程度の専門知識を必要とし、公式な行動規範や、特定の業務に携わるための州の法令に従わなければならないかにかかわっていた。時代を経て、プロフェッショナリズムとしての専門性の古典的な定義は拡大し、大学の教授や高等学校の教員は教育の専門家と見なされるようになった。

20世紀になると、教育の専門性は、カリキュラムの規準化の拡大とそれに伴う産業労働組織の出現に対抗しなければならなかった。過去100年間に教育の機会は世界中で拡大し、教員数が増加しただけではなく、より体系的で台本のようになったカリキュラムと授業計画が生まれた。

しかしながら、21世紀の変わり目には、教育改革をきっかけとして、教員の専門性にも新たな見方が登場した。教員の質の向上が、生徒の成功の鍵であると見なされるようになるにつれて、教員の専門性が注目されるようになったのである。実際、教員が継続的に専門能力を開発すること、教員が責任を持って説明責任を負うこと、強固で一貫性のある専門知識が蓄積されることが、教員のパフォーマンス向上には不可欠だと広く認識されている。教員の専門性は国によってかなり異なる（図3・5）。これは、国や地方の政策の優先度の違い、文化や歴史の違いを反映している。

幾つかの国は、教えることは教室という聖域の中で教員個人の権限でおこなわれるものだととらえている。しかし、それでは教育実践が評価されない教員を生み出してしまう。全ての教員が、教育方法を自身で

図 3.5　教員の専門性とその要素は国によってかなり異なる

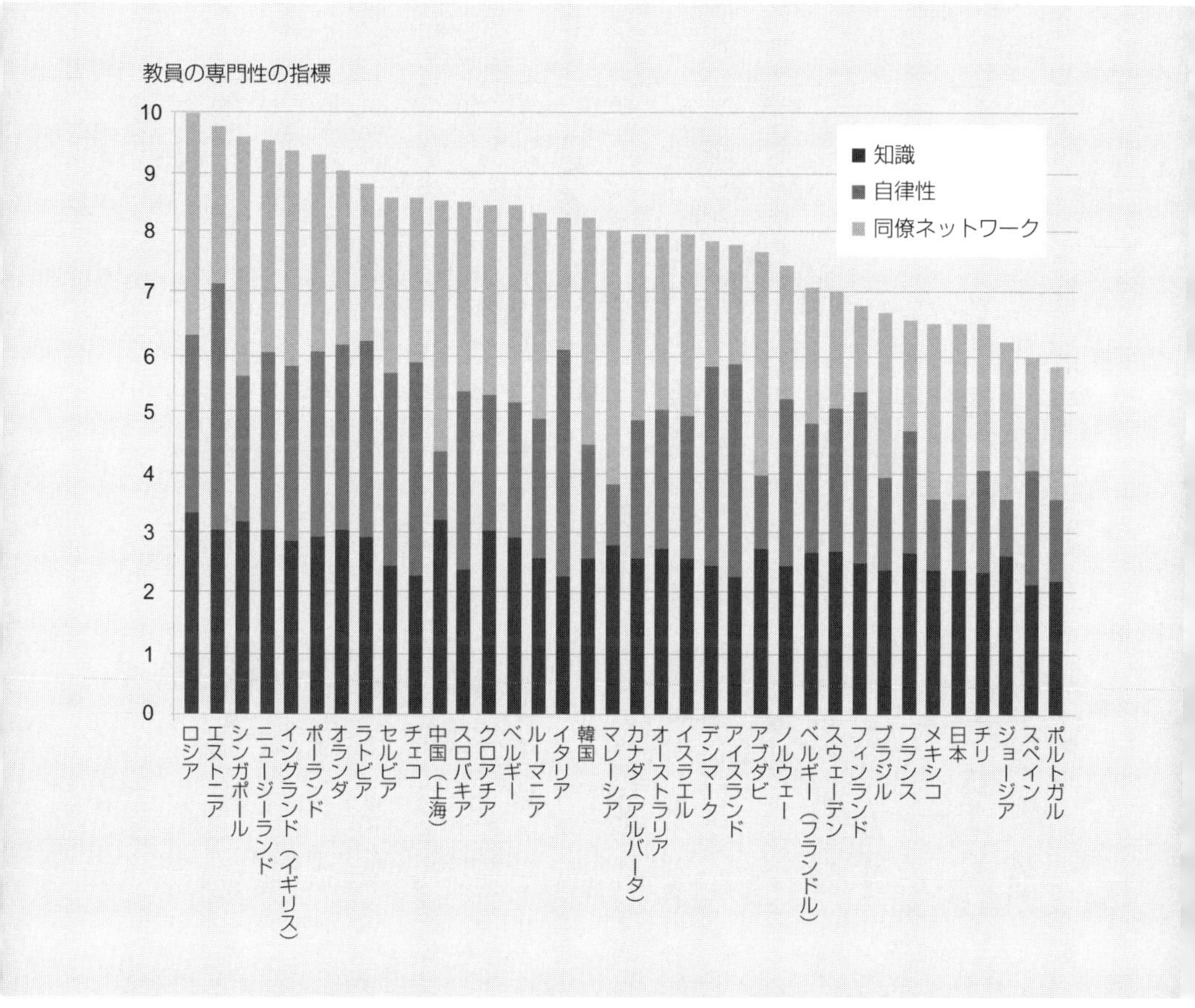

注：「知識」は教授に必要な専門的技術として定義され、指標には、正式な教員養成、および教員がインセンティブ（例えば、勤務時間内に参加できる）を有して、専門能力開発に参加しているかどうかが含まれる。「自律性」は、仕事に関する教員の意思決定力として定義され、指標には、教育内容、コース内容、訓練、評価と教材が含まれる。「同僚ネットワーク」は、高水準の教育を維持するために必要な情報交換と支援の機会として定義され、指標には、導入、メンタリングプログラムおよび教員ネットワーク、授業見学によってフィードバックを受けることが含まれる。
出典：OECD（2016）, *Supporting Teacher Professionalism: Insights from TALIS 2013.*

選ぶのではなく、教育の専門家が効果的だと認めた実践を選ぶように移行していくことが課題である。私たちは自由を特権として主張すべきではない。プロフェッショナリズムと専門家の自律性とは、与えられた状況の中で正しいと考えたり感じたことの実践ではなく、専門的な知識や深い理解に基づいた正しいことの実践を意味する。これが最も重要である。

ＴＡＬＩＳのデータが示すように、専門的な知識基盤や、仕事に対する意思決定の能力や、意見交換や支援の機会を評価するとき、教員は依然として重要な課題を抱えている。他の専門家と同じくらいの専門知識を有する教員はほとんどおらず、他の知識を基盤とする専門家にとっては当然の自律性や協同的文化の中で働くことは稀である。しかし、データはまた、同僚と一緒に授業をしたり、他の教員の授業を定期的に見学したり、協同的な専門能力開発プログラムに参加したときに、教員は自身のキャリアに満足し、自己効力感を持つことを示している（図3・4）。

ワールドクラスの教育システムをめざすにあたり、各地の教員の専門性がどのようなものであるかを知るのは有益である。興味深いことに、ワールドクラスの教員の専門性は、優秀な教員の間でも国によって違いが見られる。例えば、香港は、東アジアの近隣諸国よりも教員の裁量を保証した。香港の学校経営者や教員は、カリキュラムや教材や教授法を自分たちの判断で調整する裁量を与えられている。この裁量の幅広さと深さは、高度な専門家としての教員の自尊心と、専門能力開発への内的動機づけを促す。たとえ、成果が思わしくない学校でも、政府は学校経営には介入しない。その代わりに、学校経営者や教員に意思決定の権限を与える。

対照的に、上海の市政府は、政策を立案し、学校を運営し、教育の改善に取り組む。上海の教員は、新任プログラムに沿って包括的かつ厳密な教育を受け、その後、正規の専門能力開発プログラムを通じて学んでいく。彼らは、政府が定めた規準やカリキュラムに従うことが期待されており、カリキュラムの目標を解釈する余地は極めて少ない。

また、質の高い教員や学校管理職は、シンガポールの教育システムの基盤であり、そのおかげで高い成果が生み出されている。シンガポールは、教員や校長を選抜し、教育し、報酬を与え、成長を促し、教育現場で高い能力を引き出す包括的なシステムを作り上げた。専門能力開発プログラムの大半は学校を基盤にして、教授法に関する問題を特定し、新しい実践を導入する教育スタッフによって先導される。この仕組みは、教員に専門能力開発の権限を与え、教員主導による卓越した専門性の文化を広めている。オーストラリア、カナダ、フィンランド、オランダも同様の方法をとり、教員に教育方法をカスタマイズする裁量を与えていることで知られる。

教員に与えられる裁量の程度の違いは、裁量が与える影響が社会的背景によって異なることを示唆している。教員養成や選抜方法によって、よく訓練された自立した教員を輩出する国では、裁量によって創造性やイノベーションが活発化する。他の場合では、裁量は、単に悪い判断や間違った決定を広めるだけかもしれない。

フィンランドやオンタリオ州の事例は、かつては中央集権化されていたシステムが、教育方法の改善を重視すること、教員が新しいアイデアを実践し同僚から学ぶ機会を得ること、教員と生徒の双方が期待する統合的な戦略を生み出すこと、改革に向けて教員から支援を得ようとすることへとどのようにして向かっていったかを示している。

他の国々でも、校長や教職員により多くの裁量を与えるようにシステムのバランスを取り直した。これは、協同的文化と説明責任文化の組み合わせが、学校のパフォーマンスに密接に関連すると思われる要因である。[33]

一部の国では、教職員に組織全体としても、また個々人としても大きな裁量を与えている。成果を上げる学校にはより多くの裁量を与え、課題を抱える学校には裁量を小さくしている国もある。また、国によっては、校長の権限は教員のリーダーよりも小さい。政府や自治体が方向性を定め、校長による教職員のマネジメントを監督することもある。しかし、共通するのは、これらの国が、学校を官僚的に管理するのではなく、専門家どうしのパートナーシップに見られるような組織形態へと移行しつつあることである。

これらの国のほとんどでは、トップダウンによる新しい取り組みは、教育現場に深く、継続的な変化をもたらすには不十分であると考えられた。なぜならば、改革の焦点が教育と学習の中心から離れていたからであり、教員がやり方を知らないにもかかわらず、知っているかのように想定していたからである、また、改革があまりに多くの対立を抱えたまま同時に多くのことを求め、学校や教員が改革に賛同しなかったからである。その結果、公共政策は、政府が学校や教員、その他のステークホルダーと直接やり取りするのではなく、社会と深く結びついた強力な社会的制度を作り出すことに焦点を当てた。

一方、エストニアやフィンランドの説明責任制度は、完全にボトムアップである。教員の候補者は、公教育の中心的な使命に対する信念を伝える能力に基づいて選抜される。彼らが受ける準備教育は、全ての生徒の学習成果やウェルビーイングに対して、教員一人ひとりが責任意識を育むように設計されている。次の段階の説明責任は、学校次第である。さらに、より大きなコミュニティが学校に対して抱く信頼感は、全ての生徒が成功するための集団的責任を生み出すようである。フィンランドの全ての総合学校は、地方政府当局の監督下にあるが、各当局の監督の質や程度は大きく異なる。当局は校長の雇用の権限を有しており、通常契約期間は6年か7年である。しかし、日々の学校の運営責任は、生徒の成長を着実に支えていく責任とともに、教員やその他の専門家に任されている。

7　教員の時間を最大限に生かす

PISA2015で最も際立った発見の一つは、生徒と教員の比率とクラス規模の相関が弱いことである（図3・6）。生徒一人当たりの教員数が増えれば、クラス規模は小さくなると直感的には思えるのだが、データはまったく異なる結果を示している。15歳の生徒の場合、ブラジルと日本の平均的なクラス規模は37人である。しかし、ブラジルでは29人の生徒につき1人の教員であるのに対して、日本は11人の生徒につき1人の教員である。逆に、アメリカとベトナムでは、15人の生徒につき1人の教員だが、ベトナムのクラス規模はアメリカのほぼ2倍である。

統計的に偶然そうなっているように見えるものが、教育政策に多くのことをもたらす。ブラジルとアメリカの教員は教えることに大半の時間を費やすのに対して、日本とベトナムの教員にとって教えることは一部であり、生徒一人ひとりや保護者にかかわったり、最も重要なことである同僚との仕事等、教えること以外にも多くの時間を費やしている。

それでもクラス規模が大きいと、生徒一人ひとりのニーズに応えるための十分な余裕が教員になくなると考えられるかもしれない。しかし、PISAによると、生徒が回答した教員による支援の度合いは、クラス規模と関係していないようである[34]。実際、私が日本で数多く見たのは、教員による講義形式の授業ではなく、教員が概念の理解と問題解決にかかわる基礎的な概念に焦点を当ててクラス討論を促す場面であった。これは進度の速いクラスでも、遅いクラスでも同様だった。このようにして、日本の教員は教室の中で生徒一人ひとりとかかわり合う時間を最大化している。生徒は、教員が教室内で少人数グループを相手にする時

図 3.6 規模の異なるクラスでも、生徒と教員の比率は同様である

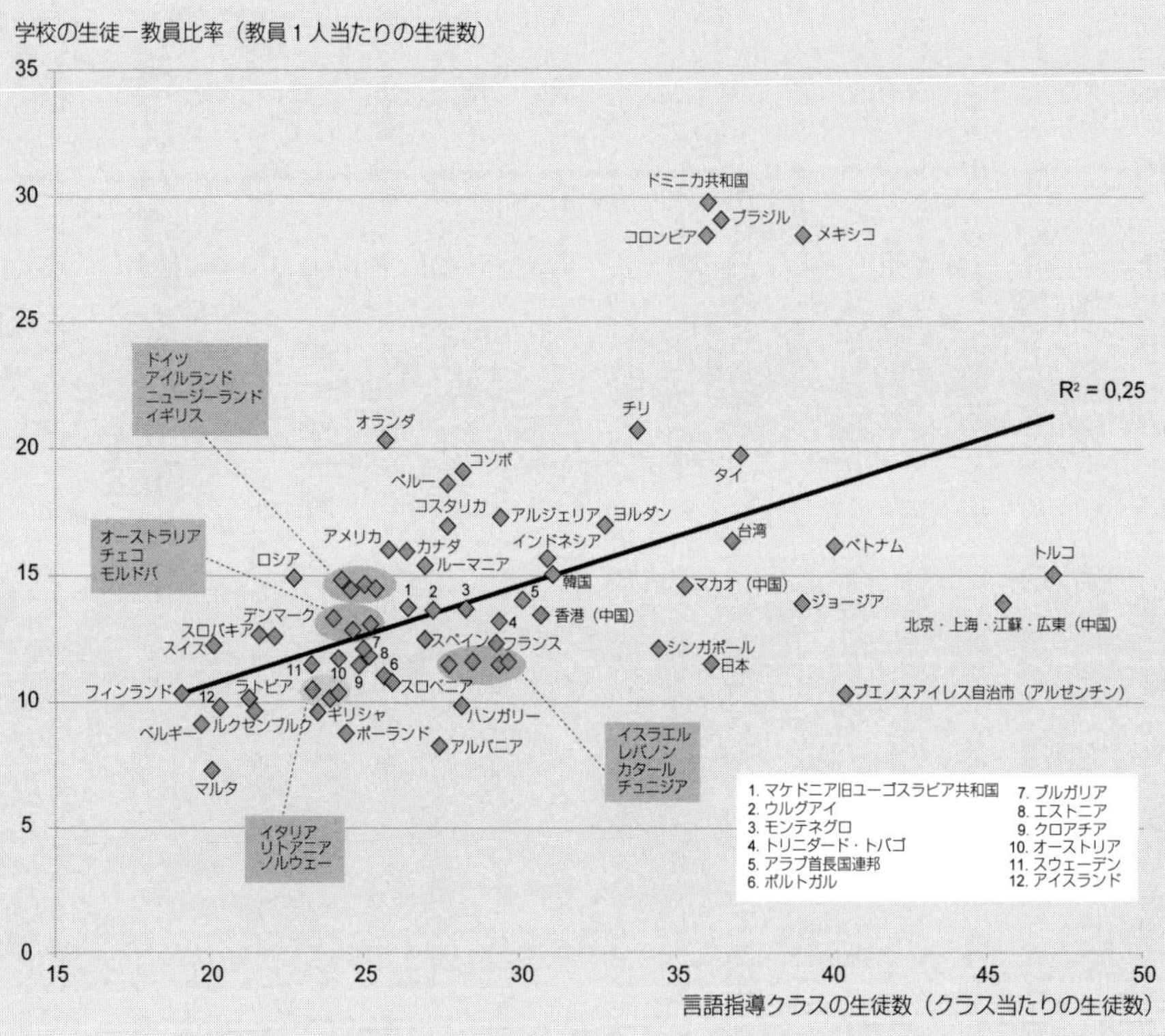

出典：OECD, PISA 2015 Database, Table II.6.26.
StatLink：http://dx.doi.org/10.1787/888933436320

でも、時間を無駄にしない。実際に、福島県の教員は、クラス規模が小さすぎて、良い授業の基礎となるような幅広い問題解決策を示せないと不満を述べていた。

フィンランドの教育システムも同様のゴールを目指しているが、方法は異なる。フィンランドの学校は、授業時間の約3分の1を教室外での学習にあてているため、教員は成果が基準以下の問題に取り組んだり、才能を磨いたりする機会が十分にある。フィンランドの特別支援教育は、学習に困難を抱える生徒を教えることと同義ではない。むしろ、事実上全ての生徒がある観点では特別なニーズを持った生徒と考えられる。なぜならば、そうすることで教室外の学習にさらに役立つと学校が理解しているからである。

教室内では、生徒による自己調整学習や自己評価がかなり重視されている。高校に入学するまでに、生徒は学年制ではなく、一人ひとりが自分に合ったペースで進む独自のプログラムを設計できるようになることを期待される。

上海では、探究型カリキュラムによって、生徒が教員の支援や指導を受けながら、自身の経験に基づいて研究テーマを決定することが期待されている。その目標は、学び方を学んだり、創造的かつ批判的に考えたり、社会に参加したり、社会福祉を促進したりすることである。実際、上海で「生徒に授業時間を返そう」というスローガンのもとで生じた大きな変化の一つは、教員による講義時間に比べて生徒の活動時間が増えたことである[35]。これは、かつては教員による熟練の講義が良い授業の典型とされていたが、その認識が根本的に変化したということである。良い授業を紹介するビデオは教員の動きを集中的に映すのではなく、多くのカメラを使って授業を映し、カメラのうち一つは生徒の活動を記録する。生徒が授業にどれくらい参加しているか、生徒の活動がどのように組織されているかによって教員は評価される。

フィンランドや日本や上海以外の場所では、教員の仕事は校内の他の教員によって見直される。教員が自身の思い通りにできる教室はない。

広島で体験した創造的な学び

広島市内の学校に行く途中にオフィスビルの近くを車で通ったとき、広島なぎさ高等学校の角島校長は、「ここが私の祖母と二人のおじが69年前に大勢の市民と一緒に被爆したところだ。残されたものは床の上の影だけだった」と語った。

しかし、2014年のこの日、広島なぎさ高等学校の運動場には生徒たちの集団がいた。一見まったく意図のない行動のように見えたのは、生徒の五感、アイデンティティ、他者と協同する能力を伸ばすように慎重に計画され、組み立てられたカリキュラムの一部であった。

授業後の教室では、生徒どうし、生徒と教員の活発なやり取りが見られた。私はオーストラリア出身のラジャード・ブレッタ先生とアメリカ出身のオーレン・ピーターソン先生による英語の協同授業を見た。そこでは、言語を話す方法は一つだけではなく、様々な方法があることを生徒に示していた。

学校の教授法の多くには、知的なやり取りだけでなく様々な経験を含んでいた。ある教室で私は、最も人気のある広島の郷土料理であるお好み焼きを作る生徒たちに出会った。一人ひとりの生徒は自分のやり方で調理の準備をしており、調理を通じて間違いからも学んでいた。

角島校長は、生徒が他国や企業等の様々な場所を訪問した研修旅行の写真を見せてくれた。これらの研修旅行を通じて、生徒は自分たちの生活を形作るグローバルな経済、社会、政治について学んだ。ある写真には、夜明けの橋の上に横たわる疲れ切った生徒の集団たちが写っていた。角島校長によると、彼らは44キロメートルもの距離を夜通し歩いたという。この活動の目的は、人生を歩んでいくとは挑戦、失敗、適応、学習、進化であることを理解し、生徒のレジリエンス（復元する力）を鍛えることであった。

8　教員、生徒、保護者を一つにする

人々がなぜそうするのかを理解するために、彼らがそのように行動する動機が何であるかを自問してみよう。ある国の生徒、保護者、教員を動かす動機が、他国の人々を動かす動機よりも良い成果をあげる可能性が高いかどうかを見れば、その国が他国よりも教育に関するランキングで上位に位置する理由を理解するヒントが得られる。

試験制度が苛烈な国では、就職するか進学するかにかかわらず、生徒はそれができるという資格を示さないかぎり、人生の次のステージに進むことができない。そのような国では、生徒は、自らの夢を実現するために何をすべきかを知っており、必要な行動をとる。言い換えれば、試験制度は生徒に一生懸命に学ぶための強力な動機を与える。エストニア、フィンランド、オランダ、スイス等のＰＩＳＡの結果が示すように、学校で一生懸命に学び、上手に振る舞うことは、学校への帰属や生徒のウェルビーイングを損なうものではない。

教員はどのような動機で一生懸命に働くのだろうか？　毎日繰り返される変化のない産業労働環境では、経営者は、期待を上回る結果を出した者に報酬を与える。そのような環境の中で、労働者は互いに競争する。自分以上の成果を上げる同僚に腹を立てる者は、最終的には同僚を排除しようとする。しかし、専門性が高い労働環境では、集団全体の成功は各自の成果の最大化にかかっているので、労働者は協力し合う傾向がある。

学校の労働環境は、保護者の影響も受ける。ヨーロッパやアジアの多くの国では、教員をクラス担任に指

名する。クラス担任は、一年を通じて生徒と一緒に過ごす。彼らはクラスの生徒に対して責任を負い、生徒だけではなく保護者とも密接にかかわる。アジアとヨーロッパの両方で、教員と保護者の間で情報がソーシャルネットワークを通して共有されることは珍しくない。これは保護者を巻き込む良い方法であるだけではなく、おそらくさらに重要なことだが、保護者への説明責任を果たすための、教員にふさわしい方法でもある。

これらの教育制度では、保護者は、子どものクラス担任と強いつながりを感じる傾向がある。デンマークの国立教育経済センター（National Center on Education and the Economy）が実施した調査研究では、能力の低い担任教員を子どものクラスに割り当てられたときに、どのように思うかを保護者に尋ねた。それは問題か？　保護者は、クラス担任制度には、問題をはるかに上回るメリットがあると回答した。

クラス担任制度にはもう一つ、巧妙なメリットがある。生徒を一年間だけ受け持つ教員は、割り当てられた生徒と一緒に最善を尽くそうとするが、生徒が前の学年から引き継いできた問題を改善するために一年間にできることは、ほとんどないと感じるかもしれない。また、あまり能力がないかもしれない次の学年の教員から生徒を守るためにできることも、ほとんどない。

クラス担任制度では、より早い学年を受け持つ教員が、後の学年を受け持つ教員と同じくらいに重要である。この制度では、クラス担任の教員が生徒に起きたことへの個人的な責任を回避する方法はない。職業的な責任感ゆえに、そして何年も生徒と共に過ごし、生徒に対して個人的な責任を負ってきた結果として、教員が生徒の両親と心を通わせるのは自然なことである。これらの教員が、生徒の教育のために専門的な教員と協力したり、生徒が成長するに応じて助言を与え、指導したりすることは珍しくない。

生徒のウェルビーイングに焦点を当てる

ＰＩＳＡは、学習成果に関するデータで最もよく知られている。しかし、２０１５年に、私たちは、生徒の人生への満足度、友人や教員や保護者との関係や学校外でどのような時間を過ごしているかも調査した。[36] 結果を見ると、生徒の状態は、「人生への満足度」「何かを達成しようとする動機」「学業への不安」「将来への期待」「学校でいじめを受けていると思うかどうか」「教員に不公平な扱いを受けていると思うかどうか」について、国内外で大きな違いが見られた。ＰＩＳＡの科学的リテラシーや数学的リテラシーで成績上位の国の生徒は、人生への満足度が比較的低かった。しかし、エストニア、フィンランド、オランダ、スイスでは、良い学習成果と人生への高い満足度が結びついている。東アジアや他の国々では、人生への満足度の低さは、学習時間の長さの結果であると見なされるが、生徒の学習時間または学校の内外のどちらにいるかと、人生への満足度には関係がないことをデータが示しており、とても興味深い。また、教育者は試験の負荷が生徒に負担をもたらすと主張するが、試験の頻度は学業関連の不安の程度とは無関係である。

しかし、生徒のウェルビーイングに影響を与える他の要因がある。そして、その多くは教員や保護者、学校と関係がある。

まずＰＩＳＡが明らかにしたことは、生徒の学校への帰属意識を脅かす要因の一つは、生徒が教員とうまく関係を作れていないと感じることである。幸福感を感じている生徒は教員との前向きな関係を回答する傾向があり、「幸せ」な学校、つまり人生に対する満足度が国内平均を上回る学校の生徒は、「不幸な」学校の生徒よりも、教員からより多くの支援を得たと回答している。

国全体の平均では、教員が自分を支援しようとしており、自分たちの学習に関心があると答えた生徒は、その反対の回答をした生徒よりも学校への帰属意識を感じる可能性が約１・３倍高かった。逆に、不公平な扱いを受けたと回答した生徒は、学校で孤独を感じている可能性が1・7倍高かった。これは重要である。十代の若者は強い社会的関係を作る。彼らは、他者から受け入れられ、気遣われ、助けられることを重視する。自身が学校というコミュニティの一部であると感じる生徒の方が、より成績が良く、学校で意欲を示す傾向がある。

これらの評価についても、国によって大きな違いがある。平均して4人に3人の生徒が、学校への帰属意識を持つと回答している。例えば、エストニア、フィンランド、日本、オランダ、シンガポール、韓国、台湾、ベトナムのような成績最上位の国や地域では、この割合はさらに高い。しかし、フランスでは5人に1人しかそのように回答しなかった。

もちろん、ほとんどの教員は、生徒と前向きな関係を作ろうとしている。しかし、一部の教員は、困難な生徒に対応したり、教室環境を整えたりするための準備が不十分である。効果的な教室環境の整備は、行動を管理するためのルールづくりや報酬の設定、動機づけをするだけではない。例えば、生徒が積極的に学ぶように促し、支援したり、協力を促したり、他者を助けたりする行動を奨励する学習環境を生み出す能力が必要である。専門能力開発プログラムで教室や人間関係のマネジメントを重視することは、教員が生徒とより良い関係を築くために必要なツールを与えることになる。教員はまた、生徒の強みや弱みについて同僚と情報を共有する時間を与えられるべきである。そうすれば、生徒が学校という共同体の一員であると感じるための最も良い方法を見つけることができる。

テストの頻度が生徒のウェルビーイングに影響を与えるわけではないが、生徒がテストを脅迫的に受け止めることは、彼らがテストに感じる不安の度合いに明らかな影響を与える。OECD加盟国の平均では、59％の生徒が「テストが難しいのではないかとよく心配になる」、66％が「学校で悪い成績をとるのではないかと心配になる」と回答した。また、約55％は「テスト勉強を十分にしていても、とても不安になる」と回答した。

繰り返しになるが、ＰＩＳＡの結果によると教員にできることは数多くある。生徒の成績、性別、社会経済的背景を考慮したうえでも、教室内のニーズや知識量に合わせた授業がおこなわれていると回答した生徒は「テスト勉強を十分にしているときに不安を感じたり、テスト勉強中に緊張することはない」と回答した。また、教員（この場合は科学の教員）が、課題を抱えた生徒を一人ひとり支援する場合には、不安があるという回答は少なかった。

逆に、教員と生徒の関係が良くないと生徒の自信を損ない、大きな不安をもたらすようである。国全体の平均を見ると、教員が実際よりも生徒たちのことを賢くないと考えていると生徒が受け止めているならば、テスト勉強中に非常に緊張する生徒は約62％であり、テスト前に不安を感じる生徒は約31％である。この不安は失敗に対する生徒の反応であり、その意味の解釈である。生徒は失敗すること、あるいは失敗を恐れることを自分があまり賢くない証拠として内面化するかもしれない。

そのため、生徒が自分の強みや弱みを理解し、弱みを克服したり軽減するために何ができるかを前向きに考えられるように支援する方法を教員は知る必要がある。例えば、より簡単な目標から始めて少しずつ難度を増していくというように、評価を頻繁にすることで生徒の自己管理の成長を促すことができる。例えば、重要なテストを受ける前にあまり重要でないテストで腕試しをする機会を持つようなものである。興味深いことに、全ての国において、男子よりも女子は学校での勉強により強い不安を感じると回答した。そして、学校での勉強、宿題、テストへの不安は、成績と負の相関関係にある。試験で失敗するかもしれないとの不安により、成績上位の女子が「プレッシャーで息苦しくなる」ために成績を落とすことは珍しくない。

保護者にもまた、果たすべき重要な役割がある。毎日あるいはほぼ毎日「子どもと話すためだけに時間を費やしている」「子どもと一緒に食事をする」「子どもが学校で上手くやっているか話し合っている」と回答した保護者の生徒は22％から39％の間であり、人生に対する高い満足度を示す傾向があった。「話すためだけに時間を費やしている」は、生徒の人生に対する満足度と最も頻繁かつ最も強く関係する行動である。そして、それはまた、生徒の成績にとっても重要であると思われる。保護者が「話すためだけに時間を費やしている」と回答した生徒は、科学の成績で1学年の3分に2に相当するほど得点が高い。社会経済的状況を考慮したうえでも、これらの生徒は1学年の3分の1ぶんだけ先に学んだ生徒と同じくらいの得点を得ていた。「子どもと一緒に食事をする」と回答している保護者についても、似たような結果であった。この相関は、PISAによって測定された学校のリソースや学校にかかわる要因が生徒の成績に与える影響よりもはるかに強い。

保護者はまた、生徒が様々な学習にかかわる課題を達成する能力があると信じるように促すことで、テストへの不安を生徒が自分でコントロールするのを助けることができる。PISAの結果は、成績や社会経済的状況の違いを考慮したうえでも、保護者が自分の能力に自信を持つように励ましてくれると感じている女子は、勉強している時に緊張するという回答がOECD加盟国の平均より少ない21％であった。

ほとんどの保護者はまた、生徒が学校でやる気になることを望んでおり、やる気のある生徒は、より成績が良い傾向がある。PISAによると、最もやる気がある生徒は、最もやる気が低い生徒に比べて平均して1学年以上も先に学んだ生徒と同じくらいの高い得点を得ている。達成動機はまた、相互に補強するように人生に対する満足度と相関している。人生に対する高い満足を示す生徒のレジリエンスはより大きく、学習上で課題に直面してもより粘り強くなる。大きな達成動機は、目標の認識と対になって、生徒に人生の目的意識を与えるかもしれない。このことが、達成動機が大きい生徒が、人生に対するより高い満足度を示す理由かもしれない。

しかし、特に動機が外圧への反応である場合、達成動機が下がっていくこともある。PISAの結果によると、生徒の達成動機が高い国は、テストに対して十分な準備ができている時でさえ、不安を感じる傾向がある。そのため、教員と保護者は、生徒が失敗を過度に恐れることなく学び、達成動機を高められる方法をみいだす必要がある。

結局、生徒のウェルビーイングを高める明確な方法は、全ての保護者が子どもの興味や不安にもっと注意を払い、学校で直面する課題を含め、子どもの学校生活に関心を示すことである。学校は、保護者や地域社会と協力する環境を生み出すことができる。教員は保護者の支援を得るためのより良いツールを手に入れ、学校は恵まれない子どもにとって重要な、落ち着いて勉強できる空間がない等の課題に取り組むことができる。保護者と教員が信頼関係を築けば、学校にとって保護者は生徒の教育の重要なパートナーになる。

9 有能な教育リーダーを育てる

2003年9月、常設国際委員会視察団（SICI: Standing International Conference of Inspectorates）を率いていたヨハン・ヴァン・ブルゲン氏の訪問を受けた。[37] 彼は学校やシステムの効果的なリーダーシップを重視していた。効果的なリーダーシップを観察し、その特徴をとらえるために視察団が開発した洗練された技術は印象的であった。彼は、リーダーシップが貧弱であれば、最高の教員であってもその価値を下げてしまうと主張した。「上手くいっていない学校に優れた教員を配置せよ。そうすれば学校はいつも成功する」と言われ、あまりに多くの教員や生徒が、創造者ではなく、機能していない学校の犠牲者になってきた。

OECDの学校のリーダーシップ比較レビューによると、学習成果を改善するための中心的なリーダーシップのあり方として、相互に関連した四つの責任がある。[38]

●教員の質を支え、評価し、成長を促すこと。これには、質の高い教員の採用も含まれる。新任教員のための強力な導入プログラムを提供すること。カリキュラムをこなすために必要なスキルや知識を教員が持っていると確信させること。授業や指導の質を改善し、一緒に仕事をするために教員を組織し、支えること。教育実践を監督し、評価すること。教員の専門能力開発を促すこと。協同的な職場文化を真に支えること。本質的かつ持続的な変化を起こしたいならば、どれくらいの教員がそうした考えを支持するかを自問してはならない。どれくらいの教員が同僚と協力する能力があり、そのように行動するかを問わなければならない。

●生徒が高い水準に達するための学習目的や評価を確立すること。これには、次のようなことを含んでいる。学習指導要領と教育方法を連動させること。生徒の学習成果のための学校目標を設定すること。目標への進捗状況を測定すること。個人や全体の成績を向上するための学校プログラムを調整すること。学校管理職はまた、全ての生徒の進捗状況を図表化するためのデータ活用も重要である。また、異なる学習ニーズを持つ人々とかかわる時にも自信を持つことが必要である。

●リソースを戦略的に活用し、それらを教育方法と結びつけること。

●全ての生徒の学習成果やウェルビーイングに関心を持つ人々の力を集め、より大きくするために学校を超えたパートナーシップを築くこと。そのためには、家族や地域社会、高等教育、企業、特に他校や学習環境との連携を強化するためのイノベーティブな方法を見つけることが必要である。

ＴＡＬＩＳの結果分析が示すように、教員自身の教育実践を改善する能力と、リーダーとしての能力開発との間にも関係があるように思われる[39]。教員が学校の改善や革新を始める際にリーダーになると、彼らはより有能で自信にあふれていると感じ、専門家としての地位と共に意欲が高まる。

もちろん教育システムの全てのレベルで優れたリーダーシップが求められる（第6章参照）。そして、リーダーシップは多くの理由により、ますます重要になっている。多くの国で、より大きな権限移譲が、より多くの学校自治、学校や生徒の成果に対するより大きな説明責任、教育や教育プロセスの知識基盤のさらなる活用、学校をとりまく地域社会や他の学校や他の公的サービスを支えるための幅広い責任と連動している[40]。

オンタリオ州で有名な教育改革の戦略立案者であるマイケル・フラン氏は、教育システムの最高のリーダーが他者とかかわり、システム全体にリーダーシップを発揮する方法を説明している[41]。彼が説明するように、これらのリーダーは、教員や学校にとって重要になるであろう傾向や問題を明らかにする。また、協力を促し、リスクを引き受けるための余裕を教職員に与える包括的な手法に長けている。彼らは、イノベーションのために必要な人や金を動かすことができるという意味で戦略家であり起業家でもあり、才能ある教職員を引きつける。彼らは、政治家、社会起業家、経営者、研究者、市民社会のリーダーを教育や職業訓練を変革するパートナーとして業界や国家を超えて結びつける。

10　学校の自律性を適切にする

多くの国では、教育の焦点が結果に向かっている。同時に、それらの国は、地域のニーズに応えるように学校に促し、より大きな責任を負わせた（図3・7）。多くの学校はより大きな自律性を認められた結果、校長、教育委員会、教員は、教育資源やカリキュラム、評価や入学、校内の規律に対してより大きな責任を持つようになっている。

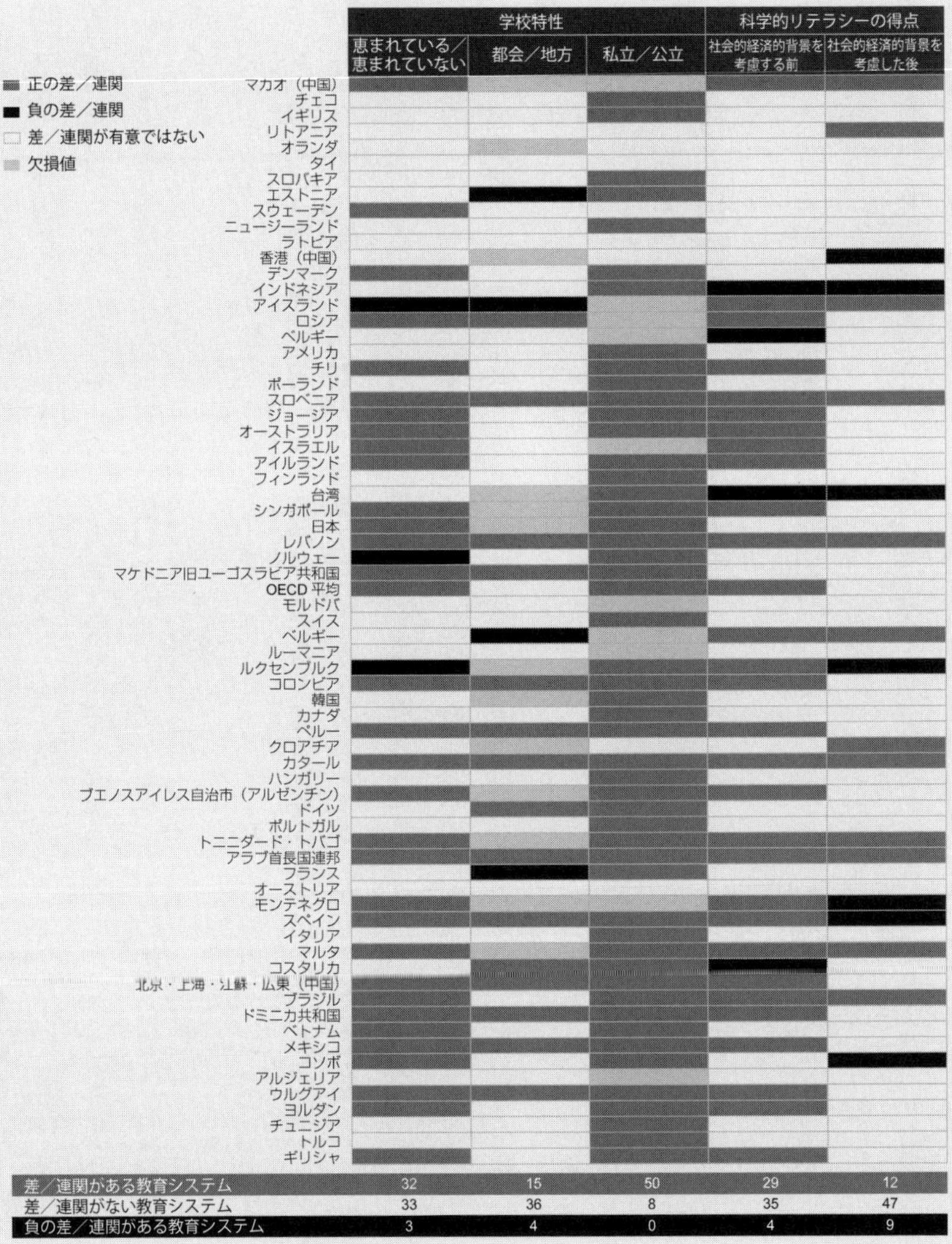

出典：OECD, PISA 2015 Database, Table II.4.5.
StatLink：http://dx.doi.org/10.1787/888933435854

図 3.7　意思決定の自律性は学校の特質や生徒のパフォーマンスと関連する

学校長の回答に基づく結果

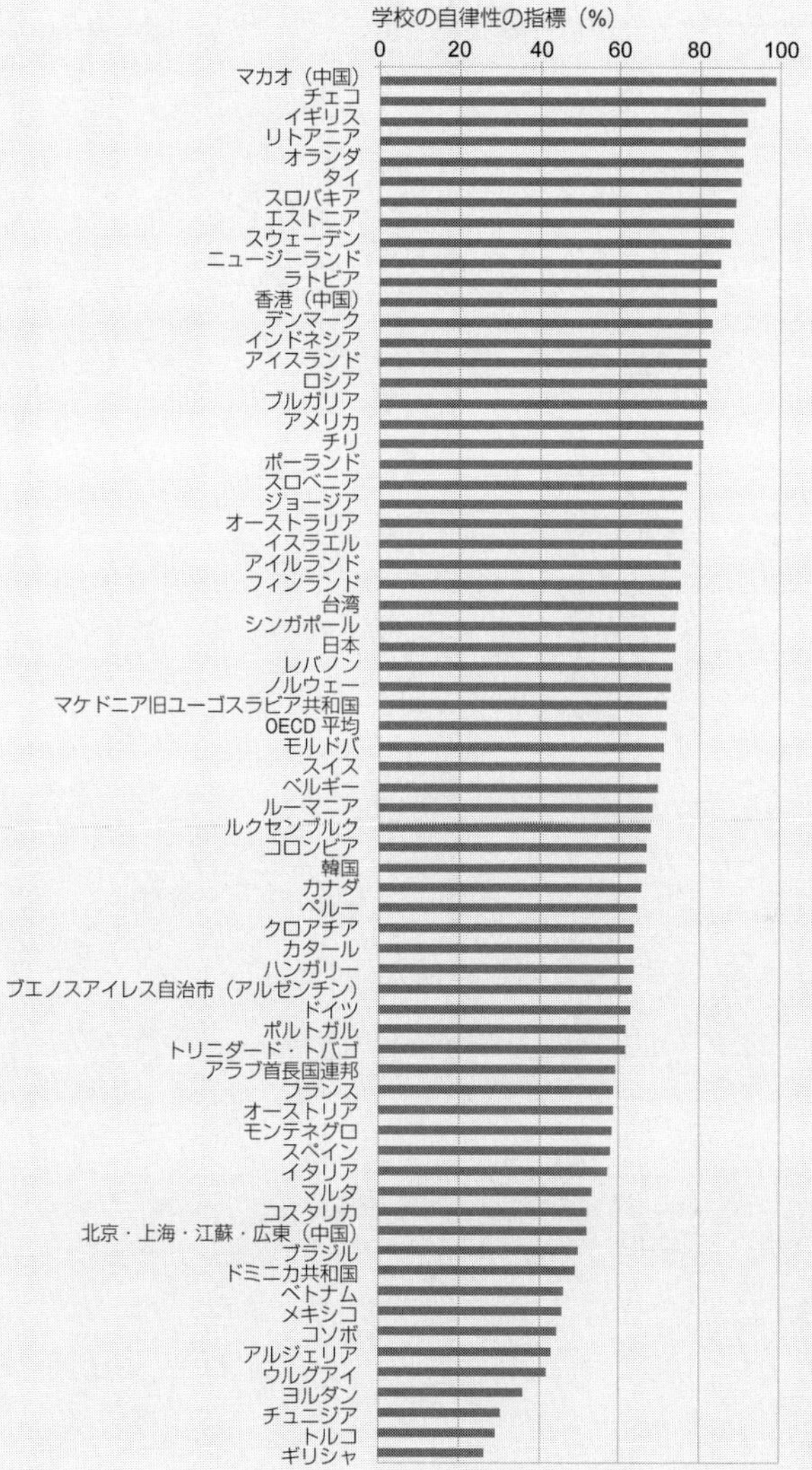

注：学校の自律性の指標は、校長、教員、学校経営委員会が重要な責任を持つ仕事の割合に基づいて計算している。社会経済的背景は、PISA の社会経済文化的背景指標に沿って測定した。国・地域は、学校の自律性の指標に沿って下にいくほど下がっている。

ＰＩＳＡのデータによると、国が生徒に期待することをはっきりと示すと、カリキュラムや評価の詳細を決定する学校の自律性が、システム全体のパフォーマンスに正の相関を示すようになる。例えば、生徒の評価、提供する教育課程、教育課程の内容、教科書についてより大きな裁量を学校に与える教育制度は、その原因が何であれ、ＰＩＳＡでより高い成果をあげる学校システムになる傾向がある。[42]

教育制度における学校の自律性を支持するもう一つの議論は、それがイノベーションへの強い動機を生み出す可能性があるというものである。成功している学校は、人々が働きたい場所となり、良いアイデアを生み出し実現する場所となるだろう。逆に、イノベーティブな変化は、ルールや規制を受け入れがちな階級的・官僚的構造の中で実現されにくい。

２０００年と２０１１年の間に起きた教育制度のイノベーションを測定しようとする試みは、デンマークやオランダのように学校の自律性が高く、分権化が進んでいる国が、学校や教室での実践におけるイノベーティブな変化を様々な方法で測定した総合イノベーション指数（composite innovation index）でトップにあることを示した。[43]

近年のＯＥＣＤのイノベーティブな学習環境（Innovative Learning Environments）の研究では、幾つかのイノベーティブな学校や、ＯＥＣＤ加盟国の学校ネットワークを調査している。[44]これらの事例を代表的なものとみなすことはできないが、事例研究は、様々な学校制度の数多くの学校の中から選ばれている。あるものは主流の公立学校であり、あるものは同様の環境にあるチャータースクールのネットワークに属しており、さらに他には公的な制度の中または外にある私立学校もある。しかし、管理や監督の度合いを調整し、実験的な取り組みをおこなう余地を作り出す自由を学校に与えることで、全ての学校が活躍している。

この研究はまた、学校の自律性が「原子分解」をもたらすリスクを強調した。他者と一緒に働くことがイノベーションを促し、イノベーションへの挑戦を維持し続ける。しかしながら、学校の自律性は、それが単独で機能するものだと解釈されれば自己破滅的なものにもなる。学校の自律性は、多くのパートナーと一緒に活動するための自由度や柔軟性となるべきである。

学校システム内で一貫性を保つために、重要であるにもかかわらず過小評価される障壁は、システムが直面する問題への共通理解の欠如である。教員や保護者が、政府がどのような問題を解決しようとしているかを知らない場合、問題に応じて設計された政策を理解するのは難しい。ステークホルダー間の共通理解と共通目的を築くためのオンタリオ州政府のたゆまぬ努力は、それがどのように達成され得たかを知るための好例である。例えば、オンタリオ州の読解力と数学的リテラシーを向上する戦略は、これらの学力を向上するためだけのものではなかったが、その目標は明らかに達成された。オンタリオ州の学校文化に変化をもたらした印象的で先導的な取り組みを通して、読解力と数学的リテラシーに劣らないほど鍵となるスキルの向上に対する幅広い支持を作り出した。読解力や数学的リテラシーの重要性への意識の高まりにより、教室、学校、教育委員会、政府のレベルで態度や行動に変化が生じたのである。[45]

シンガポールの「思考する学校－学習する国家」（Thinking schools-Learning nation）改革は、より多くの自律性を与えられる地域単位で学校を編成し、成功した校長を地域のリーダーに任命し、他校に助言を与え、イノベーションを促進する役割を与えた。[46] 自律性が高まると、新しい形の説明責任が必要となる。古い監査制度は廃止され、各校が独自の目標を設定し、学習成果を含む目標に向けた進捗状況を毎年評価するという「学校エクセレンスモデル」（school-excellence model）に置き換えられた。自律性が高まると、学校を改革する力を持った非常に有能な学校管理職を特定し、育成することに集中的に取り組むことができる。学校は、6年ごとに外部監査を受ける。

伝統的に地方政府によって管理され、私が最もイノベーティブで刺激的な学校を数多く見てきた国であるアメリカの教員や学校は、他国よりも教員や学校に大きな自律性を与えていると思っていた。２００９年７

月に、全米中等学校校長協会（National Association of Secondary School Principals）の年次総会で、アメリカの学校管理職たちと話をした際、少なくとも彼らによると、彼らの意思決定が実際はかなり制限されていると聞いて驚いた。

このことについてPISAの結果を調べたところ、実際に、アメリカの学校は、他の多くの国々に比べて地方自治体から非常に多くの指示を受ける傾向が見られた。その意味では、アメリカの教育制度は、ある種の中央集権的な官僚制を別な形にしたものかもしれない。また、アメリカには、アメリカ的な組合マネジメント関連の契約および契約を反映させる周囲からの圧力がある。近年になってアメリカの教育において組合が台頭した結果、職業組織の中に見られるより専門的な形態を含むシステムよりも、さらにルールに縛られた環境を生み出したのかもしれない。つまり、他の事例と同じように、悪魔は細部に宿るのである。

実際、一部の国では、ほとんどの公立学校にアメリカのチャータースクールと同様の意思決定のための裁量を与えている。イギリスのアカデミーがその一例である。これらの公立学校は、自治権を与えられているが、依然として公的な試験を実施し、生徒の成績について同じような公的データを作成し、同じ予算を持ち、説明責任を負い、他の公立学校と同様のことを生徒に認めている。イギリスの教育大臣は、アカデミーと彼らの持つより大きな独立性は、成績不振を解決するための方法と見なしてきた。

しかし、行政と学校間の力学は、どれほど理解されているだろうか？　学校の自律性を高めることで、実際どのように生徒の成績が向上するのだろうか？　改革が一方通行であり、アカデミーが恒久的に独立した学校であるならば、数年後の新たな政策介入は効果的ではないかもしれない。学校がより自律性を高めるとき、どのようにして学校が孤立することを避けられるだろうか？

アカデミーは、専門家の自律性と協同的な文化が結びつくことが、教員の間でも学校の間でも重要なことを示している。アカデミー型制度の課題は、いかにして学校間で知識を共有する方法をみいだすかである。

教育分野の知識は、非常に粘着性が高く、簡単には広がらない。知識を共有する強い動機がなければ、現状のままになりがちである。そのことは、アカデミープログラムや同様の先導的な取り組みのリーダーが、イノベーティブな取り組みの中にある知識を取り出したり、最も優れた教員を最も課題を抱えるクラスに引き寄せたり、最も課題を抱えるアカデミーに優れた校長を配置する方法をしっかり考える必要があることを意味している。

それは確かに不可能ではない。デンマーク、フィンランド、日本、ノルウェー、上海、スウェーデンの学校には、自律性を持ち、チームワーク、協力を積み重ねてきた歴史がある。彼らは、ネットワークを作り、新しくイノベーティブな実践を作り出すリソースやアイデアを共有する。しかし、この協同的な文化は、偶然に生まれるものではない。それは政策や実践で得た経験を重ねて作り上げられていくものである。例えば、フィンランドの幾つかの自治体では、校長が地区のリーダーとしても働いており、勤務時間の3分の1を地区の仕事、3分の2を自身の学校の仕事に費やしている。このようにして、彼らは学校と自治体の間で、学校教育としての共通理解を作り出している。

より大きなシステムレベルの役割を学校管理職が果たすために、管理職の仕事の一部をチームが引き受けるとき、リーダーシップがチーム内に広がる。結果として、学校管理職は一緒に仕事に取り組む仲間と頻繁に会うことになる。彼らはもはや、地方の教育行政の下で働いているのではなく、彼ら自身が地方の学校経営者である。地方の教育行政には、単なる管理者ではなく、学校経営を知っている人たちが集まっている。上海を見てみよう。もしあなたが上海の大きな学校の副校長であり、校長になりたいならば、最も低い成果しか出せていない学校の一つを改善する実績を残すことが不可欠である。

イギリスの学校制度の特徴は、全ての学校が厳格な監査制度に従っていることである。私の考えでは、それは世界で最も効果的に機能する仕組みの一つである。リーダーシップが優れていると判断されるためには、学校は自分たちの学校以外に対しても、教育を改善するために取り組んでいることを示さなければならない。

しかし、それ以上のものが必要かもしれない。ＰＩＳＡのデータは、知識が教員間で共有されている学校制度においては、自律性が積極的に恩恵をもたらすことを示している。しかし、ピアラーニングや説明責任の文化がない学校システムでは、自律性は生徒の成績に悪影響を及ぼす可能性がある。アカデミーが独立性を効果的かつ上手に活用していることを確認するためには、十分な知識と共有、チェックとバランスが必要である。

それにもかかわらず、改革は学校制度を改善するための大きな可能性を秘めている。自律性と協同的な文化が結びつくことで、学校だけでなく教員一人ひとりにも恩恵をもたらす。

11　管理から職業的な説明責任体制へ

学校の自律性と学校制度全体の一貫性を調和させるためには、学校がどのように教育を提供しているか、どのように学習成果を生み出しているかを明確に知る方法がなければならない。評価と説明責任により、教育者と政策立案者は、教育の進歩の動向を把握することができる。最も高い成果を上げている教育制度の大半は、何らかの説明責任の仕組みを備えている。学校の成績データを公開している場合もあるが、ワールドクラスの教育制度においては一般的ではない。保護者が子どもの通う学校を選べる制度では、比較データは学校選択に影響を与える可能性がある。一部の教育制度では、学校管理職がこれらのデータをリソース配分、多くの場合には課題を抱える学校に追加のリソースを提供するために利用している。

しかし、説明責任を果たす方法は、学校システム自体が発展するにつれて、つまりルールがガイドラインや良い習慣になるにつれて、そして最終的には良い習慣が文化になるにつれて進化する。多くの場合、このような発展は「行政的な説明責任」（administrative accountability）と「職業的な説明責任」（professional accountability）のバランスの変更を含む。

行政的な説明責任は、一般的には、優れた教員と優れた学校を特定し、成果を上げていない学校に介入するためにデータを利用する。行政的な説明責任の特徴として、教員や校長を採用や昇進、今の地位に留めたり、代わりの教員を補充したりする際の判断材料として生徒の成果に関するデータを用いる、試験に基づいた説明責任制度が挙げられる。

対照的に、職業的な説明責任では、教員が教育行政に対してあまり責任を負わずに、主に同僚や校長に対して説明責任を負う。ほとんどの分野の専門家は、他の専門家に対して自らが説明責任を負うと感じている。教育の場合、職業的な説明責任には、教員が同僚、生徒、保護者に対して感じる個人的な責任が含まれる。

カナダのオンタリオ州、フィンランド、日本、ニュージーランドのように、より専門的な仕事を重視する地域では、組織的な形で教員および学校管理職に説明責任を求める傾向がある。その目的は、改革が上から押し付けられたものではなく、協同的な努力であると保証することである。専門家として扱われることを期待し、自らを専門家だと考える人々は、職業的な説明責任にも個人的な説明責任にも応じる可能性が高い。また、彼らが産業労働環境と結びつける、行政的な手順での説明責任には腹を立てるだろう。

オンタリオ州の経験は、優れた実践を特定し、それらを統合し、それらをより広く利用するために政府、学校、教員のパートナーシップがどのようにして作り出されたかを示している。オンタリオ州では改革を義務付けるのではなく、地元での実験やイノベーティブな取り組みを促すために学校に資金を投入した。生徒の読解力や数学的リテラシーにかかわる問題に対して教員が生み出した解決策は、上から押し付けられた解決策よりも成功する可能性が高いという強いメッセージを発信した。州の中で成果が思わしくない学校数が目覚ましく減ったのは、それらの学校を閉鎖すると脅迫したからではなく、数多くの技術的支援を与えたからである。その前提は、教員は正しいことをしようとする専門家だということである。教員が十分な成果を上げられない場合、それは動機の欠如よりも知識の欠如によることがはるかに多いと考えられる。

同時に、オンタリオ州政府は、前政府が導入した試験制度を廃止あるいは弱体化しようとはしなかった。政府は学校や人々に対して、州の試験によって定められた結果が重要であるというメッセージを一貫して伝えた。

シンガポールでは、行政と職業的な説明責任が組み合わさっている。教員、校長、行政職員、生徒の全てが、一生懸命に取り組む強い動機を持っている。政府は、毎年の目標を定め、目標を達成するために支援し、そのうえで目標が達成されたかどうかを評価する。生徒の成績に関するデータも含まれるが、学校や地域社会に対する教員の貢献度、何人かの指導主事による判断等、その他の様々な尺度も含まれる。報酬や表彰制度には、名誉と給与賞与を含む。教員一人ひとりへの評価は、学校エクセレンスモデルの中でおこなわれる。

信頼の重要性

フィンランドの学校制度は信頼の文化によるものであるため、フィンランドから真の教訓を引き出すことは不可能だという意見がある。そのような文化は、容易には伝わらないものだと彼らは言う。しかし、教員とより広い社会との関係では、信頼は、少なくともそれが前提条件であるのと同じくらい政策決定の結果であると主張することもできる。

フィンランドで教員が歴史的に享受してきた社会的地位を考えると、改革を推進するための強固な基盤があったと言える。フィンランドのリーダーは、教員を信頼することで彼らに権限を与え、彼らは生産性とイノベーティブな学習環境の好循環を生み出す。選挙のサイクルや政権を超えても取り組みが持続する政策の一貫性が、フィンランドの教員にリーダーへの信頼を与えている。教員はリーダーの誠実さを信頼し、彼らが主張したことを実行する能力に期待している。

これは盲目的な信頼ではない。実際、フィンランドにおける職業的な説明責任へのプレッシャーは強い。フィンランドの学校間の生徒の成績変動がわずか5％にすぎないという事実は、追加の支援が必要なときに教育制度が介入できることを示している。[47] フィンランドを「標準テストがない楽園」と考える人がいる一方で、ＰＩＳＡ２０１５における生徒からの回答は、そのイメージが間違っていることを示している。フィンランドの学校で標準テストが実施される頻度は、ＯＥＣＤ平均に近い。[48] 違いは、テストがシステム内の障害や成果の低さを文書化するためではなく、生徒の学習を向上し、授業を改善し、学校がより効果的に機能するように用いられることである。

実際、信頼と責任は、想像以上に密接に関係しているかもしれない。明確な説明責任は、信頼性の高い文化に欠かせない特徴である。目標がどこにあり、何が測定されるかを理解していなければ、信頼を築くことは難しい。信頼は特定の能力に基づくものである。あなたは、あなたの母親を信頼しているだろう。しかし、あなたは母親がボーイング７４７を飛ばせると信じるだろうか？　フィンランドのリーダーが教員の専門能力開発に多大な投資をすることは、この方程式の重要な要素である。それは、より厳格な準備とカリキュラムや評価に対する、より大きな意思決定権限の譲渡の組み合わせであり、フィンランドの教員が他の分野の専門家が享受しているような自律性を発揮することを可能にする。政府からの信頼の獲得は、非常に選抜的な大学卒業資格という地位と相まって、教員に対して保護者や地域社会の人々と信頼を深めるような方法で専門性を追求する力を与える。

誰が彼女を素晴らしい教員と呼ぶか?

最前線での職業的な説明責任を強調することは、システム全体に評価の文化を確立することと矛盾しない。これは重要である。教育者、教員組合のリーダー、政治家の周囲で「教員評価」に言及すると激しい議論を引き起こす国がある。[49] アメリカやフランスの教員は、この問題でストライキをおこなった。イギリスの教員組合と校長会は、教員の給与を成果と連動させるかどうかの議論において、正反対の立場をとった。

ほとんどの人は、学校システムが有望な教員を励まし、成果を上げた教員に報い、常に成果を上げられない教員を除外する方法をみいだす必要があることに同意する。しかし、何が教員を素晴らしい教員にするのか? そして、それは誰が決めるのか? 生徒、保護者、同僚の教員、あるいは校長なのか?

2013年のTALISに参加した23か国では、評価を受け、フィードバックを受けた教員の83%が、自分たちが仕事に見合った公正な評価を受けたと考えた。そのうち79%は、評価が教員としての仕事を発展させるために役立ったと考えた。[50] しかし、教員のスキルの測定方法を合意するのは難しい。

ほとんどの国において、教員の評価システムは稼働しているが、未だ発展途上である。TALIS参加国の教員の約13%は、いかなる情報源からも自分の仕事についてフィードバックや評価を受けたことがなかった。その理由の一つは、そのようなシステムの設計と保守にコストがかかるからである。コストとは、予算と時間だけではなく、それらを機能させるために必要な有権者からの支持や熱意を含む。しかし、もっと大きな理由は、教員の成果を測定するためにどのような基準を使用すべきかの合意がないからである。生徒のテスト結果、生徒全員を授業に引き込む力、生徒や保護者の意見の何を基準とすべきか? また、中央政府の調査官、校長、同僚の教員の誰が測定すべきか? 査定や評価の結果はどのように活用されるべきか?

それによって給与が決まるべきか？　経歴がつくられるべきか？　それは専門能力開発の必要性を示す手段の一つであるべきか？　成果を上げられない教員の降格に利用してもよいか？

しかしながら、これらの問いのうちの幾つかは合意が生まれつつある。生徒のテスト結果は、重要な情報を提供するが、授業の質を完全に把握することはできない。テストの得点だけに頼ると視野が狭くなる。教員評価制度は、教員養成や専門能力開発、学校管理職の養成、教育改革や魅力的な職場環境づくりに教員を巻き込むことを含む、教員という専門職への総合的な取り組みの一つである必要がある。

シンガポールの全ての公務員やその他の大勢の専門家のように、教員は毎年政府から13の異なるコンピテンシーについて評価を受ける。それらは、学力だけではなく、担当する生徒の学力向上と人格形成に対する教員の貢献度や、保護者や地域社会とのコラボレーション、同僚や学校全体への影響を含む。教員がこれをトップダウンの説明責任制度ではなく、むしろ改善やキャリア開発の方法としてとらえていることは興味深い。素晴らしい成果を上げた教員は、学校の賞与基金から賞与を受け取る。3年間教えた後、教員は毎年三つのキャリア、すなわち指導主事、カリキュラムや研究の専門家、学校管理職のうち、どれが自分に最も適しているかを判断するために評価を受ける。興味深いことは、個々の評価制度は、学校エクセレンスモデルの全体計画に位置づけられていることである。

責任を取る、……どこが？

最も高い成果を上げている教育システムでは、システム全体の有効性と効率に責任を持つ機関あるいは機関の集合体が、活動を停止する一定レベルの権限を有する。通常、これは国または州の教育省である。彼らは国の教育の質と効率性に対して責任があるため、長期的な計画に対しても包括的に責任を有する。彼らは研究を委託し、意思決定の際には研究成果を慎重に用いる。これらの機関で働くことは、その国の教育をリードする教育者にとってふさわしい目標であると広く考えられている。その職員が人々の尊敬を集めることからも、これらの機関の願いは真剣に受け止められている。

教育制度の様々な部分は、互いに調和して機能するように設計する必要がある。教育制度には、効果的な計画を作り、計画が確実に実行されるようにする必要がある。つまり、国や州の教育省には、必要な分析をおこない、現場を支援し、計画の進捗状況を監督し、結果を判断し、必要があれば軌道修正する能力を持つことが求められる。連邦制の国や州がこの能力を欠いている場合、包括的で一貫性のある計画を作ることは難しい。また、たとえ計画できたとしても、国あるいは州が計画を実行する能力を持っていなければ、その政策がどのようなものであるかはあまり重要ではないかもしれない。

連邦政府による教育監査の経験は、どのようにして州が協力的になるかの有益な洞察を提供してくれる。カナダの教育大臣評議会[51]（Canada's Council of Ministers of Education）とドイツの常設教育大臣会議[52]（German Standing Conference of Education Ministers）は、州の教育大臣が頻繁に会合を開いて調整するためのフォーラムを提供している。正式な権限は限られているが、これらの機関は優れたアイデアや実践を州を超えて普及させる重要な役割を果たしている。そして、地域が互いに学び合うように促すのである。

ドイツでは、連邦政府による教育研究の支援以上のかかわりを憲法が禁じている。しかし、政府は過去10年間の最も重要な改革の多くに対して刺激とアイデアを提供した。例えば、州大臣評議会が運営する州単位で国家基準や報告制度を確立し、監督してきたが、コンピテンシーに基づく学校スタンダードの概念を作ったのは連邦政府であった。

12　一貫したメッセージを示す

今日の教育システム全般の傾向は実に矛盾だらけである。人々は社会の要請に教育成果が追いつかないと懸念しており、一方で教育者は、教育改革のスピードが速すぎて堅実に実行する時間も場所も足りないと不満をつのらせている。改革のスピードが遅すぎる、あるいは速すぎるという議論の背景には、改革の方針と内容における方向性と足並みの乱れがある。学校管理職や教員が政策立案にかかわることは稀で、メディアを通じて初めて知ることもある。彼らは大局を把握していないため、政策の成功に不可欠な、意図を実行に移す綿密な連携作業に加われないのが現状である。

一方、政策立案者が前任者の意思を引き継ぎ、それを成就しようとすることは稀である。何もかもを変えることが改善だと思いこんでいる。そして、概してすでに山積している政策課題にさらに自らの提案を上乗せしたがる。その結果、目先だけのちぐはぐな状態となり、政策が変わるたびに方針転換を迫られる現場の教員からの信頼を失うことになる。

学校制度の改善に求められるのは、一貫性と継続性である。改善する内容には、カリキュラムや財政、あるいは教員の支援方法等が挙げられるが、そのいずれもが首尾一貫したビジョンのもとに、同じ方向に向けた過程をたどる必要がある。

しかし、改革の道筋は平坦ではない。しばしば政策論争に阻まれ先行きが見えなくなる。政治や経済の問題と異なり、政策を実行に移す力量を備えた教員と学校がまだ国に存在しない場合には、中央の行政管理を専門家の自律性に任せるのは逆効果である。生徒が学ぶべきことと生徒ができることについての合意がなく、また水準が十分に高くなければ、権限を委譲するのは問題である。優秀な教員を採用しても、導入研修が不適切なために不満を抱いたり、官僚主義の押さえつけにやる気をそがれて教員をやめることになっては台無しである。

シンガポールを端的に語る

私はシンガポール国立教育研究所の客員教授として、シンガポールの教育改革について学ぶことができた。そこでは、教育省、国立教育研究所、各学校がそれぞれ責任を持ち、改革を実行するために互いに歩調を合わせている。国立教育研究所の教授たちは定期的に教育省の会議に参加しており、彼らは国の政策に沿った教育をおこなうことができる。校長たちは、メディアを通じてではなく、直接教育省から主要な改革計画を知ることができる。新たな政策は、実行に向けた能力開発計画と同時に発表される。教育省には改革継続の気風が根ざしており、常に上手く行っていることとそうでないことを診断し、政策の計画や実施を発表する際には世界各国のデータと専門家の経験の両方を用いる。教員の能力開発プログラムは、大学の学部の利益ではなく教員自身のために作られる。一般的に教員は初年次に教育実習をおこない、その後修士課程でこの実習体験を理論に組み入れた中堅研修に参画する。

シンガポールで私が一番感銘を受けたのは、教育省、国や地方、さらに大学や工科大学、専門学校等、どこへ行っても共通の大きな目標に向けて明確に一つの照準を定めていることだった。教員が研究、政策立案、行政、教職の職種間を移動できるとても風通しの良い制度があり、実際に何度も職種間を渡り歩くことは珍しくない。政策、研究、教職が密接に連携しているため前向きでダイナミックなビジョン構築が可能である。教育は状況に合わせて変化し、過去にとらわれて停滞することはない。

「マイルストーン・コース」と呼ばれる取り組みでは、全省庁のトップクラスの官僚が集まり、共通の国家目標を策定する。「夢、計画、実行」（Dream, Design, Deliver）というスローガンは、シンガポールの行政方針を的確に表現している。

シンガポール政府は国民のスキルと経済成長の密な関係を理解しており、教育に何が必要かという明確なビジョンを持っている。教育省がこのビジョン実現をめざす政策を立案する一方で、教員は主として国立教育研究所で年間100時間の能力開発プログラムを受講する。さらに国立教育研究所は、教育改革を含む改革計画立案にも協力するのである。

13　より多くではなく、より賢く支出する

私がPISAで成績上位の国々から最初に学んだのは、これらの国や地域のリーダーたちが、何よりもまず教育が大切であると国民に納得させていることだった。こうした国や地域では、新しいショッピングモールよりも、設備の整った学校のほうが人々の注目を集める。中国の保護者はとっておきの人民元を子どもたちの教育に注ぎ、子どもたちの将来、国の未来に投資する。ヨーロッパでは、ほとんどの国が現役世代の消費の資金源として次世代から借金をし始めている。経済社会の発展に伴って債務は膨らむ一方だ。

2013年、私は中国の成都市の教育を10年間で急速に改革した立役者の一人であるフ・ヨンリン副市長と昼食を共にした。その際、副市長が述べた「世界における中国の影響力は、その製品や生産量ではなく、グローバルな知識の蓄積や文化に貢献できるかで決まるのだ。それは教育を通じて得られるものだ」という見解に大変興味を抱いた。大卒の平均給与が大都市で働くメイドの給与を若干上回る程度でしかない中国では、高収入だけでは教育の動機づけにならない。中国の政治的社会的なリーダーは、目先の消費よりも教育

や国民の将来に価値があるのだと国民を説得する力をまだ有しているようだ。

また、副市長は、「無からは何も生まれない。全ての背景には歴史がありそこから発展している」と話してくれたが、過去を保存しその上に蓄積することと、新たな変化を受け入れることを両立している点にも感銘を受けた。彼は中国の現時点での学習曲線、グローバリゼーションにおける中国の果たすべき役割、そして様々な文化や知識を理解する入り口としての教育の大切さを強く認識している。また、教育そのものの本質を変えねばならないこともよく理解している。ＯＥＣＤ加盟国にも、教育の未来に向けた我々の取り組みに懐疑的な国が見受けられる潮流の中で、なぜ彼を始めとする幾つかの自治体のリーダーはそんなに熱心なのかと聞いてみた。すると彼は、私を見て「現在、成都市はデジタル製品の世界の工場として、１４００万人に仕事と富を供給している。10年以内にこれらの仕事は全てロボットによっておこなわれるだろう。我々の課題は、新たな仕事を生み出すだけではなく、人間がロボットよりも上手くおこなえる仕事を生み出し、ロボットとは違った思考で働ける人間を育てる教育をおこなうことだ」と述べた。

しかし、第2章で述べたように教育システムは予算を増やすだけでは改善できない。たとえば、ある二つの国の教育支出が同様に高額だったとしても、その結果は大きく異なるものだ。言い換えれば、教育支出が最小限の基準値に達していれば、その金額の多さよりも、使いみちに左右されるのだ。ＯＥＣＤ加盟国の平均的な国がトップレベルの成績に上昇するには、教育システムの効率を徹底的に改善するか、または莫大な教育支出の増額を迫られることになるだろう。

ほとんどの政府が直面している厳しい財政難は当分改善の兆しがなく、今後の教育支出の増額も見込めない。したがって、与えられた予算でいかに多くの成果を上げるかが課題となる。ワールドクラスの教育システムを持つ国や地域から、幾つかの事例を見てみよう。

例えば日本では、ほとんどのＯＥＣＤ加盟国のように贅沢な校舎や豪華な教科書、高額なスポーツイベント等にはあまり予算をつけず[53]、財源の大半を中核となる教育実務に投じている。剰余の一部は教員への比較的高い給与として充てられ、その他は納税者に還付される（2014年の日本の公的および私的教育支出はGDPの3％で、OECD加盟国ではチェコ、スロバキア、ハンガリーについで4番目に低い）。

支出を抑えて改善するもう一つの方法は、教育システムそのものの仕組みを変えることにある。日本の学齢期の子どもたちの人口が減少に転じるまでは、アメリカと日本の生徒数に対する教員数の割合はほぼ同じだった。しかし、日本では引き続き大規模クラスが維持され、一つのクラスの人数がアメリカの2倍になることもある。そのため日本の教員は授業の準備により多くの時間を割いたり、課題を抱える生徒について他の教員と相談したり、授業についていけない生徒に個人指導することができる。アメリカと日本の生徒数対教員数の割合における支出は同程度だが、日本の政策立案者は大規模クラスを維持することで教員により多くの準備時間を与え、生徒へのきめ細やかな対応を可能にした。反対にアメリカは小規模クラスを選択したことで、教員の準備時間と生徒への個別対応に割く時間が少なくなっている。

これは日本に限ったことではない。前述したように、成績上位国では、小規模クラスとより良い教員のいずれかを選択せねばならない場合、より良い教員を選択しているようだ。そして、西洋諸国の多くは小規模クラスを選択している。

2006年から2015年までの初等教育、中等教育、中等後非高等教育の教育支出は、OECD加盟国全般にわたり20％近く増加した[54]。にもかかわらず、同じ期間に大半の加盟国は、小規模クラスを優先し、より質の高い教員や授業時間の充実、生徒への個別対応および教育機会の均等を後回しにした。世論による圧力と人口動態の変化を受け、政府は中学校のクラス規模を縮小し、OECD加盟国全般では平均6％の減少となった。保護者や教員の意見に引きずられ、長い目で見て子どもたちを成功に導くような予算配分ができなかったといえる。

大規模クラスを採用する国の教員の給与水準は高い。教員に満足な給与が支払われていれば、より上位の教員養成機関から優秀な教員候補者を採用できる。そうすれば教員は教職に留まり、頻繁な教員の交替や教室での専門補助職員の要請も少なくなる。教員養成機関の数も少なくてすむため、より多くの予算を配分できる。質の低い教員を給与水準の低い機関で養成するといった一見低コストに思われる方法は、全ての費用を勘案すると最終的には高くつく結果になる。

給与が低い教員を雇用すると、学校はより多くの専門職を必要とし、さらに専門職を監督・調整する管理者も必要とする。トップクラスの国や地域は教員に比較的高い給与を支払うが、管理者や補助専門職は少なくてすむ。そのためコストは低く抑えたまま、より質の高い教員の雇用が可能となる。このように、個々のコストを切り離して見るのではなく、全体としてのシステムのあり方を考え、実質的なコストに注目することが大切である。

要はスキルと投資の関係は、かなり非対称ということである。スキルは磨くほど個人と国に一定の利益をもたらすが、より投資したからといって教育の質は上がらない。

ＰＩＳＡの調査結果からは、幾つかの国や地域が国民の教育に対する改革や投資に体系的に取り組んで自己改革を成し遂げ、教育制度の相対的な存在感を根本的に高めた事例を見ることができる。これは、世界がもはや豊かで教育の行き届いた国と、貧しく教育の行き届かない国とに分断されていないことを表している。どの国も優れた教育システムの開発へと踏み出すことが可能であり、もし成功すれば大きな成果が得られる。それはより良い生活、より良い仕事をもたらし、社会を前進させる。

しかし、教育成果を向上するためには、投資よりも必要なものがある。全ての子どもたちの成功を信じることもその一つだ。西洋諸国の生徒が良い成績は遺伝によると考える場合が多いのに対し、東アジアの生徒の大半は努力の結果だと固く信じている。これは教育や社会環境によって、成績向上をめざす価値観の浸透が可能なことを示唆している。

また、学校システムの質が教員の質を上回ることはない。ワールドクラスの学校システムでは、必ず教員や指導教員の選考に細心の注意が払われる。どこに投資するかを決める際は、クラスの規模よりも教員の質を優先する。そして教員のキャリアアップのためにさらに学ぶ機会を提供する。また、ワールドクラスの国や地域は行政主体の管理責任体制から、教員主体の職務体制に移行している。こうした国や地域の教員は、教育方法を改革し、自分自身と同僚の教員たちの指導力を向上し、より強力な教育実践に向けた能力開発に取り組むよう奨励されている。

14　成績上位5か国の教育システムのスナップショット

これまでにすでに明らかになったように、成績上位国となるかどうかを決めるのはその国の場所や財力や文化ではない。それは、自国の教育システムの足りない部分や不均衡を正確に見極め、是正に向けて資源を活用し、強い意思で改革をおこなう機動力だ。次に幾つかの実例を見てみよう。

シンガポール

シンガポールは2015年のPISAで他のどの国や地域、経済圏よりも高い得点をあげた。人口500万のアジアの都市国家の偉業は大いに話題を喚起し、各国はこぞってシンガポールの足早の成長から教訓を学ぼうとした。

シンガポールの成長で最も目を引くのは、その成功が著しく低いレベルから出発したことだ。1965年に独立したシンガポールは天然資源に乏しく、国民の識字率も低い貧困にあえぐ国だった。学校や大学もほとんどなく、経済も開発途上で未発達の、言語も宗教も異なる多民族からなる国家だった。

しかし、50年の間に、シンガポールはヨーロッパや北米、東アジアで成長を遂げた近隣のライバル国を追い越し、ゼロから国際的なトップレベルに上りつめた。一世代よりもわずかに長い期間に「第三世界」から「ワールドクラス」へと躍進したのだ。

この成功の要因は何なのか？

おそらくその第一は意思であろう。シンガポールの教育改革は単なる偶然でも自然現象でもない。教育によって経済発展をもたらそうという意図的な決定によるものだ。教育が経済成長の原動力となったのだ。天然資源を持たず、近隣には大国が存在するシンガポールにとって、国民の教育こそが最大の資源であり、新興国建設の要でもあった。教育は、共通のアイデンティティを形成し、多民族多宗教の国民を一つにした。

教育中心の一連の改革はシンガポールに経済成長をもたらし、その成長をさらに強固なものとした。独立後の数年間のシンガポールは、まさにサバイバルの時期だった。教育システムは、海外企業誘致をめざす経済活動の担い手としての国民への基礎教育の充実に向けて発展した。

一貫した教育システムが確立された。大量の教員が採用され、学校が建設され、教科書が印刷された。10年のうちに全ての子どもたちが初等教育を受け、１９７０年代までに国民全てに前期中等教育の機会が提供された。

この段階での教育水準はそれほど高くはなかったが、シンガポールがサバイバルから効率化へと歩みを進めた１９７０年代末に、新たな産業発展に伴い教育水準向上の取り組みもおこなわれた。これは賃金もスキルも低い経済から国際ハイテク企業を誘致できる高いスキルの労働者のいる経済への発展をめざす取り組みだった。こうした経済発展は、新カリキュラム導入や、学問コースと職業訓練コースの振り分けといった教育システムの徹底的な見直しによって達成された。１９９０年代初頭には、職業訓練学校の地位と質の向上および大学に匹敵する技術訓練の提供のために技術教育機構（Institute for Technical Education）が設立された。

１９９０年代の終わりには、知識基盤経済に備えるべく教育システムはさらに洗練された。シンガポールが知識型グローバル経済に立ち向かうには、スキルの高い労働力が必要だった。より深くより効率よく学ぶという理念は「教えることを減らし、学ぶことを増やす」（Teach Less, Learn More）キャンペーンとして具体化され、「考える学校、学ぶ国家」（Thinking Schools, Learning Nation）政策に沿ってリー・シェンロン首相が推進した。

こうした展開の根底には、教育改革が大切だというゆるぎない信念があった。この取り組みは何十年も継続し、国政と公的支出が支える計画的なものだった。２０１０年のシンガポール政府の教育支出は全体の20％を占め、防衛費を除けば最大規模の項目となった。国家の野心という観点で見たとき、教育支出は国の利益を生む重要な経済投資なのだ。

経済や雇用主の要請と教育との連携は、高度に統合されたシステムの一環を成している。学校や個人には期待される明確なゴールが定められ、厳格な試験制度と高度な学問水準が設けられている。教育による成長は社会移動を促す実力主義社会を生み、生徒は能力があれば最高の成功を収めることができる。しかし、いくらこのように円滑に運営されるシステムでも、実現のためには生身の人間が必要とされる。シンガポールの教育の成功でたびたび強調されるのは教員である。シンガポールは、最も優秀な卒業生から教員を採用し、その後も充実した研修でモチベーションを維持するという、教員採用方針のモデル国となっている。

シンガポールは最も優秀で有能な教員を学校に引きつけるために質の高い教員の採用・教育方法を導入した。さらに教員が常に時代に応じたスキルを維持できるように採用後の研修にも大変力を入れている。これらの優秀でやる気に満ちた教員が、さらにその能力開発に意欲を持ち続けるように年に100時間の研修を受講できる。

このような厳しく統制された管理制度により、一定の質が確保される。一人ひとりの教員が同じ「生産ライン」から生まれ、同じ水準を満たすべく、全ての教員が同じ機関で教育される。全ての学校に最高の教員が平等に配置される。教員は自分たちに寄せられている期待について明確に自覚したうえで学校に着任し、その見返りとして高い社会的地位と世間からの尊敬を得る。

シンガポールの物語は、より良い未来を求める貧しい小国の話だ。教育システムは夢の実現に向けて改善し、段階ごとに修正しなければならなかった。この国は、比較的短期間に教育についてどれだけ多くのことを変えられるかを示した。教育水準の向上により、シンガポールはグローバリゼーションの犠牲者ではなく、受益者となり得た。シンガポールの学校システムは、今やワールドクラスである。次なる課題は、その地位を維持することにある。

エストニア

エストニアは2015年のPISAの数学的リテラシー、科学的リテラシー、読解力の成績で上位10位以内にランクインした。

このバルト海の小国は、特にPISA2015の数学的リテラシーと科学的リテラシーでフィンランドに追いついて以来、その成功を称して「新フィンランド」と呼ばれている。1990年代のエストニアの教育改革の際は、フィンランドの専門家たちが助言した。確かに両国の教育システムの成功の要因には、ある共通点が見られる。戦略によるものなのか、文化的傾向なのか、両国の教育システムには機会均等の精神が強く根付いているのである。これは、富裕層と貧困層の生徒の成績差が少ないことにはっきりと表れている。

エストニアの社会経済的地位の影響は、他のほとんどの国に比べて著しく弱い。この点でエストニアは、社会経済的地位と学校での成績に密接な関連が見られるオーストリア、フランス、ドイツ等よりは、カナダ、香港、ノルウェーに似ている。

PISA2015でのエストニアの成績において、特に注目に値するのは成績優秀者の多さではなく、主要3教科のいずれも成績下位にエストニアの生徒がほとんど含まれていなかったことである。

就学前教育でも機会均等が確保されており、学校システムと連携している。義務教育が始まるのは7歳からだが、3~4歳児の大半が公立の就学前教育機関に通っている。これらの就学前教育における教員対児童の割合はOECD平均の半分である。

学齢が進み中等教育においても、エストニアの中等学校卒業率は工業国の中でも上位国の一つとなるほど高い。家庭の状況にかかわらず、全ての子どもたちが良質の教育を受けていることがわかる。

独立後エストニア政府は学校システムの中央集権を廃し、各学校にカリキュラムや予算の決定権や教員の雇用、解雇の権利を与えるなど学校の自治権を拡大した。各家庭は学校を選択する権利を持ち、その結果生徒の獲得を巡って学校間の競争が生まれた。学齢期の子どもたちの人口減少に伴い、エストニアの学校システムは、生徒の家の近くに必ず学校があり、しかも学校は存続のために十分な数の生徒を保持し、十分な科目数を提供できるように配慮しなければならなくなった。生徒が進路を決める中等教育において、このことは特に重要となる。

こうした状況下では財政的な問題が起こる。守備範囲の広い大規模校に投資するべきか、それとも地方の学校を守るべきか？　この原稿の執筆時点で、エストニアには先進国の中で最小規模の中等学校が存在している。また、人口減少はエストニアの大学でも大きな問題となっている。大学どうしで縮小し続ける入学候補者のパイを取り合い、さらに他国の大学との競争にも直面している。エストニアの企業は、新卒の若者を確保できるかどうか危惧している。

加えてエストニアの教員は高齢化しており、OECD加盟国の中でもその傾向は顕著である。若手教員を雇用するために教員の給与は大幅に引き上げられたが、教員は未だに人気のある職業ではない。

エストニアの教育は他の北欧やバルトの国同様、公費で賄われ、私立の教育はわずかしかない。とはいえ、エストニアの教育支出は、ノルウェーほどは高くはない。就学前教育の職員数は十分だが、教員の給与は比較的低く、エストニアのGDPはOECD平均をはるかに下回る。エストニアの教育の成功をもたらしたものは、決して教育支出の高さではないのである。

エストニアのPISA上位ランクインで注目すべき点は、成績下位者の割合だ。科学的リテラシー、読解力、数学的リテラシーのPISA主要3科目での成績最上位者の割合を見ると、エストニアは優秀ではあるが突出しているわけではない。エストニアよりも下位の国で、この割合が同等または上回るところもある。例えばトップのシンガポールでは39・1%がこのレベルに達しているのに対して、エストニアは20・4%だ。

エストニアが世界のリーダーとして優れているのは、習熟度の低い生徒の割合が比較的少ないことである。エストニアの15歳で主要3教科の習熟度が基準を下回るのは、わずか4・7%のみである。これはフィンランド、香港、シンガポール等の上位国よりも少なく、ドイツやアメリカの半分である。

カナダ

カナダは2015年のPISAの成績上位国の一つで、読解力で3位、数学的リテラシーと科学的リテラシーで上位10位以内に入った。これによりカナダは読解力と科学的リテラシーでフィンランドを上回った。

カナダの教育システムは平等性を重んじ、移民の生徒を含む多様な社会背景の生徒からも良い結果を引き出すことができる点に際立った特徴がある。カナダの富裕層と貧困層の家庭の生徒の成績差は、国際的な基準と比較して小さい。ここには家族の健康と福祉を支えるというカナダの国家としての精神が反映されている。

カナダの学校では移民の生徒の割合がかなり多いが、移民でない生徒と比べてその成績はほぼ同レベルである。フランス語圏、英語圏の人々やファースト・ネーションの先住民たちがすでに居住している国に移民が入ってきた歴史を鑑みると、カナダの学校システムは共生のお手本のようなものだ。カナダの取り組みで特にユニークなのは、様々な文化からの学びをカリキュラムに取り入れていることだ。それにより、早い段階で生徒に多様な視点から世界を見る力を身につけさせている。教員も生徒が多様性を積極的に受け入れるように指導し、異なる社会的民族的背景の生徒も成功体験を得られるように指導法を工夫している。

カナダのPISAの成績は国全体としてのスコアだが、教育システムは州や地方ごとに運営され、各地区の学校システムは地方自治体が管理している。一つの国としてのシステムが存在しない場合、PISAにおけるカナダの好成績の要因をどのように分析すればよいのだろうか？　厳格な集中管理の賜物としての教育システムの成功例もある一方で、カナダは責任分散型のシステムによって成功していると思われる。

カナダはPISAで上位を占めていることに加えて、高等教育を受けている成人の割合も極めて高い。カナダの若者が、他のほとんどの国よりも読書好きであることも、社会全体の教育程度の高さを示している。

では、カナダの学力の高さの背景にはどのような要因があるのか？

PISA上位国の大半と同様にカナダの教員採用制度は厳格で、質の高い（そして給料の高い）教員からは成績優秀な生徒が輩出される傾向にある。

しかし、カナダで最も着目すべきは、大量の移民の生徒を学校に受け入れられる許容量だ。PISAの結果によると、移民の生徒だからといって決して同級生よりも成績が劣ることはない。ワールドクラスの学校システムが、その水準を下げずに移民の生徒を受け入れていることが示されている。

現在カナダの移民のほとんどは中国、インド、フィリピン、パキスタン等のアジア諸国の出身だ。これらの移民の大多数がモントリオール、トロント、バンクーバーといった大都市に向かっている。しかし、PISAの結果によると、新たな移民の生徒は到着から3年以内に、移民以外の同級生の成績に追いついているのだ。

これには幾つかの理由が考えられる。

そもそもカナダは比較的人口の少ない国で、経済発展のために移民を歓迎してきた歴史がある。新たな移民の多くは専門職を求める教育程度の高い家族だ。その子どもたちは、第二言語を習得しなければならないとしても、すぐに他の同級生に追いつくことができる。つまり、こうした移民たちはカナダの学校の教育を受容する能力をすでに備えているということだ。

移民の生徒は、その家族の教育水準の高低にかかわらず、カナダの新規移民受け入れとその定着ための支援を受けられる。語学習得や、特別な支援が必要な生徒への課外プログラムもある。教育システムは、異文化の尊重と、カナダ人としての共通のアイデンティティの育成を両立させている。

こうした取り組みの連携こそが成功の鍵のようだ。大量の移民が歓迎され、好成績を達成するシステムへと注意深く組み入れられる。移民の生徒は速やかに高い水準に適応する。他国に比べ多くの割合の移民を受け入れているが、このことによる負の影響は見られない。

しかし、統一された国家戦略は持たず、それぞれ異なる各地方の取り組みが緩やかに同じ方向に向かうことによって一定の成功が収められるというカナダの例は確かに興味深い。

カナダの例が、教育水準の向上に万能の方法はないことを示しているとすれば、多くの先進国が現在受け入れている人数よりも、かなり多くの数の移民の生徒を受け入れたとしても、各国から称賛されるような成績を達成することも不可能ではないだろう。

フィンランド

フィンランドは世界の教育ランキングで常に上位を維持しており、優れた教育の代名詞ともなっている。実際、フィンランドの政策や実践を参考にしようと多くの国から専門家が視察に訪れている。

２０１５年のＰＩＳＡにおいてフィンランドは読解力で4位、科学的リテラシーで5位、数学的リテラシーで13位だった。フィンランドの数学的リテラシー、科学的リテラシー、読解力の成績下位者の割合がカナダ、エストニア、香港、シンガポール、ベトナムなどの上位の国や経済圏より多かったため、３教科すべての平均点が引き下げられ、前年よりもややランクが下がったが、それでもフィンランドの成績は安定して高い水準を保っている。

フィンランドは、成功への道筋に多くの選択肢があることを示した。アジアの多くの成績優秀国に比べて授業時間が少なく、宿題もほとんど出されず、学校視察も廃止されている。

しかし、他の成績上位国と同様、フィンランドのシステムも、恵まれない生徒も学校で良い成績を取り、場所がどこであれ全ての学校が高い質を保つべきという考えに基づいている。また、他の北欧やバルトの国々同様、社会経済的地位の成績への影響は平均よりも小さい。

成績上位に導くもう一つの大きな要因は、指導力の質の重視にある。フィンランドでは教員は引く手あまたの社会的地位の高い職業で、教職課程の倍率は10倍という厳しさだ。学部卒だけでなく、修士取得者も多く、優秀な学部生の間で人気がある。教員は学校に配属されると、その後も能力開発が課され継続的に学ぶことになる。給与は決して高くはなく、ヨーロッパの水準からすると生徒一人当たりの予算と教員の給与は中程度だが、教職は重要で尊敬される職業とみなされており、教員は信頼され、高い社会的地位を得ている。

フィンランドの教育システムから何かを得ようとする人は皆、教員の質より大切なことはないと確信するだろう。しかし、フィンランドもまた秀逸な教育システム構築に何十年もの歳月を必要としたのである。教育の大御所としての地位は、繰り返しおこなわれる教育改革と変遷する経済の要請に対応して、ゆっくりと手間をかけて築かれた。1960年代末に、高度な教育をグラマースクールに通う少数の限られた生徒だけではなく、全ての生徒が受けられるような包摂的なシステムへ移行することが決められた。移行が完了したのは1970年代末のことだった。移行の成功と変化に対する懸念の緩和のために、教員の質の大幅な向上が図られた。教職課程が大学に移され、より厳格なものとなった。

フィンランドの教育システム発展の背後の経済情勢はいつも良好だったわけではない。1990年代初頭、フィンランドの失業率は20％に達し、GDPは減少、公債は膨らんだ。教育は、テクノロジーと成長するテレコミュニケーション市場向けに方向転換することでフィンランドの経済再建に貢献した。19世紀のパルプ工場が21世紀初頭の携帯電話市場最大の企業となったノキアのような躍進に合わせて、研究開発に従事する国民が急速に増えた。

このような経緯から、フィンランドの経済事情が、より良い教育を受けた労働力と、その労働力を生む機会均等な教育システム、そして質の高い教員を必要としていたことがわかる。

さらにフィンランドの優れたコンセプトには、もう一つの特徴的な魅力がある。学校は、生徒の学業に留まらない総合的な支援をおこなっている。学校は温かい食事や、保健、歯科衛生、精神衛生、カウンセリングも提供する場所となっているのである。特別な支援を必要とする生徒への支援は、学校システムに不可欠な要素である。また生徒一人ひとりが学校から頻繁に個別の配慮を受けている。

上海

２００９年に上海の生徒が初めてＰＩＳＡを受検したとき、彼らはいきなり読解力、数学的リテラシー、科学的リテラシーの３科目全てでトップに躍り出た。３年後もこの驚くべき成績を維持し、上海の教育システムの成功への関心がいっそう高まった。

上海は中国の代表ではないが、人口は２４００万人以上で、ＰＩＳＡ参加国の大半を上回る大都市である。

２０１５年には、北京、江蘇、広東も上海とともにＰＩＳＡへの参加に合意し、あわせて2億３２００万人の参加となった。そして4地域合同のグループとして数学的リテラシーと科学的リテラシーの上位10位以内にランクインした。

上海では１９９０年代半ばになって、ようやく全ての子どもたちが6年間の初等教育と3年間の中等教育を受けられるようになった。それ以前の上海の教育システムは、１９６６年から１９７６年までの文化大革命による破壊からの再建に専念していたのだ。

実際、国際的で外向的な都市の上海は中国の教育改革の最前線という位置づけを利用して独自の取り組みを展開した。「一流の都市、一流の教育」(First-rate city, first-rate education) というスローガンのもとに上海は経済発展をめざして教育水準の向上を優先事項とした。

２００９年の結果で印象的なのは、成績下位者がほとんどいないことだ。上海には極めて成績優秀な生徒が大勢いるが、習熟度の低い生徒の不在こそが上海を世界の上位に押し上げた。もちろん上海には、国内移動で流入してきた生徒を含め後期中等教育を十分に受けられない15歳が大勢いる。しかし、十分な教育を受けられる生徒については、たとえ経済的に不利な家庭の出身であっても良い成績が取れるシステムとなっている。

上海のシステムは、全ての生徒が成功できるか、または少なくとも然るべきレベルの学業成績を修めることができるという仮定に基づいている。限られた勝者だけがゴールに到達できるような「選抜システム」ではなく、ほぼ全員が学業課程を修了することを目指している。

この教育システムは、学校に通う全ての背景の生徒に適用される。たとえ裕福な家庭と貧困な家庭の生徒の成績差が完全になくならない、あるいはなくすことができないとしても、社会的背景が学業を妨げる要因となってはならないとしている。その結果、2012年のPISAでは、上海の貧困層の生徒の成績はアメリカの中流階級の生徒を上回っていた。

学校システムはこの目標の達成を目指して構築されてきた。最も優れた教員が最も多くの支援を必要とする学校に派遣される。全体の水準向上のために強い学校には弱い学校を支援することが求められる。これは、生徒の最高の力を引き出すための、能力主義の原則に基づく体系的な取り組みである。

教育はまた厳しい競争でもある。上海の生徒は学校の勉強を補うべく、長時間の宿題をこなし、塾に通っている。生徒への期待は高く、約80%が高等教育へ進学する。とはいえ上海の生徒は、成績を上げるのは自分たち次第だと信じている。彼らは、数学ができるのは遺伝のおかげだとは思っていない。自らの努力と教員からの適切な指導によるものだと教えられてきている。保護者もまた熱心に子どもたちを支え、教育が家族の優先事項だと認めている。

上海の教育システムのもう一つの鍵は、他の上位国同様、質の高い教員である。優れた教員の選考、教育、配属が教育政策の実現を可能にする。教員としてのキャリアを通じて、教育研究を中心とした能力開発研修が継続しておこなわれている。

注

1 http://ncee.org/ 参照。
2 http://ncee.org/what-we-do/center-on-international-education-benchmarking/; OECD（2011b）参照。
3 PISA2015 e question ST111Q01TA 参照。
4 Martin and Mullis（2013）参照。
5 Chen and Stevenson（1995）参照。
6 Good and Lavigne（2018）参照。
7 Bandura（2012）参照。
8 Weiner（2004）参照。
9 Carroll（1963）参照。
10 OECD（2011b）参照。
11 ハンブルク州の学校制度の構造改革は、２００８年４月17日の連帯契約において、キリスト教民主同盟（Christian Democrats: CDU）と緑の党（Greens: GAL）の連立政権下で合意された。その後２００９年10月７日のハンブルグ議会で合意され、２０１０年７月18日の人気投票で大幅に変更された。
12 OECD（2013b, Table IV.2.6a）参照。
13 http://www.phenomenaleducation.info/phenomenon-based-learning.html.
14 OECD（2017a, Figure C6.1a）参照。
15 OECD（2013a）参照。
16 OECD（2017i）参照。
17 もちろんテストへの不安はテストの頻度以外の側面によって引き起こされる。それはＰＩＳＡアンケートではとらえられない可能性がある。
18 https://asiasociety.org/global-cities-education-network/japan-recent-trends-education-reform.
19 OECD（2014b, 2017e）参照。
20 Fadel, Trilling and Bialik（2015）参照。
21 Tan（2017）参照。
22 Barber（2008）参照。

23 http://www.globalteacherprize.org/about/ 参照。
24 Good（2018）参照。
25 Hung（2006）参照。
26 OECD（2014c）参照。
27 OECD（2009）参照。
28 OECD（2014c）参照。
29 OECD（2014c）参照。
30 OECD（2013c）参照。
31 https://www.gov.uk/government/news/network-of-32-maths-hubs-across-england-aims-to-raise-standards 参照。
32 http://www.bbc.co.uk/programmes/b06565zm; https://m.youtube.com/watch?v=DYGxAwRUpaI 参照。
33 OECD（2016b）参照。
34 OECD（2016b）参照。
35 http://ncee.org/what-we-do/center-on-international-education-benchmarking/top-performingcountries/shanghai-china/shanghai-china-instructional-systems/ 参照。
36 OECD（2017f）参照。
37 http://www.sici-inspectorates.eu/ 参照。
38 Pont, Nusche and Moorman（2008）参照。
39 OECD（2014c）参照。
40 OECD（2013b）参照。
41 Fullan（2011）参照。
42 OECD（2013b）参照。
43 OECD（2014a）参照。
44 OECD（2015f）参照。
45 Canadian Language and Literacy Research Network（2009）, Evaluation Report: The Impact of the Literacy and Numeracy Secretariat, http://www.edu.gov.on.ca/eng/document/reports/OME_Report09_EN.pdf 参照。
46 シンガポールの「Thinking Schools, Learning Nation」というビジョンは、１９９７年に当時の首相のゴー・チョクトンによって初めて発表された。このビジョンは、将来の課題に対処できる考える国家と献身的な市民、および21世紀のニーズに対応した教育システムを表す。https://www.moe.gov.sg/about 参照。
47 OECD（2016a）参照。
48 OECD（2016b）参照。
49 教員評価の詳細は OECD（2013e）参照。
50 OECD（2014c）参照。
51 https://www.cmec.ca/en/ 参照。
52 https://www.kmk.org/ 参照。
53 OECD（2017a）参照。
54 OECD（2017a）参照。

第 4 章

なぜ教育の公平性はわかりにくいのか

WORLD CLASS

はじめに

おそらく、ワールドクラスの学校システムによる最も素晴らしい成果は、質の高い教育がシステム全体に行き渡り、生徒全員が優れた教育の恩恵を受けられることだ。教育の公平性を高めることは、社会的に公正であるのみならず、社会資源をより効率的に活用し、経済成長と社会的結束を促進する知識とスキルの提供を増やす方法でもある。

２０１５年初期、スタンフォード大学上級研究員のエリック・ハヌシェック氏と、ドイツ経済研究所(German Institute for Economic Research) のルドガー・ウイスマン氏とともに、ＵＮＥＳＣＯの世界教育フォーラム (Education World Forum) の報告書を作成した。フォーラムでは、持続可能な開発目標 (SDGs: Sustainable Development Goals) の一部として、世界共通の教育目標について議論した。[1]

ハヌシェック氏は、教育の質を上げることによる長期的な経済のメリットを算出する方法を考案した。その方法は、先進国と開発途上国の双方に対して潜在的なメリットを示したものである。また、ＯＥＣＤ生徒の学習到達度調査 (PISA: Programme for International Student Assessment) は、様々な国や地域で教育の質を測定する方法を提供した。したがって、ＰＩＳＡとハヌシェック氏の方法を組み合わせることは、教育の向上による経済的影響を調査する優れた方法であった。

ハヌシェック氏とウイスマン氏の成果によって最初に示されたのは、学校教育の質は、国や地域が長期的に生みだす富に関して、信頼のおける予測因子であることだった。

学校システムの質を損ねることなく、皆が学校教育を受ける権利を保障することは、特に多くの子どもたちが未だ学校に通えない貧しい国や地域において経済的なメリットを生みだす。

しかし、教育の質の向上によって生じるさらなる大きな影響がある。生徒全員が基本的なスキルを身につけると、経済への直接的かつ長期的な恩恵が大いにある。実際に、ハヌシェック氏とウイスマン氏は、15歳の生徒が2030年までにPISAの習熟度レベルにおいて最低でもレベル2を達成した場合、経済成長と持続可能な開発の恩恵は相当なものになることを示した（図4・1）。

ハヌシェック氏とウイスマン氏が調査した国や地域のうち、西アフリカのガーナの中等学校への進学率は最も低く（46％）、学校に通う15歳の生徒の習熟度レベルも最も低かった。もしガーナで最低限の基本的な読解力と数学的リテラシーを習得できるように全ての子どもたちに教育を施すことができれば、今日生まれる子どもたちが生涯にわたって得られるメリットは、現在のGDPの38倍にもなる。

低所得・中所得の国や地域では、現在のGDPの13倍のメリットになり、今後80年でGDPは平均で28％高くなる。生徒の学習成果が全般的により高い中所得・高所得の国や地域では、GDPが平均で16％高くなる。

この調査で明らかになったのは、教育の向上は貧しい国や地域だけでなく、豊かな国にとっても有益なことだ。

石油産出国がよい例である。2010年3月にエジプトでアラブ諸国の教育大臣たちと話をしたとき、石油産出国や地域が天然資源を購買力へと変えることに成功したにもかかわらず、長期にわたって自国の経済的および社会的ウェルビーイングを得られるだけの高度なスキルを備えた若者世代にその富を継承できなかったことを疑問に思った。

イスラエルのコルダ・マイヤー元首相は、かつてモーゼが中東の石油がない地域にユダヤ人を導くために、40年にわたって砂漠を流浪したことについて皮肉を述べたことがある。しかし、イスラエル国民は国内

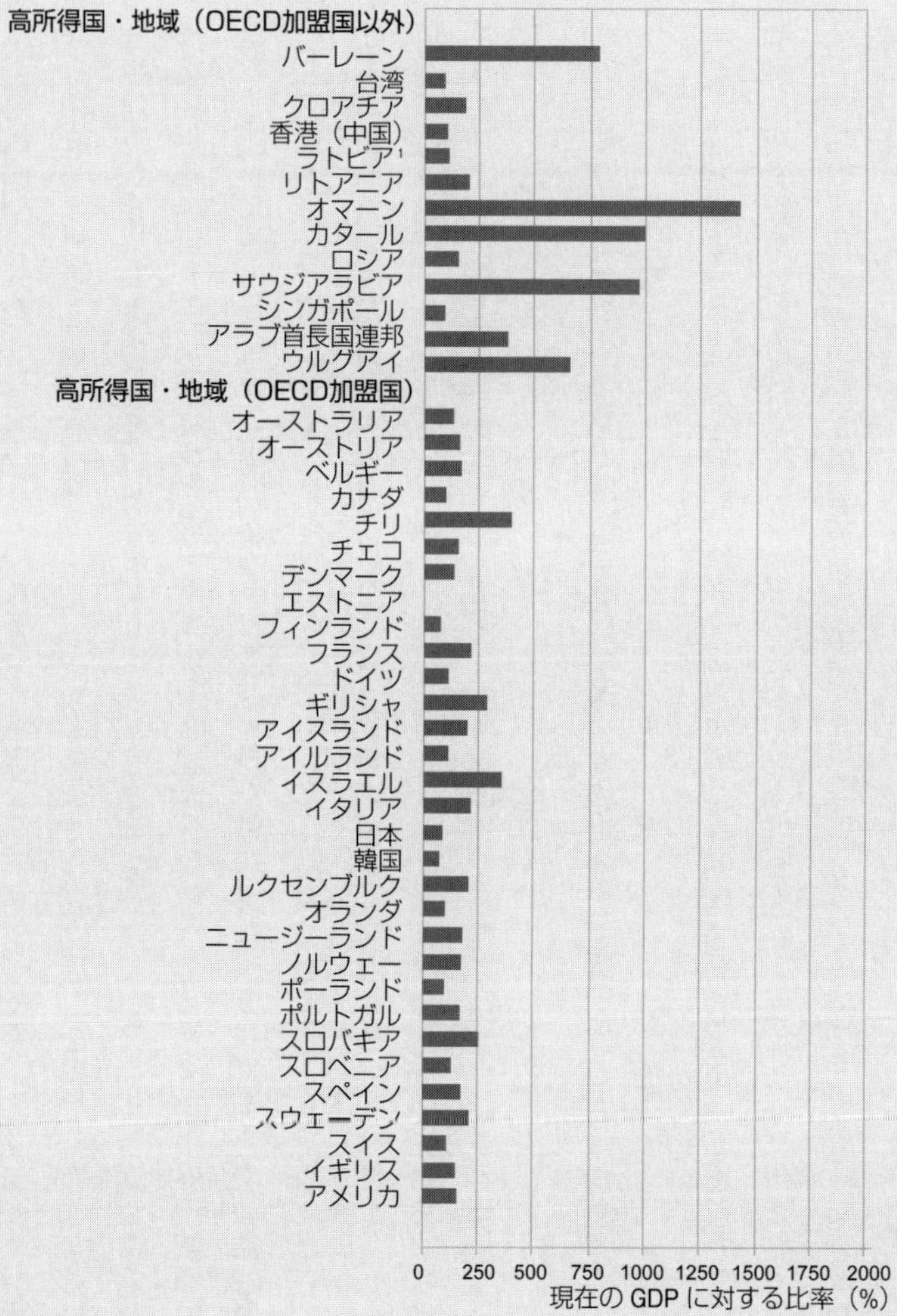
高所得国・地域（OECD加盟国以外）
バーレーン
台湾
クロアチア
香港（中国）
ラトビア[1]
リトアニア
オマーン
カタール
ロシア
サウジアラビア
シンガポール
アラブ首長国連邦
ウルグアイ
高所得国・地域（OECD加盟国）
オーストラリア
オーストリア
ベルギー
カナダ
チリ
チェコ
デンマーク
エストニア
フィンランド
フランス
ドイツ
ギリシャ
アイスランド
アイルランド
イスラエル
イタリア
日本
韓国
ルクセンブルク
オランダ
ニュージーランド
ノルウェー
ポーランド
ポルトガル
スロバキア
スロベニア
スペイン
スウェーデン
スイス
イギリス
アメリカ
0 250 500 750 1000 1250 1500 1750 2000
現在のGDPに対する比率（%）

図 4.1　中等学校で全生徒が少なくとも基礎的なスキルを習得すれば、世界経済は繁栄する

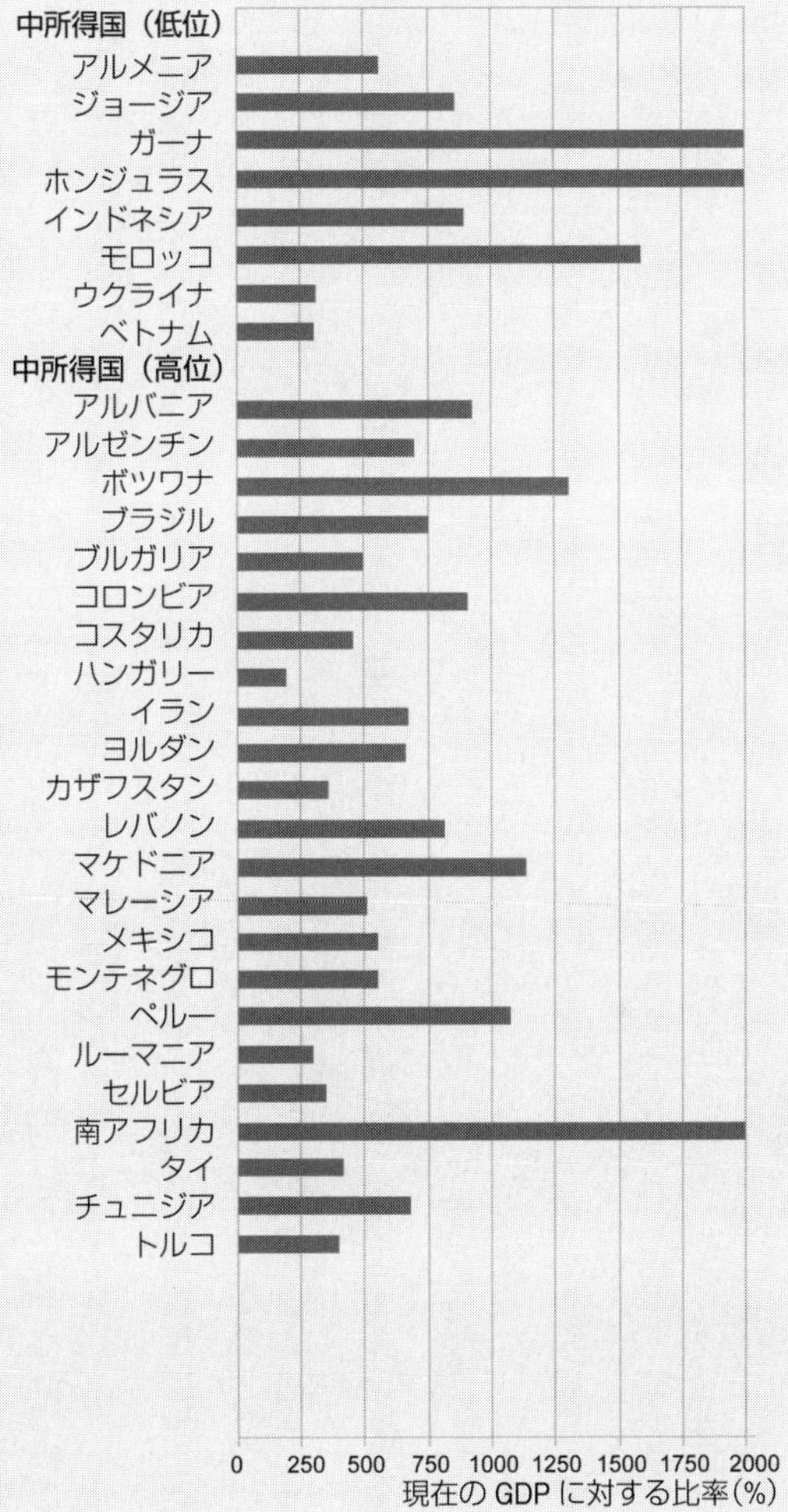

1. ラトビアは、2016 年 7 月 1 日に OECD に加盟。
注：中等学校までを義務教育とする改革が実施され、全ての生徒が PISA で 420 点以上とれば、将来の推定値は、GDP で 2095 年まで増加する（現在の GDP に対する比率で表記）。ガーナの値は 3,881%、ホンジュラスの値は 2,016%、南アフリカの値は 2,624%。
出典：Hanushek and Woessmann（2015）, *Universal Basic Skills: What Countries Stand to Gain.*

で「黒い黄金」が産出されないことを、別の方法で埋め合わせてきた。イスラエルにはイノベーティブな経済があり、国民は石油大国である豊かな近隣諸国や地域のほとんどの住民には手の届かない生活水準を享受している。一般的に説明すると、天然資源の輸出で通貨が高騰し、輸入が安価になり、産業基盤の発達がより困難になるため、天然資源から収入を得る国や地域は、経済的にも社会的にも開発途上にある傾向をデータは示している。資源の豊かな国や地域の政府は国民に対して課税する必要にさほど迫られていないため、国民に対する責任感もさほどない。

私たちの調査結果は、子どもたちの未開発のスキルの中に埋もれている富は、天然資源から引き出せる富よりもはるかに大きいというメッセージを、資源豊かな国や地域に対して突きつけている。また、天然資源は消耗する。使えば使うほど少なくなる。一方、知識は成長する。使えば使うほど増えていくのである。人類の発達に最大の影響を及ぼした科学的発見は、無知に気づき、知識を高める手段としての学習を発見したことである。

ＰＩＳＡのデータは、国や地域が天然資源から得る富と、学校に就学している生徒の知識とスキルとの負の関係も示している。『ニューヨーク・タイムズ』のコラムニストであるトーマス・フリードマン氏が説明するように、ＰＩＳＡと石油は簡単には相容れない。[2] 学校での学習成果について、イスラエルは石油資源の豊かな近隣諸国や地域をはるかに上回っているだけではない。最高の教育システムを持つ国や地域の多くは、天然資源に恵まれていないのである。

豊かな天然資源に恵まれながらもＰＩＳＡのスコアの高いオーストラリア、カナダ、ノルウェー等の例外的な国と地域は、自国の天然資源をただ消費するだけではなく、そうした資源から得た利益を投資するという周到な政策をとっている。

一つの解釈として、天然資源の乏しい国や地域（フィンランド、日本、シンガポール等がよい例）の国民は、自国が国民一人ひとりの才覚、すなわち文字通りの知識とスキルで生き残っていかねばならないこと、そして提供される教育の質が頼みの綱であることを理解している。したがって、国や地域が教育をどれくらい重視するかは、知識とスキルが国の財源を満たす方法にどう適合するのかに関する、その国や地域の見解に少なくとも部分的には左右されているように思われる。ゆえに、教育を重視することは最高の教育システムと経済的繁栄の両方を築くための前提条件であるかもしれない。

ＯＥＣＤに属さない高所得の国や地域の全ての生徒が最低限の基本スキルを習得した場合、それらの国や地域の経済的な利益を合わせると、現在のＧＤＰのほぼ5倍に相当する。繰り返しになるが、これは直接的な経済的利益である。基本的な知識とスキルを有していない人口の大部分にどのような社会的影響を及ぼすかを想像してみてほしい。

アラブ世界の国や地域の取り組みは、ごく最近に始まった。アラブ首長国連邦は、ＰＩＳＡ型の学力目標を戦略的に設定し、この地域で初めて国際的な学力のベンチマークを公式に開始した。２０１５年8月にアラブ首長国連邦の首都アブダビでラマダン・マジュリス（Ramadan Majlis）の講義をおこなった際、皇太子と閣僚は、教育制度を迅速かつ根底から改善していくことを表明した。アラブ首長国連邦は現在、教育水準を上げようとしている最中である。国のリーダーたちが学んだ教訓は、高所得は教育の欠如を埋め合わすものではないということである。

少なくとも経済的に豊かなＯＥＣＤ加盟国は、極端な学力不振を解消するためのあらゆる手段を有すると思われるかもしれない。しかし、そうではない。例えば、アメリカの15歳の生徒の4人に1人はＰＩＳＡの最も基本的な問題を解くことができない。

アメリカの全ての生徒が確実に基本的なスキルを習得した場合、これら生徒の生涯所得を加えた経済的な利益は、27兆ドルに達する可能性がある。したがって、経済的に豊かなＯＥＣＤ加盟国であっても、全ての生徒が最低限の基本的な知識とスキルを習得して学校を卒業した場合、かなりの利益が得られる。これらOECD加盟国の将来の平均GDPは、改善がなされない場合と比較して3・5％以上も高くなる。それは、これらの国の学校教育への投資額に近いものである。

言い換えると、経済的に豊かなOECD加盟国で、極端な学力不振を解消するだけで2030年までに得られる経済的な利益は、初等教育と中等教育への投資額よりも多くなる。

生徒の学力向上は現実的な話である。例えば、ポーランドは、10年以内でPISAにおける平均以下の学力の生徒の割合を3分の1減らす（22％から14％）ことに成功した。上海は、2009年から2012年にかけて平均以下の学力の生徒の割合を4・9％から3・8％に減らした。

当然ながら、より大きな改善はより大きな潜在的メリットをもたらす可能性がある。全ての生徒が基本的なスキルを習得している前提での試算は過小評価される。より高い知識とスキルを習得済みの生徒には、改善が影響を及ぼさないためである。しかし、PISAは学力の低い生徒の学力向上につながる学校改革は、学力が高い生徒にも等しく効果があることを示唆している。

ハヌシェック氏の試算は、基本スキルを習得している生徒の割合の経済的影響は、全ての発達レベルで同様であることを示している。学力が最も高い生徒による経済的影響は、生産性の最も高い国や地域に追いつこうとさらなる努力をおこなっている国や地域でかなり大きくなる。経済収束のプロセスは、学力の高い生徒の割合がより大きい国や地域で加速するように見受けられる。これは、特に中所得の国や地域が学力向上に投資する重要性を示している。

学力が最も高い生徒の割合が高い国や地域は、全ての生徒に公正な教育機会を提供することに成功している可能性が高い。教育の卓越性と公平性の両方に投資することで、両者が互いを高め合っているようである。国や地域が基本的なスキルを着実に備えた生徒を育成すると、学力の高い生徒の割合が増える可能性も高くなる。

もちろん、こうした長期的な予測は単なる予想にすぎない。そして、予想の信頼性はこうした長期的な予測の前提によって決まる。しかし、ハヌシェック氏の分析が依拠するのは、二つの主な前提だけである。一つ目は、より優れた教育を受けた労働人口は、より速い速度で技術進歩を遂げるための新しいアイデアをより多く生みだすという前提である。世界がますます知識を集約しつつあり、より優れたスキルには今までよりも高額の報酬を支払うことを考えると、この前提は控えめだと思う人もいるかもしれない。

疑念を払拭できない人のために、ハヌシェック氏は別のシナリオも用意している。このシナリオでは、生産性が一定である。それぞれの新しい労働者は同程度のスキルを持つ既存の労働者群を単に補充するだけであり、同じ生産性のまま生涯にわたって働き続ける。これは、労働者が前任者の労働を単に継続するだけという悲観的なシナリオだが、学校教育が改善された後は金額は少なくなるものの、それでも素晴らしい経済効果が得られる。

二つ目は、スキルの向上が経済に実際に活かされるという前提である。これに関して、OECD国際成人力調査（PIAAC: Programme for the Internationl Assessment of Adult Competencies）は、人材から価値を引き出す力は、国や地域によって大きな違いがあることを示している。[3] そのため、学校教育の改善は経済成長のための必須条件であるが、より優れたスキルを持つ多くの人がより良い給料で働ける、より高付加価値な仕事を国や地域が確実に増やすことも必要である。予測では、過去に似たような転換を遂げた国や地域と同じくらい効率的に新しいスキルが浸透することを前提に、こうした問題を分析に取り入れている。

包摂的な社会進歩に向けて

収入の不平等と経済成長は明らかにつながっている。収入の不平等性が高すぎると、多くの人々は経済に参加する手段を失う。社会的地位の向上をめざして自分のスキルに投資することもできない。当然ながら、収入に大きな違いがなければ、仕事を改善する動機づけが減り、成長と能力開発に取り組むこともなくなるだろう。

これら二つの望ましくない問題を解決する一般的な方法は、収入を税金等で再配分することである。しかし、収入の不平等には富の再配分で対応するよりも、問題の根本を見つめて収入の不平等の発生源に対処したほうが賢明である。その結果、物事がゼロサムゲームではなくなり、より多くの人々の生活水準が向上するからである。

収入の不平等の主な要因は、スキルの不平等である。スキルの不平等は、社会の不平等とも言える。保護者は「良い仕事に就いて人並みの収入を得るためには一生懸命勉強しなくてはならない」と私たちに言い聞かせてきた。その助言が今ほど真実であったことはない。

ＯＥＣＤが毎年発行する『図表でみる教育』(*Education at a Glance*)が示すように、今ほど高度な教育を受けた人がより良い人生の機会に恵まれることはない。一方、スキルの低い人が社会的にも経済的にも排除される危険性が、今ほど高かったことはない[4]。スキルの低い人の収入が減っていく一方、ますます増加するスキルの高い人の収入は、上がらないまでも現状を維持している。

国内および国家間の双方におけるスキルの不平等の影響は、経済的懸念や社会的懸念だけでは済まない。２００８年2月、北大西洋条約機構（ＮＡＴＯ）大使とスキルおよび教育の不平等に対するＯＥＣＤの取り組みに関して集中的な意見交換をおこなった。これらの不平等が地政学的安定に長期的な影響を与えかねないと大使が懸念していたため、議題に上がったのである。政策立案者は、教育の不平等が急進主義を育てる格好の土壌となることを認識している。グローバル化した世界では、国家の将来は、国内で提供される教育の質と同じくらい、国境を越えた教育の質にも左右される可能性がある。

私の同僚のマルコ・パッカニエッラ氏は、ＰＩＡＡＣのデータを用いて教育と収入の関係を調査した。教育を受けることが、一人ひとりにとってはもちろん、国や地域全体の経済的および社会的ウェルビーイングにとっても好影響をもたらすことは明らかである。[5] 同氏は、全ての成人が新たに1年間の教育を受けるだけで、高収入の人のほうが低収入の人よりもはるかに大きな恩恵を受けることを発見した。そこで、収入による不平等の問題が浮上する。データによると、基本的には収入が多い人ほど、教育を受けることでさらに収入が高くなる。また、中等教育の投資効果が低下する一方、大学レベルの教育への投資効果が収入の上限額を急激に押し上げていることが示されている。

これは、高等教育が労働市場でより高い報酬を得られる専門的知識とスキルを習得する場所だからであると思われる。別の言い方をすると、技術進歩によって恩恵を受けるのが最も高いスキルを持つ人々であるため、彼らの収入が最も向上するのである。

きわめて簡単に言えば、全体的な教育水準だけを底上げすると、賃金格差は縮まるどころか広がる。ヨーロッパと北米の大部分における知識基盤社会への転換によって、より多くの人が高度な教育を受けるようになった。また、教育は社会進歩において、今まで以上に重要な役割を果たすようになっている。しかし、これは全体的な機会と流動性を高めるものではなかった。むしろ、富と知識を手に入れられる人々に機会と報酬が集中したのだ。学校や大学選びは、社会的不平等を縮めるどころか、多くの場合には強めており、社会経済的階級を反映するのである。

ただし、パッカニエッラ氏の分析は、どのようなスキルや資格であっても、より多くの人が必要不可欠な基本的なスキルを確実に習得できるようにすることは、収入の増加をより公平に達成する効果的な方法になり得ることも示している。その調査結果を考慮すると、全ての人への教育の質を高め、基本的なスキルへの投資を増やすことは、成人の生産性と雇用可能性を高めるだけでなく、経済成長のメリットが国民の間でより公平に共有されることでもある。

このような意味において教育の向上は、社会全体に富が行き渡る方法を変えるだけで生産性を向上しない、税金による再配分スキームとは異なる。誰もが基本的なスキルを習得することで可能となる包摂的成長は、国民の間で公平に経済発展のメリットを共有していく大きな可能性を秘めている。

国民のスキルがより高い国とは、国民の間でスキルがより均等に行き渡っている国でもある。しかし、この分析はまた、スキルが均等に行き渡らない不平等な国では、親が受けた教育が子どものスキルに大きな影響力を持つことを示している。言い換えれば、国民の間でスキルが均等に行き渡っていない場合、若い成人は親よりも高いスキルを習得する可能性が低くなるため、スキルと収入の不平等がより固定化されるのである。

こうした分析から学べることが幾つかある。国民のスキルと収入に大きな格差がある国や地域は、社会背景がスキルの習得、教育水準、最終的には賃金に最も強い影響を及ぼす傾向にある。質の高い基礎教育、基本的なスキルの習得の遅れを取り戻す成人教育や教育プログラムへの投資は、国や地域の人材プールを向上させる効果的な方法であり、経済的かつ社会的により包摂的な社会を実現する方法でもある。さらに、高まりつつある収入の不平等を解消していくには、教育とトレーニング、労働市場そして税制と所得移転の制度を対象とした包括的な政策が必要である。

1　機会均等をめぐる闘い

賢い親が自分の子どもたちに望むことは、政府が全ての子どもたちに望むことでなくてはならない。裕福な家庭の子どもたちは、人生の成功につながるドアを数多く見つけるだろう。しかし、貧しい家庭の子どもたちには多くの場合、人生でたった一度のチャンスしかない。それは、彼らに可能性を伸ばす機会を与えてくれる良い学校である。そのボートに乗り損ねた子どもたちが、遅れを取り戻すことはめったにない。その後の教育機会が早期教育の効果をさらに助長する傾向にあるからだ[6]。

ＰＩＳＡのようなテストでの成績が、家庭、学校、国や地域の社会経済的状況にどれくらいの影響を受けるのか、数多くの議論が交わされた。実際、子どもたちに経済的、社会的、文化的優位性がある場合、学力が高くなる条件に恵まれている可能性がより高くなる。物質的な資源だけでなく、志や希望の不足にも目を向けるべきである。学校システムは、社会的なメリットやデメリットを再現する傾向がある。ＰＩＳＡの結果がそれを示している。特に残念なのは、いまだ多くの国や地域において、全ての子どもたちに成功するための平等な権利を与えられていないことである。

しかも、教育の成功に対する社会背景の影響が国や地域で大幅に異なるという事実は、恵まれない子どもたちの学力が恵まれた子どもたちの学力よりも低いことは避けられないことを示している。前述のとおり、エストニア、香港、上海、ベトナムとは異なる教育制度を持った国々の成果は、ある国の最も恵まれない子どもたちが別の国の最も恵まれた子どもたちよりも高い得点を得られることを示している。

２０１５年、清華大学の優秀な学生ユアン・ユアン・パンさんはＰＩＳＡチームのインターンとして働いていた。[7] その夏、中国四川省の江堰市を訪れた際、彼女の助言を受けて幾つかの学校に訪問した。そのとき私は、彼女がその省の小さな町の恵まれない家庭の出身だと知った。恩師が彼女の才能に気づき、様々な支援をおこなった結果、彼女は難関を極める中国の大学入試と、中国で最も権威ある大学の面接試験に合格したという。その大学は、エンジニアリングとコンピュータサイエンスで世界ランキングの常連であり、毎年1000万人もの志願者を集めている。

ユアン・ユアン・パンさんは、例外ではない。近年の中国政府は、貧しい地域の頭脳明晰な生徒が国内の権威ある大学に入学できるように追加の対策を講じている。現在、地方の貧しい家庭の生徒は、大学入試の際に入学のチャンスを高めるボーナス点を付与される。特に成績が優秀な場合は、トップクラスの大学から学費を全額免除されることもある。

質の高い幼児教育の提供は、教育と人生の条件を公平にする最も効果的な方法とみなされることが多い。しかし、図4・2に示すとおり、現実は理論どおりに進んでいない。この図はトルコでは1年、エストニアやスウェーデンでは平均で4年以上、現在の15歳の生徒が幼児教育を受けてきた期間には大きな差があることを示している。恵まれた学校の生徒が恵まれない学校の生徒よりも、より長く幼児教育を受けてきたことは残念である。これは、大した計画もなく提供されてきた幼児教育が、社会的不平等を緩和するどころか実際には助長している可能性を示している。

何度も説明したとおり、教育の卓越性と公平性は相容れないものではない。例えば、フランスとオランダの最も恵まれた家庭の生徒がPISAで同等の学力を示している一方、オランダの最も貧しい家庭の生徒は、フランスの中間所得の家庭の生徒と同等の学力を示している。[8] これらのデータを調査して最も印象的だったことは、貧困率と同じくらい貧困の感じ方が重要なことである。

一部の国や地域の校長は、比較的に貧しい場所や恵まれた場所で教えていると自認している。ブラジル、

図 4.2　恵まれた学校の 15 歳の生徒は、就学前教育を受けていた可能性が高い

社会経済的に恵まれない学校と恵まれた学校に通う生徒が就学前教育を受けていた年数

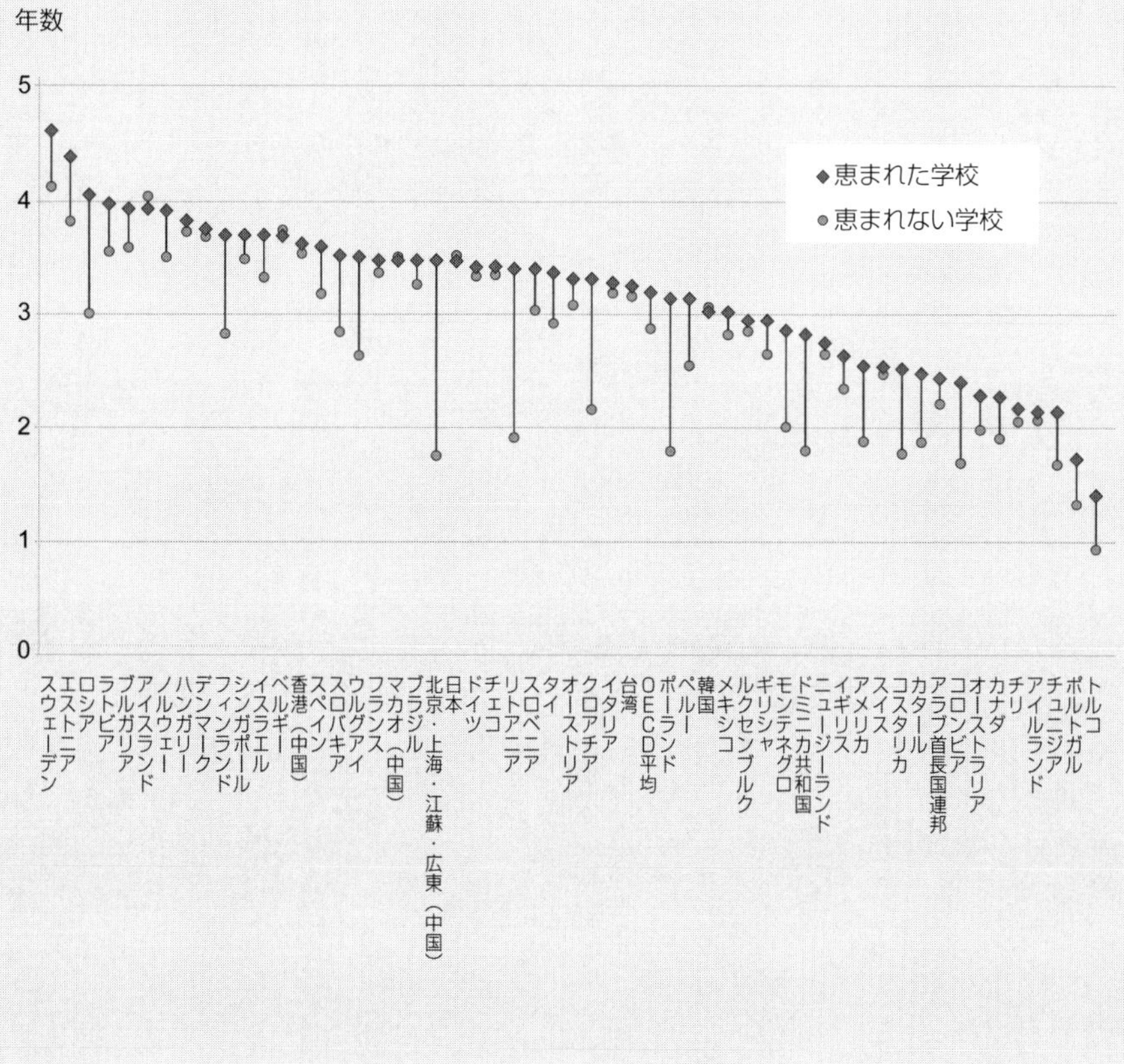

出典：OECD, PISA 2015 Database, Table II.6.51.

チリ、マレーシア、メキシコ、ポルトガルの校長は、学校には恵まれない子どもが大勢いることを認めている。同様に、チェコ、デンマーク、フィンランド、アイスランド、日本、ノルウェー、韓国の校長は、恵まれない子どもがいる学校を担当することがあると理解している。

しかし、恵まれない子どもの実情と、恵まれない子どもへの校長の感じ方は必ずしも一致しない。[9] 2012年のPISAでは、アメリカの校長の65%が自校の生徒の30%以上が恵まれない家庭の子どもであると回答した。これは他のどの国や地域よりも高い割合である。だが、PISAによるとアメリカの恵まれない子どもの割合は、日本と韓国よりもわずかに高い13%にすぎない。ただし、アメリカの校長と異なり日本は6%、韓国は9%の校長しか、学校の恵まれない子どもの割合を回答していなかった。(図4・3)。

言い換えれば、子どもの貧困の発生率はこの三つの国でほぼ同じだが、アメリカでは日本と韓国の6倍以上の数の校長が、生徒の30%以上が恵まれない子どもであると回答した。一方、クロアチア、セルビア、シンガポールでは、生徒の20%以上が恵まれない子どもであったが、恵まれない子どもが相当数いると回答した校長は7%以下にすぎなかった。

アメリカでは恵まれないとみなされる生徒が、別の国では裕福とみなされることがあるかもしれない。しかし、相対的に見て、アメリカの学校が感じる社会経済的な格差のほうが、生徒の実際の家庭環境よりも問題をはるかに大きくさせている。フランスでも同様の不一致がある。

社会経済的な格差は、学習成果に目に見える影響を及ぼす。ただし、目に見えるものであっても不可避ではない。実際、その影響は、教育制度が公平な学習機会を提供する範囲を反映している。フィンランド、アイスランド、ノルウェーの学校では、恵まれない子どもが比較的少ないため、この影響は低いと考えるであろう。学校の公平性は、社会が富と家庭教育を公平に配分している場合に実現されやすい。しかし、さらに印象的な例がPISAの成績上位であるシンガポール等で見られる。これらの国々は、社会経済的な格差は

図 4.3　実際の生徒の恵まれない状況と、校長が認識する恵まれない状況は、著しく異なる場合がある

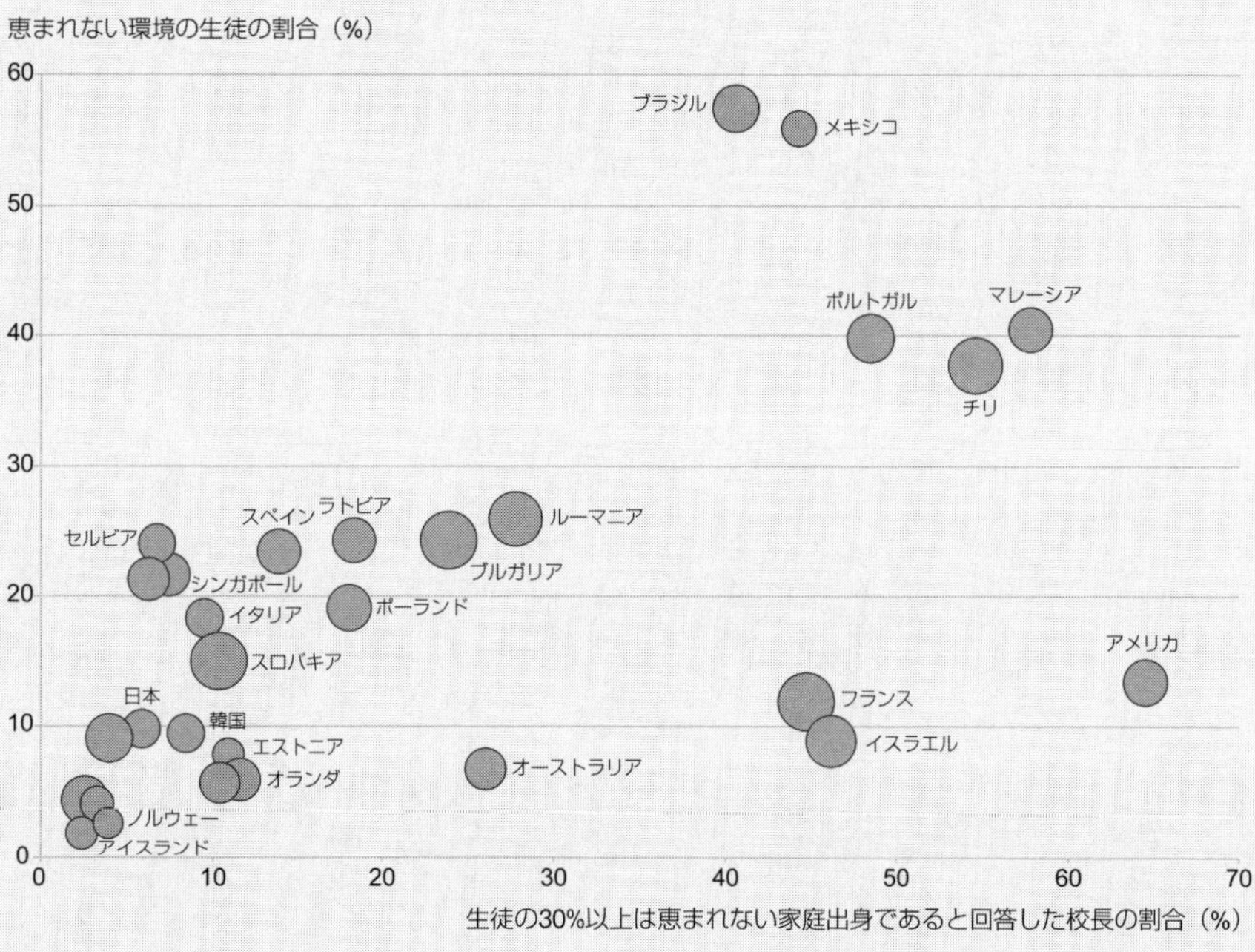

注：図中の円の大きさは、社会経済的背景と生徒の PISA の数学的リテラシーの成績の関係の強さを表す。
出典：http://oecdeducationtoday.blogspot.fr/2014/07/poverty-and-perception-of-poverty-how.html.

あるが、学習成果への影響は比較的穏やかなのである。

これらの国は、一般的な生徒の類まれな才能を育てることと、全ての生徒が素晴らしい教育の恩恵を受けられるようにすることを両立している。対照的に、フランスの学校は恵まれない生徒の割合は比較的低いものの、校長は実際よりも割合が高いと感じている。フランスの生徒の学力は、社会経済的地位と密接に関係しており、チリとスロバキアを除く他のどの国よりも関係が深い。驚くべきことに格差に対する校長の認識は、実際の格差がどうであるかよりも、教育機会の不平等に強く関係しているのである。

これについては別の見方もある。香港、マカオ、ベトナムの社会経済的階層の下位4分の1にいる家庭の子どもたちの60％以上が、2015年のPISAで全世界の子どもたちの上位4分の1に入る成績を上げた。また、エストニア、日本、シンガポールの最も恵まれない子どもたちの約2人に1人も、同じく上位4分の1に入った。対照的に、チリ、ギリシャ、アイスランド、イスラエル、メキシコの最も恵まれない子どもたちは、これよりも少ない5人に1人が上位4分の1の成績を上げた。[10]

これらが意味することとは何であろうか？　社会経済的な格差は全世界の教育者が直面する課題だが、一部の国や地域では格差が実際にどうであるかよりも、格差をどう感じるかのほうが問題をはるかに大きくしている。その感じ方は、生徒の学力に大きな違いを生みだしているようだ。別の国や地域では、実際に起こっている格差は校長が感じる格差よりもはるかに深刻だが、これらの国や地域の学校と社会は格差を克服するために取り組めるだろう。

同様に、多くの国々の学力の低さは、貧しい地域の貧しい子どもたちだけにかかわる問題ではなく、多くの地域の多くの子どもたちに影響を及ぼす問題であることをPISAのデータは示している。つまり、どの国や地域の学校に通うかが、生まれ育った家庭の社会的背景よりも大きな影響を学習成果に与えるのである。

リソースとニーズの適合

クラスの社会的多様性について話し合うと「学校は社会の問題を解決できない」という意見を耳にすることが多い。とはいえ、社会が直面する課題に対処する以外に学校に期待すべきことがあるのか、と常に自問している。非常に困難な状況で働く教員や学校、そして非常に大きなニーズを抱える生徒への支援よりも大切なことがあるだろうか？　以前は他の人たちが対処していた社会問題を是正するために、社会が学校にますます関心を向けていたように思われる。公共政策の役割は、学校がそうした要求に応えられるようにするための支援である。

手始めに、多くの教育制度は、社会のリソースとニーズをもっと上手く合致させられるはずである。物質的なリソースはかなり進歩したが、ほとんどの国や地域では、極めて才能ある教員に最も課題の多いクラスを担当してもらうことは依然として難しい。これは、恵まれない環境の学校で働く教員に、より多くの給料を支払うという単純な話ではない。教員が更なる課題に直面し、さらなる努力が必要だと周囲から認められたとき、教員が専門家としての人生と、個人としての人生の両方を支えてもらっていると思えるような総合的な働きかけが必要なのだ。

限られた時間や乏しいリソースを、より支援を必要とする生徒に優先的に提供することは難しい。クラスの多様性の価値を称賛する人々は、他の保護者の子どもたちのクラスについてよく話をする。一般的には、社会経済的に恵まれた立場にいる保護者に、クラスに社会的多様性があると皆がもっと恵まれた状態になると理解してもらうことは難しい。そうした保護者の子どもたちは、他の恵まれた子どもたちと一緒に学校に通っている。大抵の場合、恵まれない子どもたちのためにロビー活動をする人がおらず、最も大きな課題やリソースが最も大きな影響を及ぼす課題に対して、リソースを配分することが難しいと政策立案者も感じている。

郵便番号を見ただけで、教育水準がわかってしまう国や地域はあまりにも多い。学校に人気がある場合は、学区の住宅価格が高騰し、人口をさらに分断させる。資産、収入、教育水準の低い人たちは、結局は教育や社会的機会にあまり恵まれない地域に住むことになる。その結果、ほとんどの国や地域で社会的不平等に関連する教育成果の格差がいつまでも存在し、多くの才能が埋もれたままなのである。

しかし、公平性は、社会経済的地位や最も恵まれない子どもたちにより多くのリソースを費やす必要性を示すほんの一部にすぎない。同じく重要なことは、様々な個人が異なる方法で学び、異なるニーズを持っていると認識することである。20世紀の闘いは、平等な権利の獲得だった。21世紀の闘いは、個性を持つ権利の獲得である。

生徒自身が選び、決めるということ

2017年、イギリス領ヴァージン諸島のネッカー島にあるリチャード・ブランソン卿の自宅で、彼と一緒に3日間を過ごした。彼は、自分の創造的才能と実業家としての才能を伸ばそうとしない学校に幻滅し、16歳で中退した。学校は彼の識字障害の原因を突き止めようともしなかった。最後の登校日に校長は、「君はいつか刑務所に入るか、億万長者になるかのどちらかだね」と彼に告げたという。最終的にどうなったかは周知のとおりである。リチャード・ブランソン卿は、ロンドンの一軒のレコード店から「ヴァージン・グループ」ブランドを立ち上げ、ヘルスケア、音楽、メディア、宇宙旅行を含む旅行の事業に取り組む一大多国籍企業へと育てあげた、イギリスで最も成功している実業家の一人であり億万長者である。学歴ではなく、その知識とスキルによって世界から評価される人物であると言えるだろう。

他の多くの航空会社が倒産したときにヴァージン・アトランティック航空が成功している理由を彼に尋ね

たところ、「違う方法をとった」との単純明快な答えが返ってきた。他社が効率性を最大化し、その目的に合わせて組織を変革していた当時、彼は従業員を第一に考え、優れた成果を出すために必要なことは何かを従業員に尋ねた。そして、彼は顧客に最高のサービスを提供する環境作りを従業員に一任した。

彼はまた、個性と価値観を大事にする教育ビジョンも具えている。善悪への強い感性、他者の主張に対する感受性、個人や集団にできることの限界を把握することが求められる社会の不平等と分断化を踏まえると、こうした側面は特に重要だと思われる。

リチャード・ブランソン卿だけではない。トーマス・エジソン氏、アルバート・アインシュタイン氏、ビル・ゲイツ氏、スティーブ・ジョブズ氏、マーク・ザッカーバーグ氏のような学校中退者たちは全員、それぞれの分野で根本的な変革を起こしている。しかし、生涯を通して習得した能力ではなく、若い頃の突出した才能や資格を評価しがちな経済業界では、学校の脱落者が第二のリチャード・ブランソン卿になることはまずない。ましてや、教育改革に一石を投じることなど、まずないであろう。

彼と過ごした3日間で、教育の意思決定をおこなうのはいつも、教育システムの中で苦労を重ねてきた人々ではなく、教育システムの恩恵を十分に受けてきた人々であることを認識した。しかし、教育システムの弱点を明らかにし、差し迫った変革の必要性を示せる人物は、大抵の場合、教育システムの中で苦労を重ねてきた人々である。

学校が、学校教育の妥当性とその体系を向上させるために、成功した生徒と脱落した生徒の双方の意見や経験を活かす方法は多数ある。2016年、ポルトガルのティアゴ・ブランダオ・ロドリゲス教育大臣は、教育省初の取り組みとして、生徒が1人入学するたびに1ユーロを学校に贈呈し、生徒自身がそのお金の使い道を決められるようにしたと教えてくれた。最初は、全てのお金が上手に使われることはなかった。ある学校では、生徒全員にアイスクリームを買うと投票で決めたこともあったという。しかし、時が経つにつれて多くの学校の生徒は、この限られた予算額を優に超える学校全体のリソース配分に当事者意識を持ち、学校が本当に生徒の人生と学習に違いをもたらすようにリソースの効果的な活用を心がけるようになった。アメリカの教育ライターのマーク・プレンスキー氏と教育研究者のラッセル・クアグリア氏は、生徒の意見やエージェンシーの影響について広範囲にわたる研究をおこなった。彼らの知見は、教育をより幅広い生徒に適したものにする取り組みに大きな影響を与えている[11・12]。

2 より公平なシステムを作るための政策

最も弱い立場にある生徒や国民をどのように扱うかによって、私たちが社会でどのような存在であるかが明らかになる。公平な教育機会の提供は、技術的に複雑な問題ではない。PISAの調査結果は、一部の国や地域、そして多くの国や地域の学校の最も恵まれない生徒でさえも成績優秀者になれることを示している。しかし、政治と既得権益が絡むことで問題が厄介なものになり、子どもたちの最善の利益が著しく損なわれる可能性がある。

PISAの調査結果は、生徒の学力に影響を及ぼす最も大きな要因の一つが、クラスの社会経済的背景であることを示している。これは、学校やクラスに配分される最重要リソースの一つは生徒自身であることを言外に示している。第二次世界大戦前後の数年間に北欧諸国は社会階級に基づく三分岐型中等学校制度から移行したが、ドイツは移行に踏み切れなかった。その結果、低所得家庭の生徒、特に移民の生徒は、人生でチャンスをつかむのに必要な質の高い教育を受けることが難しくなった。

その後、ドイツの一部の州による三分岐型から二分岐型への制度改革が、近年の公平性の向上につながった。同様に、ポーランドも主に社会階級別に編成されていた中等教育制度を単線型学校制度に再編し、全ての階級の生徒が就学する総合中等学校に置き換えることで、学力の低い生徒の割合を大幅に削減した。

日本の場合、19世紀にドイツ型の学校システムや社会構造を変えると決断したことが、全ての生徒がワールドクラスの学習成果を達成する機会を得られるような学校づくりを可能にした。明治政府の改革は、高い総合的学力と高い学習成果の公正性を結びつける日本の国力に貢献したのだ。

スウェーデンは、要求水準の高いカリキュラムを実践する予算を全学校に確実に配分するために、各学校への予算配分の仕組みを構築している。この仕組みに基づき、北極圏以北の隔離された地域では、生徒一人当たりの教育予算をストックホルムよりも多く受け取っている。これは、地方の学校では物理等の教科を履修する生徒数が都市部の学校よりも少なく、一クラスの人数が少なくなるためである。必修科目である物理は、生徒がどこに住んでいようとも学ぶ権利を有している。同様に、移民の生徒の割合がより高いスウェーデンの学校は、移民の生徒が少ない学校よりも多くの予算を受け取っている。

２０１６年、恵まれない子ども一人ひとりのために学校に追加予算を配分するイギリスの「２０１６年ピューピル・プレミアム・アワード」(2016 Pupil Premium Awards) 選定委員会の議長を務める栄誉にあずかった。ピューピル・プレミアムはイギリス独自のものではなく、スウェーデンが先駆けとなった追加予算配分の仕組みであり、現在多くの国や地域で広く実践されている。[13] ピューピル・プレミアムをきっかけにして、イギリスの一部の学校で次々とアイデアが生まれたプロセスは見事である。イギリスは、ピューピル・プレミアムの用途について学校に大きな裁量を与えており、それに伴う責任に関する要求事項を例示している。学校はピューピル・プレミアムの用途を背景となる根拠と共に説明し、公表しさえすれば、そのリソースを活用できる。これにより学校は教育システムを強化できるが、恵まれない子どもを支援するための広範なソーシャルサービスを学校環境に取り入れることもできる。

他の国や地域では、学校への同様のリソース配分ははるかに規範的であり、規制されている。このようなイノベーティブなソリューションに当事者意識を創出することは、エンパワーメントの重要な要素である。イギリスの学校の選択肢の多様性に興味をひかれ、これほど創造力に富んだ政府があっただろうかと思いをめぐらせた。多くの学校が、テストや学習成果以上に生徒のウェルビーイングを重視するようになった。一部の学校は保護者のために現在の教育方法を理解するためのワークショップを実施したり、保護者が学校で自身の仕事をプレゼンするように依頼している。予想どおり2015年のPISAにおいて、イギリスは西欧諸国の中で数少ない、物質的なリソースが不足する恵まれない環境の学校が減少した国となった。言い換えると、イギリスは物質的なリソースと社会経済的ニーズとの整合性を図ることができたのだ[14]（図4・4）。

しかし、大きな社会経済的課題に直面している学校に多くのリソースを配分できないまでも、国や地域が平等のために努力をしたとしても、リソースの質と社会経済的課題との整合性を図ることに成功している国や地域はそれほど多くない（図4・4）。言い換えると、より多くのニーズを抱える学校がより多くのリソースを受け取ることは多いものの、最も役に立つであろう質の高いリソースを受け取れるとは限らないのだ。だが、一部の国や地域は改革を始めている。シンガポールでは、同国の高い教育目標の達成に苦労する生徒のために、極めて優秀な教員を配置している。日本では、全ての生徒が同等の能力を持つ教員から学べるように、自治体は教育基盤が弱い学校へと優れた教員を転勤させている。

ときに、象徴的な行動が大きな変革をもたらすことがある。2006年にコロンビアのセシリア・マリア・ベレス教育大臣が、首都ボゴタの最貧地区の一部を汚染していた旧ゴミ処理場を案内してくれた。閉鎖された施設は、ベレス教育大臣によってエル・ティンタル（El Tintal）と呼ばれる学校兼図書館へと生まれ変わっていた。そこは教員やコーチやソーシャルワーカーの支援を受けながら、読書や勉強に励む生徒や保護者であふれていた。かつて汚染と病原の源であった場所の転換が、新しいコロンビアの象徴となったのである。革命と紛争が絶えなかったこの国で、富裕層の特権であった教育がようやく公共財になりつつある。

上海は、ＰＩＳＡで好成績を収めながら、市内の学校全体の学力差を縮小した。これは偶然ではなく、低学力の学校を高学力の学校へと転換する断固たる努力によって達成されたものである。マーク・タッカー氏が述べるとおり[15]、こうした努力には、全ての学校の運営基盤を同等レベルにまで底上げし、恵まれない子どもが通う学校に予算を配分するシステムを確立し、優れた教員が恵まれない環境の学校で教えたいと思えるようなキャリア構造を確立したことが含まれる。また、学力の高い学区と学力の低い学区の担当局が互いの能力開発計画について意見交換をおこない、専門家としての教員の能力を開発する機関がカリキュラム、教材、指導事例を共有できるようにしたことも同様である。政府は、「強い」公立学校の副校長らの経験豊富なリーダーを「弱い」公立学校の校長に任命したり、経験豊富な教員チームを派遣してリーダーシップを発揮させるなど、学力の高い公立校が学力の低い公立校を支援するように働きかけている。根底にある期待は、学力の高い学校の文化、マネジメント、指導方法を学力の低い学校へと伝播することだ。

もし他の教育制度が同様の取り組みをしないとすれば、時代遅れの規制や創造力の欠如によるものである。実際、他にも同様の取り組みはおこなわれている。ブラジルのセアラー州を訪れたとき、州で最も学力の高い学校は、専門性の高い教員や専門家を雇えるだけの追加予算を得ていた。しかし、その学校は追加予算を自校のために使っていなかった。それどころか、極めて苦戦している学校に予算を提供するよう求められていた。そうすることで、全員が恩恵を受けた。学力の高い学校はさらなる名声と生徒数を獲得し、学力の低い学校は学力の高い学校の専門知識を獲得したのである。その知識は、追加予算よりも価値あるものだったかもしれない。

この例をアメリカの多くの州の学校財務制度と比較してみる。アメリカの学校財務制度は長い間、富裕層どうしで学校税のある学区を作り、全員が低税率の税金を払いつつ相当額の税収入を得られる温床と化して

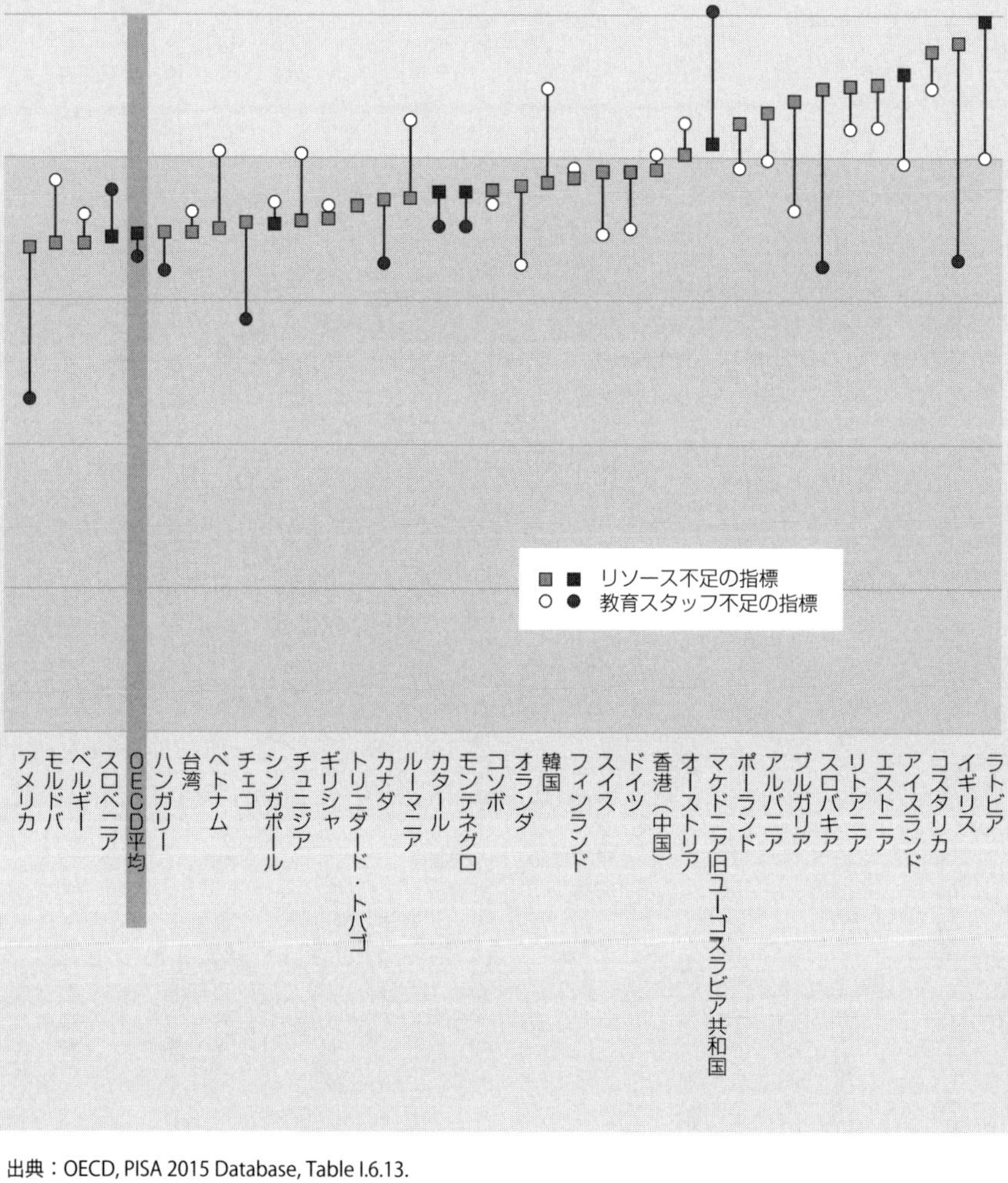

出典：OECD, PISA 2015 Database, Table I.6.13.
StatLink：http://dx.doi.org/10.1787/888933432823

図 4.4　恵まれない学校は、恵まれた学校よりもリソース配分が少ない

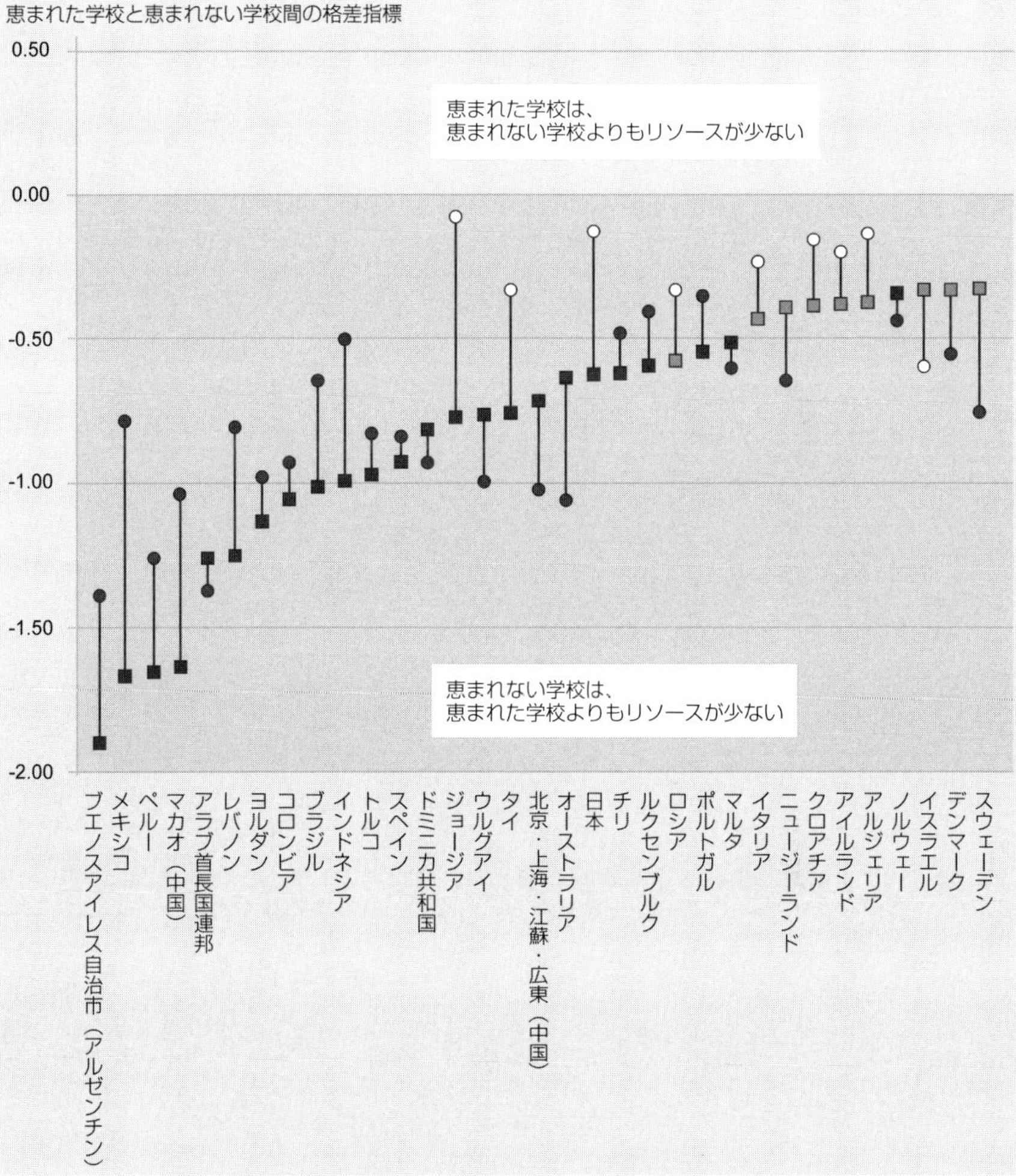

注：リソース不足の指標は、物理的な設備を含む教材不足または不十分であることによって、学校の教育力が損なわれるかについて４つの意見を述べた校長の意見をまとめたものである。教育スタッフ不足の指標は、教育スタッフ不足または不十分であることへの校長の意見を同様にまとめたものである。マイナスの差がある場合は、恵まれない学校の校長は、恵まれた学校の校長よりも、学校のリソースの量や質によって、教育力に深刻な影響があると認識していることを示す。プラスの差がある場合は、社会経済的により恵まれた学校の校長は、リソースが不十分と認識する傾向が高いことを意味する。

いた。富裕層は州で最も優秀な教員を雇用し、自分の子どもたちを他の裕福な家庭と交流させ、圧倒的な教育の優位性を生みだしてきた。一方で貧しい家庭は、富裕層が暮らす地域の住宅を購入する余裕がなかったため、高い税率を払ってもほとんど収入を得られなかった。１９８０年代から１９９０年代にかけての訴訟で学校財務の公平性が多少確保されたとはいえ、恵まれない学区の学校では、恵まれた学区の学校と比べるとはるかに人材が不足しているとＰＩＳＡの調査結果は示している。[16]

さらに、地方債をインフラ投資に充てられるかどうかは地域の力量次第であり、それが相当な資金格差につながっている。リソースが最も多く配分されている学区は、国内最高峰のエリート大学で担当教科を専攻した教員は言うまでもなく、最新の科学実験室、高度な設備、豪華な視聴覚室、オリンピック競技施設のようなスイミングプール、コンピュータグラフィックス・ラボを備えた校舎を有している。一方で、貧しい子どもたちが通う学校にあてがわれるのは、大抵の場合、古くて老朽化した校舎である。それ以外の学校の設備の質は多種多様であり、様々な社会経済的セグメントを反映している。

ドイツでは社会階級ごとに分かれた中等学校を設けることで間接的に起こったことが、アメリカでは地域が学校財務を管理する制度によって直接的に起こった。その制度がもたらした結果は、他の国や地域が社会経済的セグメントごとに分かれた学校を設置したときとまさに同じである。すなわち、富裕層の学校、中間階級の学校、労働者階級の学校、貧困層の学校を作り出したのである。異なる点は、他の先進国が中等教育でのみ分岐するのに対して、アメリカでは社会的分断が小学校や高校でも明らかに存在することである。この厳しい状況にもかかわらず、アメリカが教育機会の公平性を少なくともＯＥＣＤの平均レベルにまで引き上げることに成功した点は注目すべきである。

カナダにもアメリカと同じような学校財務制度があったが、資金に関する意思決定を州当局にほぼ委任している。現在は、生徒数に基づいて州が各学区に助成金を提供している。特別支援教育等の特定のニーズに対応したり、遠く離れた学区の交通手段等の課題に対応するための助成金もある。貧しい学区に公平な支援をおこなうために地域内で資金を確保する、地域のための「平等化に向けた資金」（equalisation funding）もある。

当然ながら、経済発展の早期段階では、高等教育を受けた人々の需要は限られている。こうした人たちの能力開発のためのリソースも同様に限られている。このニーズに対応する方法の一つとして、教育や保護者の収入をもとに社会全体で最も恵まれた子どもたちに予算を配分することがある。社会階級ごとに学校を分岐化したり、ごく限られた子どもたちにリソースを集中することは、産業化の初期段階にある国や地域で教育を提供するためには効果的であった。しかし、高等教育を受けた人々が増加し、グローバルな高所得の経済圏から求められるとすれば、社会的に不公平であるばかりか、この方法で教育制度を体系化することは実に非効率的でもある。

フランスの舞踏会からの招待

社会的格差が相当みられる教育制度においてさえ、不平等との闘いで成果をあげている草の根レベルの取り組みが数多く存在する。

ＯＥＣＤデータによると、フランスは、貧しい家庭の生徒と裕福な家庭の生徒の学習成果で最も大きな格差がみられる国の一つである。実際、フランスは、ＰＩＳＡにおいて公平性が後退した国とされている。機会の格差は広がり続けているのだ。

だが、２０１５年にリヨンで観たショー「メゾン・ド・ラ・ダンス」（Maison de la Danse）に希望をみいだした。出演者は全員、リヨンの最貧地区出身のアマチュアだったのだ。４歳から92歳までの俳優の中には劇場に一度も足を踏み入れたことがない者がおり、クラシック音楽のコンサートに参加したことがある者はさらに少なかっただろう。にもかかわらず、全員がモーツァルトの音楽に合わせて踊っていた。

リヨンのこの地区の教育活動や文化的活動への参加率の低さを考慮して、主催者は100名集まればとの期待のもと、200名のボランティアのパフォーマーを募集した。プロジェクトから誰一人として脱落することもなければ、プロジェクトの報せがリヨンの街中に行き渡るやいなや、100名の追加募集も自然に埋まった。若いパフォーマーの中には学校で合格点を取ったこともなければ、教員から励ましの言葉をかけてもらったことがない者もいただろう。しかし、その晩は彼ら全員が1000人を優に超える観客から盛大な拍手喝采を受けていた。

この取り組みの素晴らしい点は、世界中の教育にヒントを与える可能性を秘めたシンプルな方法である。彼らは人々を分け隔てる、植え付けられたアイデンティティやアイデアを超越するために、芸術的表現を用いた。人々に大きな感動を与えるプロとアマチュアが団結し、潜在的なスキルがあるかもしれないのに自信がない人が参加できることを証明した。このプロジェクトでは、厳しい練習が求められ、関係者全員に高度な基準が設定された。振付師は自分たちのアイデアだけを押し付けることなく、参加者が独自の創造的な表現を見つけた場合には、それを発展させるように支援した。さらに振付師とダンサーは、全ての細部が完璧に仕上がるまで1年間も一緒に練習した。にもかかわらず、このプロジェクトの予算は、その成果や影響に見合わないほどに少なかった。

このプロジェクトにかかわったダンサー、振付師、ソーシャルワーカー、教員、学校管理職の数名と話して最も印象的だったのは、プロジェクトが広範なコミュニティに影響を与えていることである。会話を交わした参加者全員が、練習がいかに彼らを成長させたかを話してくれた。最も頻繁に耳にした言葉は、我慢、アイデンティティ、尊敬、公平性、社会的責任、誠実さ、自己認識であった。これらはまさに、学校システムが子どもたちに育もうとしているものである。

この社会的実験に娘を送り込むことに躊躇していた父親は、自分の娘がプロジェクトによってどれほど成長したかを説明してくれた。他の保護者は、子どもたちがアートの練習に時間を費やすことで学校の宿題がおろそかになるのではないかと心配していたが、この1年で学校の成績が良くなったと話してくれた。そして、小学校の教員は、教員以外のプロたちと連携してクラスがどれほどやる気になったか、また自分の指導の質がどれほど向上したかを説明してくれた。

パリに戻る途中、特急列車と共に世界と全ての問題が通り過ぎていくなか、フランスの教育制度は山積みの問題にどう対応するのか、あのような革新的な経験をどう受け入れるのかについて思いをめぐらした。当然ながら、ある程度の基本的な知識とスキルが人生の成功に不可欠であることに変わりはないが、それだけでは十分ではない。これからの未来で、子どもたちが自主性を養い、生きる力を身につけ、多様性に富む異文化のなかで働けるように支援し、様々なアイデア、考え方、価値を尊重する力量をフランスの学校が備えているかどうかが問われる。

ニュージーランドの多様性とパートナーシップの素晴らしさ

2013年、世界の反対側でマオリ語による教育を提供するニュージーランド初の地域学校「ホアニ・ワイティティ・クラ」(Te Kura Kaupapa Māori o Hoani Waititi)の猛々しい戦士の一団による歓迎を受けた。彼らはゆっくりと近づいてきて、闘うか和平を結ぶかのどちらかを選ぶよう言った。選択後、学校の敷地内に設けられたこうした象徴的な出会いのための特別な集会場「マラエ」(marae)で伝統的なマオリ式歓迎会「ポフィリ」(Pōwhiri)による温かな歓迎を受けた。マオリ文化では、他者を歓迎することは、人々が尊敬の念を示し、これから起こることを方向づける重要な機会なのだ。

この1時間におよぶ歓迎会では、語り手たちは詩的なイメージを語り、学校の生徒全員が素晴らしい歌を披露してくれた。その後、マオリ語学学校協会の前リーダーであるラウィリ・ライト校長から、ニュージーランドの学校教育基準において、またOECDとも比較して、こうした芸術的スキルとソーシャルスキルがどれほど重視されていると思うかと聞かれた。彼はまた、彼の学校の生徒が、はるかに恵まれた子どもが通う学校の学力を上回っていることを示す学業成績の最新結果について誇らしげに話してくれた。これらの結果によって彼は、私たちが重視する学業成績は彼の学校が提供するマオリ語による総合教育の副産物にすぎない、という彼の考えの正しさが証明されたと思っている。

ライト校長は、彼の学校も社会問題や経営上の問題を幾つか抱えていることをすぐに認めた。しかし、マオリの人々によるマオリの子どもたちのための学校は、他校の少数民族と同様に成績が悪いことが多い子どもたちに、現代社会の人間として生きる力を身につけながら、彼らの伝統文化を率先して守る人間になるための実効性のある教育を提供できることを実証した。ライト校長は、マオリの子どもたちに必要な自信と自尊心を築くための礎として、子どもたちが彼らの文化遺産を理解するための支援を心がけている。

子どもたちに先祖700人の名前を覚えさせると聞くと、冗談だと思うかもしれない。しかし、これはたった一人で急速に変化する世界の課題に立ち向かっているわけではないと、子どもたちに安心感を与えることにもなる。マオリ語による教育に関する重要な教育課題を担当するピタ・シャープルズ教育副大臣は、いかにして逆境を乗り越えながら学校を設立したかをコミュニティに対する強い責任感と共に語ってくれた。その話には心を打たれた。これはマオリの言語と文化を教えることが法律で禁じられてから1世紀以上も後の話なのである。

方法は大きく異なるものの、コミュニティのかかわりとパートナーシップは、ニュージーランドの別の都市オークランドにあるシルビアパーク・スクールの基本理念でもある。私たちの大半は、学校の規則に従って、学校の都合に合わせて保護者会に出席を求められることが何を意味するかを知っている。また、こうした保護者会に出席しそうな人、しない人やできない人が誰であるかもわかっている。シルビアパーク・スクールのムツカロア・ホームスクール・ラーニング・パートナーシップ（Mutukaroa Home School Learning Partnership）はこの状況を一新した。

教員兼カウンセラーのアリーナは熱意にあふれていた。彼女は一人ひとりの保護者の自宅や職場を訪ねて生徒の成績を一緒に見直し、生徒の能力開発のために保護者が果たすべき責任についてどのように助言をしたかを話してくれた。シルビアパーク・プロジェクトは、国の平均をはるかに下回っていた新入生の学力をわずか2年で平均以上に押し上げたことが教育省の評価によって判明した。教育省は、このプロジェクトの要諦を他校でも効果があるように再構築し、普及させていく方法をすでに検討していた。

同じくオークランドにある別の学校ニュートン・セントラル・スクールでは、関係性を大切にするホアナ・ピアソン校長に面会した。彼女にとって、コンサルティングや対話や協力を通じてできないこと、関係者と親しくなれないこと、解決できない問題は一切見られなかった。彼女の温かい抱擁からは誰も逃れられなかった。豪華な装飾を施した教室を次から次へと歩きながら、彼女は生徒一人ひとりの名前を呼んで挨拶を交わし、敷地内のすみずみまで、美しく保つためにゴミを拾っていた。ニュートン・セントラル・スクールは、二つの文化の共存への深い献身と、19世紀にマオリ族首長とイギリスが締結したワイタンギ条約の原則を反映した教育を提供している。

ニュートン・セントラル・スクールでは、社会経済的背景と文化が学習を妨げることはなかった。この学校は生徒の多様性を十分に活かしていたのだ。ピアソン校長は、教員に協調性と創造性を持つように働きかけた。指導の弱点を特定するために、教員一人ひとりと取り組みを進めたのだ。もっとも、これは教員に自分たちの行動を自覚させるだけでなく、彼らの根底にある考え方を変えることが目的であった。彼女は、高い期待を示し、目的を共有していることを忘れずに力を合わせれば、全ての生徒に変化をもたらすことができると全員が信じられるよう、教員たちのやる気を引きだした。

ピアソン校長はこれを実現してみせたのだ。自由で起業家精神に富んだニュージーランドの学校システムのおかげで実現したのだ。ニュートン・セントラル・スクールは、学校の自主性がいかにして最大限発揮されるかを示す例であり、ニュージーランドの多くの学校がＰＩＳＡの成績上位に名を連ねる理由を説明している。

ニュージーランドの課題は、生徒全員をそのレベルに引き上げること、優れた実践をニュージーランド全域に普及させて高い学力を実現することである。何人かの校長から、優秀な教員を集めて能力を開発して学校で働き続けてもらうこと、リソースの戦略的な管理、他校との連携等の彼らが直面している困難について話を聞いた。ニュージーランドの恵まれた環境の学校では、学校の理事からの強い支援がある。優秀な校長を選び、学校の自主的な運営に不可欠な弁護士、会計士、管理者の専門的な能力を活用しているのだ。しかし、恵まれない地域の学校は理事を見つけるのに苦労している。たとえ見つかったとしても、必要なガバナンスや監査機能、リソースを提供できない可能性が高い。また、成果をあげられない校長に異議を唱えられる可能性はさらに高い。

ニュージーランドの学校システムが、こうした状況に政策面で対処する必要はない。専門家の自主性と協調的な文化が密接に連携すれば、学校システムの中に組み込まれた知識によって改善できるからだ。教員は自主性を持つ必要があるが、孤立してはならない。教員は多種多様な専門家で構成されるチームの一員として働き、医師やソーシャルワーカー等の専門家の支援を受けられる。ニュージーランドには、全ての教員が学習指導要領や教育実習に加えられた変更を理解できるように支援する優秀な教員が必要である。また、学校が効果的な戦略を策定し実行できるようにする優秀な校長も必要である。

ニュージーランドで初めて一貫した学習指導要領の導入に成功した政府は、学校と教員に対し、これらのカリキュラムを実践し、生徒一人ひとりの学習状況をモニタリングするために必要なツールを提供している。しかし、学校システムのあらゆるレベルにまで戦略的思考と計画が行き渡り、全ての学校で学習指導要領が何を意味するのかを議論できるようになり、かつ教職員レベルで学習指導要領を効果的に実践できるような意思決定をおこなえるようになるまで、長い道のりは続く。

一方、ニュージーランドの教員組合は、外部への説明責任を課す文化、さらに創造性と専門性を兼ね備えた教員と学校管理職を排斥する工場型組織が作りだされることに懸念を示し、規準と公的透明性について論争した。評価ツールの性質と、専門家の判断に大きく依存することを考えると、こうした懸念は幾分見当違いのように思われるが、説明が不十分であった。自主性を尊重しつつ、学校を国の教育制度の一部としてとらえ、ピアラーニング用のツールとして、また学校管理職や教員の日々の教育実践を継続的に改善するためのツールとして国の規準を受け入れる、ホアナ・ピアソン氏のような校長があまりにも少なすぎるのである。

保護者を巻き込む

多様性の受け入れを促進する政策は、学校の壁を超えて検討する必要がある。この中心には、保護者やコミュニティとの協力を促す環境づくりがある。保護者と教員が信頼関係を構築すれば、学校にとって保護者は生徒の認知的かつ社会情動的な能力を育むための重要なパートナーになる。実際、校長が保護者からの高い学習目標や成績向上へのプレッシャーを感じるのは、学力の低い生徒が少数であることと関係するとPISAは示している。[17]

中国四川省の成都市郊外の田舎町の教員に、ほとんど教育を受けていない保護者に子どもたちの教育に伴走してもらうために何をしたのかを尋ねた。彼女は、学校の他の教員と同様、父兄に週2回電話し、子どもたちの学習の進み具合を話し合ったと答えた。彼女はクラスの出来事だけでなく、保護者のかかわり方等の一般的な内容についても話をした。彼女が抱えるその他多くの責任に加えて、どれほど苦労して保護者とかかわったのかを尋ねると驚いた様子を見せ、それを負担と思ったことはまったくないと言った。彼女は、保護者の協力と支援がなければ教員の仕事をこなせないと感じていたのだ。とりわけ、彼女の週当たりの授業時間を15時間に制限する学校システムが、彼女の取り組みを支えていた。

3　学校選択と公平性の両立

多くの国や地域は、学校システムの質、公平性、一貫性を確保する必要性と、保護者が求める学校選択の柔軟性や機会の両立に悪戦苦闘している。

学校の自律性の向上は、高い成果をあげる教育システムの共通点のように思われるが、それらの教育システムが自律性を規定する方法は多様である。例えば、学校の自律性と学校選択を連動させたり、学校選択と公平性のバランスをはかる方法がある。イギリスと上海はどちらも教育市場のメカニズムを強化しているが、イギリスの公共政策は保護者の選択肢を広げて学校教育を向上させることを目指しており、主に市場の需要側で実施されている。一方、上海の公共政策は最も恵まれない地域の学校に最も優れた教育リソースを供給し、供給側の条件を公平にすることを重視している。フィンランドと香港はどちらも地域の自律性を重視しているが、フィンランドでは堅固な公立学校システムの中で自律性が実現されている一方で、香港のほとんどの学校は独立した学校理事会によって自由度が高く運営されている。

一部の国や地域では、学校選択と公平性に関する仕組みが同時に強化されている。例えば、イギリスでは教育省が資金を直接供与する地域当局管理外のアカデミー[18]の数が増えている。同時に、イギリスは全ての子どもたちの社会経済的構成に基づいて学校に追加のリソースを提供するピューピル・プレミアム（前述）を確立している。[19] 一部の国や地域でも、一定の公的資金を受給する政府助成の学校または独立した学校として、私立学校を公立学校の教育制度に統合している。

学校選択制の賛成派は、法的規制、経済的障壁、地理的障壁を問わず、教育の質、教育方法、宗教、授業料、学区等の理由で保護者が自分の気に入った学校に子どもを入学させる権利を擁護している。その根底にあるのは、子どもたちの多様なニーズや興味を踏まえて学校システムの選択肢の幅を広げることで、学校選びに失敗したり、学校が合わないことで生じるコストが軽減され、社会的な価値が高まるとの考えである。より多くの選択肢を提供することで競争が刺激されることになる。また、選択肢を増やすことで、学校が新たな教育方法を取り入れたり、効率性を高めたり、学習の質を向上させたいと思うようになるはずである。賛成派は、現代社会でますます広がりつつある社会的多様性や文化的多様性によって、従来型の教育ではない教育を提供する運営主体や営利企業による学校運営等、教育環境にはさらなる多様化が求められていると主張する。

学校選択制の反対派は、選択肢を増やすと、恵まれた家庭環境の子どもたちは大抵の場合、公立の学校システムを選ばないため、学校システムの社会的文化的な分断をさらに広げると主張する。また、反対派は資源配分の考え方として、合理的な価格に基づいた経済競争の理論モデルを過剰に信頼することも懸念している。

マクロレベルでは、そうした分断は社会・文化・民族背景の異なる子どもたちと学んだり、遊んだり、交流したりする機会を子どもたちから奪いかねない。その結果、社会的つながりが脅かされる。反対派にしてみれば、バウチャーやバウチャーのような仕組みで個人事業者や、しばしば営利企業に公的資金が使われるため、多くの恵まれない子どもたちが通うであろう公立学校から教育の質の維持に必要なリソースが奪われることになる。

その根拠をさらに吟味すると、このような主張はあまり明確ではないことがわかる。香港の例を考えてみてほしい。香港では、事実上あらゆる分野の公的サービスで市場主導型アプローチを採用しているが、教育機会の配分において、生徒の学力の高さと社会的公平性の高さの両立に成功している。

香港の教育改革

かつて香港の学校教育は、慈善団体の寄付金でほとんど全ての資金を得ていた。1960年代になってようやく経済力が高まり、政府は教育への助成を開始した。しかし、大多数の学校は慈善団体によって運営されていたため、政府はほとんど直接学校に介入しなかった。一方、保護者は、学校選択や地域運営を通じて、学校への強力な影響力を持っており、学校運営協議会、PTA、ホームスクール協力協議会の役員職に就く。2012年に香港を訪問した際、当時のチェリー・ツェ教育局常任局長は、保護者は現場の動向に対して教育局よりも大きな影響力を持つと話してくれた。この街の活気あふれるサイバーコミュニティが、質の高い教育を維持するように学校にさらなる圧力をかけている。

ほとんどの大手新聞は、政策論争や学校紛争について報じている。当時訪問した香港のエリート校の一つである英華女学校のルース・リー校長は、校長と教員はバランスのとれた生徒の育成と、保護者が生徒の大学進学のその先を見据えるための支援に重点を置きながら、管理責任、顧客に対する責任、専門家としての責任の間でバランスを図るために毎日懸命に取り組んでいると説明してくれた。

しかしそれは、教育が政府の優先事項ではないことを意味しない。逆に、香港はOECD加盟国よりも多くの公的予算（23%）を教育に支出している。さらに印象的だったことは、教育に関心を持つのが教育局だけではないということである。実質上その他全ての政府機関でも、教育は議題の上位に取り上げられている。例えば、当時の香港の中央警察署のロビン・イップ副所長は、指導人材の育成と投入が省庁を超えた優先事項としていかに重視されているかを説明してくれた。彼の署は、香港が金融、貿易運輸、人材育成（教育を含む）等の産業分野において、また中国本土との経済協力を深めるうえで、いかにして競争力を維持するかを助言している。

廉政公署（汚職に対抗する独立委員会）のホー・ワイ・チー副署長とそのチームは、委員会の目的を汚職との闘いから汚職の防止に変更し、法とそれを遵守する機関を信頼する土壌を築くことを目的として、署員のほぼ5分の1を管轄区域全体の教育とコミュニティ・リレーションズ担当に配属したと説明してくれた。これには法に対する信頼を築き、倫理的ジレンマに対処し、署員のイメージを「刑務所に入れる人」から「社会を維持する人」へと変えていく、中等学校の学習指導要領への取り組みが含まれる。

２０１２年は香港の教育制度にとって特に重要な年であった。新しい統合型教育制度の世代が初めて卒業を迎えたからである。過去数年間にわたる学習者を中心にした改革は、教育機会の大幅な拡大、教育重視から学習重視、暗記中心型の学習から学習スキル開発、経済的ニーズ重視から個人のニーズへの対応という転換を伴うものであった。

カリキュラムが広範かつ柔軟になるほど、知的側面、社会的側面、道徳的側面、美的側面のバランスが図られることになり、キャリアにかかわる能力、思考スキル、対人スキルを含む仕事に重要なスキルや、多文化世界で成功するための価値観や心構えの育成が重視される。また、この改革には学校を支援する予算にさらなる柔軟性を持たせることも含まれていた。

ＰＩＳＡの結果は、香港が正しい道を進んでいることを示唆している。その結果は、高い学力と生徒のより高度なスキルと学習者としての自信の著しい向上を示している。

しかし、香港の教育界が深刻な緊張関係にあることも確かである。長期的な理想と短期的に必要なこと、グローバルとローカル、学習指導要領が示す目標、個人の目標や社会経済的な目標、競争と協力、特別な教育と包括的な教育、知識の伝達と創出、新しいイノベーティブな学習指導要領への期待と強力な家庭教師産業が推進する受験に特化した教育、均一性と多様性、選択のためのテストと能力開発のためのテスト。これらの間に緊張関係がある。

また、教育制度は現在、政治経済から大きな影響を受けるようになっている。政策はもはや官僚が決めるものではなく、再選を視野に入れた政治家が決めるものである。教員や学校管理職が選挙区の大部分を占めており、質の高い入試と評価体制の維持は大変難しい課題である。

また、ベルギーのフランドル地方とオランダも、選択制の成功例である。[20]

ベルギーのフランドル地方の学校選択

ベルギーのフランドル地方における、2015年のPISAの科学的リテラシー、読解力、数学的リテラシーの成績は非常に優秀であった。12%の生徒が科学的リテラシーで最も優秀な成績を収める一方、中学校の75%、小学校の62%の生徒は公立学校に通っておらず、ほとんどの私立学校は政府助成であると考えられる。それらの学校は、地域の学力到達目標の達成を目指しており、国による質保証監査の対象である。公的制度から独立した私立学校はほぼなく、営利目的の私立学校はほとんど存在しない。

フランドル地方には、「教育の自由」という憲法の原則、すなわちフランドル政府の規則を満たすかぎり、誰でも学校を設立し、その教育方針を決定する権利がある。学校は、入学試験、成績、宗教的背景、性別によって生徒を選ぶことはできない。保護者は入学する学校を選ぶことができ、生徒一人ひとりを基準として学校に割り当てられた資金を利用して、自宅から合理的な距離の学校に通学することが保証されている。しかし、その法的能力は十分ではないため、保護者の学校選択は常に保証されるものではなく、実際には制限される場合がある。

公的に運営される学校は、イデオロギー的に中立でなければならない。学校当局は、宗教的および特定宗教と無関係でなければならないが、これは助成を受けている私立学校には当てはまらない。このような学校の大部分は、特定の宗教に基づいて運営されており、主にカトリック系だが、特別な教育方法を使用するヴァルドルフ学校等も含まれる。

フランドル地方は、広範囲にカトリック学校やその他の私立学校に依存しているが、学校が生徒を選ぶことは法律で禁じられている。学校には宗教的背景に関係なく、全ての生徒を受け入れる義務がある。幼稚園、小学校、中学校教育では、授業料を課さず、小学校と中学校が料金を徴収する場合には、厳しい制限がある。

フランドル地方は、ＯＥＣＤ加盟国で最も地方分権化された教育システムの一つである。公立学校と私立学校のどちらも自律的に運営されている。教員の採用、資金の配分、教職員以外の費用の決定も全て学校が管轄し、公的に規定された最小限の学習到達目標の範囲内であればコース内容を決定することもできる。学校は、様々な教育方法を採用できるため、中規模都市内の学校間では相対的に競争が多くなる。しかし、ＰＩＳＡの成績における学校間の差異は、ＯＥＣＤ加盟国でも最大である。

近年、都市部の学校間での社会経済的多様性への悪影響を緩和するために、学校選択はますます制限されている。入学における平等な機会を確保するための取り組みは、２００３年に始まり数年後に調整された。その教訓を活かし、２０１１年の法令では、学校周辺の社会経済的構成に比例して、恵まれない子どもと恵まれた子どもの双方に対して、定員を超える学校選択枠を確保した。この方針は、いわゆる「地域交渉プラットフォーム」として実現し、利害関係者が学校選択の制限に同意するのに役立っている。

ベルギーのフランドル地方は、学校間の競争を通じて、保護者に真の選択肢を提供する様々な教育方法、教育の質に対する強い意欲等、学校選択性のメリットを享受している。一方、学校間で相対的に社会経済的格差が大きいことや、家庭環境と学習成果の強い関連性等、学校選択のデメリットに苦しんでいる面もある。しかし、教育システム全体を見ると、全ての学校に運営と説明責任の仕組みを導入することで、不平等や社会的差別を制限することに概ね成功している。学習到達目標は、国のカリキュラムとは別に、各校の教育の質の維持の指針となっている。監査団は定期的に学校評価をおこない、学校の実績を監督している。政府による統一学力テストはおこなわれていないが、特定の教科におけるシステムレベルや学校レベルでの教育評価によって教育の質を管理している。国の説明責任や監査という点では、公立学校と私立学校は同じように扱われている。

オランダの学校間および学校内部の多様性

ベルギーのフランドル地方と同様、オランダには、15歳の生徒の3人に2人が公的に資金を受けた私立学校に通えるという優れた学校制度がある。これは非常に多様性に富んだ制度であり、学校間で教育方法、宗派、社会経済的側面に大きな違いがある。しかし、2015年のPISAの科学的リテラシーの成績における学校間のばらつきは、OECDの国や地域の中でも最大といえるほど大きかった（成績差異の65％以上は、学校間の差異による成績差であったと説明することができる）。

オランダの学校制度は、極めて地方分権化している。学校の自律性は「教育の自由」という方針に基づいており、1917年以来オランダ憲法で保証されている。これにより誰でも学校を設立し、教育方法を定め、その教育の基になる教育的、宗教的、イデオロギー的な方針を決定できる。原則として、保護者は子どもの学校を選ぶことができる（ただし、小学校を修了する際に教育の専門家による指導によって若干の制限がある）。一方、地方自治体は、学校構成や生徒負担金の不均衡を緩和するために、入学をある程度制限し、学校内の社会的多様性を広げることを支持している。

２０１１年には、小学校の生徒の３人に１人は公立学校、３人に１人はカトリック系学校、４人に１人はプロテスタント系学校、残りは他の政府助成の私立学校に入学した。公立学校は、誰でも入学できるが、政府助成の私立学校は、保護者が学校の特徴や方針に賛同しなければ生徒を受け入れない場合がある。

オランダの学校制度の際立った特徴は、教育委員会である。教育委員会は、学校よりも非常に大きな力を持っている。教育委員会は、学校内の法律や規制の執行を監督し、教員や職員を採用する。過去には公立学校の大部分を地方自治体が運営していたが、独立した教育委員会が運営する学校も増えてきた。教育委員会を構成する学校理事は、ボランティア（謝金ありの一般市民）や専門家（給与あり）の場合がある。

教育委員会の役割は、オランダでは議論の的となっている。最新のＯＥＣＤレビュー[21]は、教育委員会と学校管理職間の透明性の改善と意思決定権限のバランスを改善し、教育委員会のガバナンスと説明責任を強化するようにオランダ政府に提案している。

１９８０年代以来、政府は学校の責任範囲を増やしてきた。私立財団は、地方自治体が運営する学校に対して責任を負い（学校そのものは公立だが）、一括資金手当てが導入され、教育委員会は支出を決定する裁量を与えられてきた。一方、国の学習到達目標の設定や学力調査によって中央集権化への揺り戻しが起こっている。教育委員会は大規模になるほど、専門性が高まり財政的にも安定すると考えられることから、教育委員会の合併が進んでいる。

地方分権化したオランダの教育制度では、宗教法人や市民団体は、政府が定めた規定に従うかぎり自身が運営する学校に助成金を受けられる。公立および私立学校は、入学者数に基づき、一括配分式で同額の助成金を受けている。１９８０年代半ば以来、恵まれない子どもたちの教育にかかる費用が高額であることを考慮し、そのような子どもたちには追加の助成金が割り当てられている。助成金の金額は、以前は子どもたちの移民の環境に基づいていたが、2006年から保護者の学歴に基づいて重みがつけられるようになった。

公的資金を受ける私立学校では、授業料を必須化したり、営利目的で運営することは許されないが、国立の学校は保護者や企業からの自発的な寄付を受けられる。私立学校は、公立学校と比べてかなり高額の寄付金を受け取る。公的資金を受けた私立学校は、入学試験を課すことはできないが、入学見込みの生徒の保護者は、学校の特徴や方針に同意することが必要である。

ベルギーのフランドル地方と同様、オランダの教育制度は、保護者に広い選択肢を与え、公的資金で学校を組織する民間団体に助成金を与える。これは一般的に公正な方法と見られる。この制度の全体的な質の高さは、その多様性、学校間の競争度合、教育委員会、学校管理職および教員が非常に自律的に運営していることに起因する。オランダは、PISAの成績では学校間に大きなばらつきがある一方、制度の公平性の維持という点では、ベルギーのフランドル地方以上に成功している。説明責任制度は上手く機能しており、教員は専門家とみなされている。教育の質には比較的一貫性があるため、政府による一元的な監査が可能となっている。

学校選択

ベルギー、香港、オランダ等のように選択に基づく学校システムが成功しているのとは対照的に、チリやスウェーデンでは、選択に基づく仕組みの導入によって社会的格差が拡大し、結果的に全体的な改善が見られない。2015年5月、私たちはこの点について報告書をまとめ、スウェーデンのグスタフ・フリドーリン教育大臣と当時のアイダ・ハッジアリーク後期中等学校・成人教育訓練大臣に提示した。[22] その5年前、2010年5月に、ストックホルムで開催されたヨーロッパ市長サミットで基調講演をおこなった際には、スウェーデンが重視する自律性と選択は、強力な規制の枠組みと介入力のバランスに欠けており、長年にわたって成功してきたスウェーデンの教育の質と公正さを脅かすことをデータで示した。その時、スウェーデンの市長たちが、「市民からの要求に応えるために、他の事項よりも選択に重点を置いている」と回答したので驚いた。

そのデータにはもっと検討する価値があるし、関連する諸問題を政治的経済的に検討することも必要である。保護者が選択できる度合いと学校制度の競争の度合いは国や地域によって様々であり、同じ国の中でも社会集団によって違いがある。２０１５年のＰＩＳＡで比較可能なデータがある18か国において、64％の生徒の保護者は「少なくとももう一つの学校を選ぶ選択肢があった」と回答したが、この割合は国や地域で大きな違いがある。[23] 農村部や恵まれない環境の学校に通う生徒の保護者は、都市部の恵まれた学校に通う生徒の保護者と比べて、選択肢はあまりないと回答している。

また、ＰＩＳＡでは、生徒が学校を選択する際に特定の基準をどれくらい重視するかについて保護者に意見を求めた。主に学校の質、経済的配慮、学校の教育理念、家庭と学校の距離に関係がみられた。18か国の教育制度において、保護者は生徒の学習到達度よりも、学校環境の安全性、学校の評判、学校が活発で楽しい雰囲気であることが重要だと考えているようだ。[24]

注目すべきは、農村部の恵まれない学校や公立学校に通う生徒の保護者は、都市部の恵まれた学校や私立学校に通う生徒の保護者よりも、家庭と学校の距離が重要だと考えている点である。距離が重要だと考える保護者の生徒は、社会経済的環境を考慮してもＰＩＳＡの科学的リテラシーではかなり低い点数である。同じような傾向は、費用が安いことが重要あるいは非常に重要だと考える保護者の生徒にも見られた。このような生徒は、費用が安いことは少しだけ重要あるいは重要でないと考える保護者の生徒よりも、科学的リテラシーの点数が30点も低い。これはおよそ一学年分に相当する。繰り返すが、恵まれない公立学校の生徒の保護者は、恵まれた私立学校の生徒の保護者よりも、学校を選ぶ際に学費の安さを重視する。裕福でない家族にとっては、学校に関する情報を得たとしても、子どもの成績に基づいて学校を選ぶのは難しいようだ。様々な学校を訪問する時間がないのかもしれないし、子どもが選びたい学校に通うための交通手段を確保できないのかもしれない。あるいは、子どもを自宅から遠い学校に送り、授業が終わった後に迎えに行く時間がないのかもしれない。

学校システムの競争の度合いと私立学校への入学率は関係しているが、まったく同じではない。ＯＥＣＤ加盟国の平均では、15歳の生徒の約84％は公立学校、約12％は政府助成の私立学校、４％強が政府から独立した私立学校に通っている。政府助成の私立学校に入学する12％の生徒のうち、38％は教会や他の宗教団体が運営する学校、54％はその他の非営利団体が運営する学校、８％は営利団体が経営する学校に通っている。アイルランドでは政府助成の私立学校に通う15歳の生徒全員が、宗教系の学校に通っている。オーストリアでは、政府助成の私立学校の生徒全員が、非営利団体が運営する学校に通っている。そしてスウェーデンでは、政府助成の私立学校の生徒の半数以上が、営利団体が運営する学校に通っている。[25]

公立、私立、官民連携

私立学校への入学が多くなると教育の民営化と言われ、教育は公共の利益という考え方から逸脱する動きだとみなされることがある。しかし、そのような関連づけは短絡的である。学校制度の大部分が民間によって運営されている国や地域では、そのような学校は法的には民間とみなされるが、実際には公的に機能している。民間団体が運営しても公的な役割や機能を果たしており、その団体自身も公的教育の一部だと認識している。これらの民間団体は学習指導要領の一部または全部に従い、質の良い教育を提供し、教育の公的な役割を果たしている。また、私立学校が恵まれない地域に教育機会を提供し、公平性に寄与することもある。

他の分野の公共政策と同様に、公教育と私立教育の違いは往々にして明確ではない。官民連携は、他の様々な公共政策で一般に認められており、教育が例外となる理由はどこにもない。もっと現実に直結する課題は、全ての子どもたちに質の高い教育を提供する等の公共政策の目標をいかにして達成するかだろう。

学校選択に対する反対意見の多くは、私立学校の普及は教育の質に悪影響をもたらすのではないかというものである。しかし、ＰＩＳＡのデータは、ある国の私立学校が占める割合と教育制度のパフォーマンスには関係がないことを示している。学校の社会経済的環境を考慮した後でも、大半の国で公立と私立学校のパフォーマンスには違いがない。違いがあるとすれば、主に公立に好意的な地域の場合である。

国の教育制度レベルでは、公平性と私立学校に入学する生徒の割合は、実質的には無関係である。政府助成の私立学校へ入学する生徒の割合と生徒の成績との明らかな関係は、このような学校の運営の自律性の大きさによって概ね説明できる。このことは注目に値する。学校選択の反対派の多くは、私立学校が占める割合が大きくなると学校間の競争や差別が拡大して教育制度が似非教育「市場」に変わってしまうと主張するからである。彼らは、私立学校が公教育と機能的に統合して助成金を受けると学校間の格差を助長し、学習成果という点での学校間格差がますます拡大すると主張する。しかし、国の教育制度レベルでは、私立学校が占める割合と、その割合によって説明されるＰＩＳＡの点数の変動差に相関関係はないことをあらためて伝えたい。

おそらく最も議論が白熱するのは、私立学校にどれくらいの助成金が投入されるべきかだろう。私立学校の校長からの報告によると、フィンランド、香港、オランダ、スロバキア、スウェーデンでは学校予算の90％以上、ベルギー、ドイツ、ハンガリー、アイルランド、ルクセンブルク、スロベニアでは学校予算の80％から90％が政府からの助成金である。対照的に、ギリシャ、メキシコ、イギリス、アメリカでは、学校予算の１％以下が政府からの助成金である。ニュージーランドでは１％から10％の間である。[26] ここで注目すべきは、私立学校が助成金を受ける割合が非常に多い国や地域において、公立および私立学校の社会経済的環境にほとんど差が見られないことである（図４・５）。ＯＥＣＤ加盟国では、この45％の差異は私立学校への助成金の水準で説明がつく。全ての参加国において、35％の差異は同様に説明できる。

学校選択と私立学校への助成金による潜在的な悪影響、特に差別や社会の階層化を軽減するために、各政府は代替的な資金保障の仕組みを構築してきた。例えば、チリ、ベルギーのフランドル地方、オランダは、加重子ども資金助成（weighted student-funding schemes）をおこなっている。これは子どもごとに助成金を割り当て、社会経済的背景やそれぞれの子どもたちの教育ニーズによって助成金額を決定するものである。このような恵まれない子どもたちを対象にした助成があることで、入学者数を競う学校は恵まれない子どもたちを受け入れやすくなっている。

フランスやギリシャに設置された「教育優先特区」のような地域に特化した支援制度は、学校間の成績の違いが大きく、特定の地域に成績が低い学校が集中するような場合に見られる。ベルギーでは、市場の大部分を構成する政府助成の私立学校は、公立学校とほぼ同額の助成を受けており、授業料を課したり入学者を選抜することは禁じられている。

バウチャーの難しさ

公的資金が私立学校に供給される仕組みに細心の注意を払うことも重要である。一つの方法はバウチャーによるもので、これは保護者への直接的な支援となる。２００９年時点で、ＯＥＣＤ加盟国でデータが利用可能な22か国のうち９か国は、政府助成の私立学校への入学を促すためにバウチャーを導入している。そのうち５か国では、バウチャー制度の利用を恵まれない子どもたちに限定している。24か国のうち11か国では中学校でバウチャー制度を使用しており、そのうち７か国では恵まれない子どもを対象としていた。高等学

図 4.5　公的資金によって、民間教育を手頃な価格にすることが可能

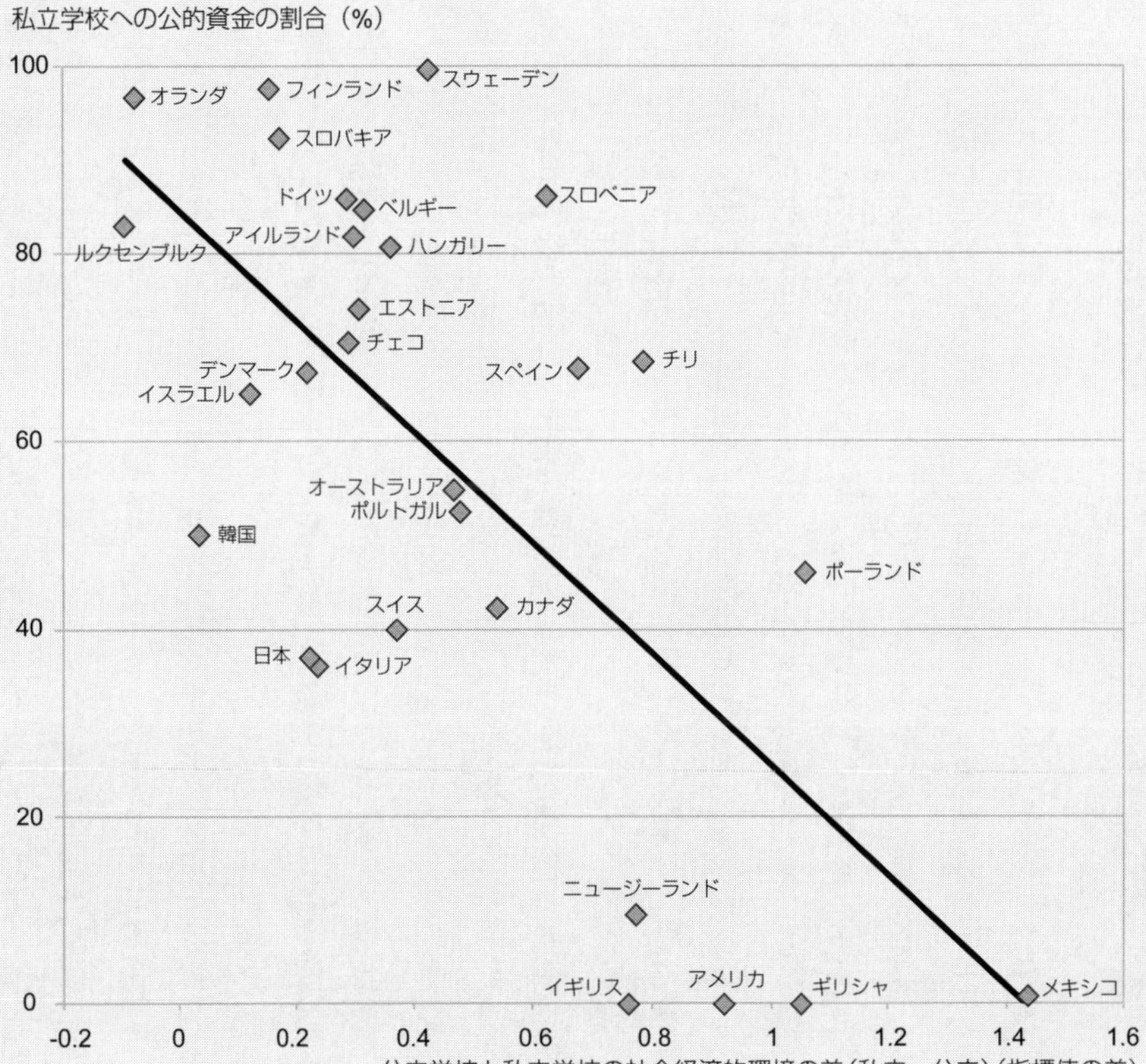

出典：OECD, PISA 2009 Database.

校では11のバウチャー制度のうち5つで収入調査が実施されていた。調査されたOECD加盟国の中で、7か国は小学校から高等学校までバウチャーを提供していた[27]。授業料税額控除は、保護者が私立学校の費用を税金負担額から控除できるものだが、バウチャーと比べてあまり利用されていない。2009年時点で、データを利用できるOECDの26か国のうち、税額控除を使用して政府助成の私立学校への入学を促しているのはわずか3か国だった[28]。

全ての生徒が利用できるバウチャー制度と、恵まれない子どものみを対象としたバウチャー制度の間には、学校選択の悪影響を軽減する役割において大きな違いがある。全ての生徒が利用できるバウチャーは、学校選択の範囲を広げ、学校間の競争を促すことになる。恵まれない子どものみを対象としたバウチャーは、学校で学ぶ機会の公平性の改善に役立つ。私立学校への助成が同程度の国や地域を比較すると、バウチャー制度と対象を限定したバウチャー制度では、公立学校と私立学校の社会経済的環境に2倍もの大差があることがPISAによって示された。

バウチャー制度のあり方は、成功への重要な鍵を握っている。例えば、私立学校の授業料や入学選抜規準を規制すると、バウチャー制度による社会的不公平を減らすことができそうだ[29]。

それだけではない。国際比較データによると、入学選抜を実施する学校は、提供する教育の質にかかわらず、より優れた能力と高い社会経済的背景を持つ生徒を惹きつける傾向にある。能力が高い生徒は教育に手間がかからず、その存在が保護者にとって学校の魅力を高めることを考えれば、入学者数をコントロールできる学校は、競争力が高いと言えるだろう。私立学校が生徒を選抜することで、本質的な教育の質ではなく、排他性に基づいて競争するインセンティブが生まれる。それはまた、競争のプラス効果を損なうことにもなり得る。

また、このデータは、入学選抜が学校システム内の不公平や階層を拡大する要因となる可能性を示している。しかし、このような影響が選抜基準、例えば適性テストと保護者との面接によって変化するかどうかを調査した研究はほとんどない。生徒の学校選択は、明確な入学選抜基準だけではなく、保護者自身の選択、選択的排除、より小さな障壁による場合もあると留意する必要がある。したがって、学校制度の差別を減らすためには、一部の生徒や保護者の学校選択の権利の行使を妨げるような過度に複雑な入学申請手続き、排除慣習、情報不足、他の要因を特定し、対処しなければならない。

私立学校への授業料の助成は、公立学校に対する不当な優位性を与えるため学校選択の自由という原則を損なうとの批判がある。入学選抜のような多額の追加費用は、公立学校から優秀な生徒をすくい取る傾向があり、教育の不公平を助長する。低所得層の授業料を減免する政策が差別の排除に効果を発揮したことはあるが、先進国では授業料の効果が入学選抜や他の交絡因子の効果よりも顕著であると判断できるような実証研究はおこなわれていない。

低所得層にとって、助成があっても私立学校を選ぶことを思い留まるような家計負担の基準があるかどうかは、あまり知られていない。しかし、シミュレーションと実証データの両方によって、授業料が減免されないかぎり、助成金によって私立学校への入学機会を拡大できないことが確認されている。私立学校が入学機会を拡大するためではなく、教育の質を高めるために公的資金を活用すれば、助成は学校間の不公平さを悪化させかねない。これは、対象を制限したバウチャーを提供すると共にバウチャーの追加費用を廃止することが、恵まれた子どもと恵まれない子どもの成績差の縮小に役立つ理由の一つである。

以上のことから私は、学校選択はそれ自体で教育の質を保証するものでも、阻害するものでもないと結論づける。重要なのは、選択の利点を最大化する賢明な方針であり、リスクを最小化し、全ての学校運営の主体に平等な環境を構築することである。精巧に作られた学校選択制度は、多様な生徒に合わせた教育を提供することになり、社会的差別のリスクを低減する。教育制度に市場の仕組みが導入され拡大すると、公共政策の役割は変わる。公立学校の教育の質や効率性を監督することから、全ての生徒が質の高い教育を受けられるように学校のガバナンスを確実化することに変わっていくのである。

現実的で妥当であり、意味のある学校選択、つまり保護者が教育方法等の重要な側面を選べる場合にのみ、学校選択は期待に即した効果を発揮する。学校が多様な生徒層に対応し、生徒それぞれにあった教育を提供できなければ、選択は無意味となる。

さらに、私立学校には、政府からの助成金と引き換えに、国の政策目標を達成するための公的な運営管理と説明責任を受け入れる必要があるかもしれない。全ての保護者は、自身の判断によって学校を選ぶ権利を行使できなければならない。すなわち、政府と学校は保護者と地域社会の関係の発展を促し、保護者が十分な情報を得たうえで意思決定できるように支援しなければならない。学校選択制度の成功事例は、不公平や差別につながるような選択を防ぐための基準と均衡を入念に設計している。

最後に大切なことを述べたい。学校システムが柔軟であればあるほど、公共政策はますます強くなる必要がある。自律性が高い地方分権化したニーズ主導型の学校システムが意思決定を現場に委ねようとする一方、中央政府は教育のための戦略的なビジョンと明確なガイドラインを示し、地域の学校ネットワークや個々の学校に効果的なフィードバックを与える必要がある。つまり、学校選択で全ての生徒が恩恵を受けるためには、中央と地方の教育機関が一丸となった努力が必須なのである。

4 大都市、大きな教育機会

現在、世界人口の半分以上が都市に居住し、この割合は2050年までに10人のうち7人に増加すると見込まれている。都市部は、より良い経済環境に加えて教育、医療、様々な文化施設等の公共サービスを利用できるため、農村部や外国の人々にとって魅力的である。主要都市の人口は、すでに多くの国の人口と同等あるいはそれ以上に増加している。例えば、メキシコシティの人口は2000万人を超えており、デンマーク、ハンガリー、オランダの人口を上回る。

多様な能力を持った人々が集中することで研究開発が促進され、都市は成長とイノベーションの拠点となる。都市への資源の集中によって、ますますビジネスが活発化する。都市では企業と顧客は近い。交通機関が便利であり、高度なスキルを持った労働力をすぐに利用できる。都市は、その他の地域と異なる共通の特徴を持つことが多い。つまり、二つのまったく違った国の都市、例えばニューヨークと上海は、それぞれの国の農村部よりも共通点が多い。

しかし、都市には生産性や雇用機会が集中する一方、著しい貧困や労働市場からの排除という問題がある。このような困難な環境は、社会的ネットワークを解体し、家族や地域の絆を緩めかねない。そして、社会的疎外や不信、暴力等の危険が増す可能性がある。これら多くの問題は、学校への入学時に発生する傾向がある。

それでも都市は、豊富な文化環境、教員にとっての魅力的な職場、より多くの学校の選択肢、生徒にやる気を促す良好な就業機会等、学校に相当なメリットを与える。まさに大都市は、教育界の花形プレーヤーの一つである。ＰＩＳＡで継続して優秀な成績を収める香港、上海やシンガポールには、非常に多くの政策立案者や研究者が視察に訪れた。[30] 視察に訪れた人々の多くは、これらの教育システムが、大都市環境に固有な問題であり多くの教育制度が悪戦苦闘している、生徒の社会多様性の受容に成功していることに特に感銘を受ける。

ＰＩＳＡによると、幾つかの国や地域では、たとえ都市環境によって異なるプラスとマイナスの要因が働いても、都市（ここでは人口１００万人以上の都市を指す）の生徒は、ＰＩＳＡでトップクラスの都市や国の生徒と同様の成績を上げている。[31]

例えば、日本の都市の生徒の科学的リテラシーの成績は、シンガポールのトップクラスの生徒の成績に匹敵する。ＯＥＣＤ加盟国のうち平均的な成績であるポルトガルの主要都市の生徒は、フィンランドの平均的な生徒と比較可能である。ポーランドの都市の生徒は、韓国の平均的な生徒と比較可能である。さらに一般的には、ＯＥＣＤ加盟国の大都市の生徒は、一学年分の教育成果に相当するほど、農村の学校の生徒よりも好成績を上げている。

農村に住む生徒と大都市に住む生徒の間の成績差は、その国の社会経済的格差と関係する場合もある。しかし、ＰＩＳＡの結果は、社会的背景における差は全体の中のほんの一部であることを示している。成績差の大部分は、社会経済的背景を考慮した後でも存在する。つまり大都市の教育には何か別の特性があるようだ。

最も印象的なのは、文化や言語の違いを超えて、都市がどのくらいその強みと弱みを示し、共有しようとしているかである。ある意味、都市は国全体よりもグローバルな機会に恵まれている。都市のリーダーに会うと、彼らはいつでも外に目を向けて、世界のあらゆる都市から熱心に学ぼうとしている。国の教育リーダーにありがちな、他の都市や文化から学ぶことができるか、あるいは学ぶべきかという質問をすることはない。

しかし、大都市の生徒がどこでも勝っているわけではない。都市部の生徒の点数だけを見ると、ほとんどの国で成績は向上するが、幾つかの国では反対の結果が見られる。例えば、ベルギーとアメリカでは、大都市の生徒の成績が国全体の成績を引き下げている。これらの国々では、大都市のメリットを全ての生徒が享受できていない可能性がある。例えば、生徒は社会経済的に恵まれない家庭の出身であり、家庭では授業を受ける言語とは違う言語を話しているかもしれない。または、相談したり助けてもらいたい時に、頼れる親が一人しかいないのかもしれない。

例えば、ポーランドの大きな成績差は、都市と農村の社会経済的環境の大きな違いを反映している。地理的な社会経済的環境によって利用できる教育資源、文化、教育施設が異なり、これら全てが生徒の成績に影響を与えている可能性がある。

したがって、ＰＩＳＡの成績で中程度のイスラエル、ポーランド、ポルトガル等は、都市の生徒が最高の教育を受けている生徒と肩を並べることを誇りに思いながら、教育資源や機会の配分の不平等と、生徒の社会経済的環境による学習成果の不平等に対処しなければならない。

特に、これらの国々の孤立した地域には、生徒が可能性を最大に発揮できるように対象を絞った支援や方策が必要かもしれない。反対に、都市の生徒の成績が下回るような国々は、生徒が都市環境の文化的社会的なメリットを享受できる方法を見つけなければならない。さもなければ、これらの国々は教育の質を高めることができないだろう。

5 移民の子どもたちへの支援

2004年3月、ドイツ移民統合委員会（German commission for immigration and integration）のリタ・ジュスムート会長と私は、移民家庭出身の生徒の成績について報告をまとめた。[32] 当時の委員会は、生徒が新しい地域に馴染めるように学校が支援する方法に懸念を示したが、後々まで優先的な課題として認識されなかった。その頃ドイツは、他の多くの国々と同様に、多様な生徒のための教育制度をつくりあげるための貴重な時間を無駄にしていた。

10年以上も後の2016年1月に、国連難民高等弁務官（United Nations High Commissioner for Refugees）のフィリッポ・グランディ氏と面会した時、移民問題はまったく新しい側面を持つようになっていた。かつてないほど多数の生徒を含む何万人もの移民や亡命希望者がヨーロッパに流入し、安全とより良い生活を求めていたのだ。

それ以前でも、OECD加盟国の移民の生徒数は、15歳で2006年の9・4%から2015年には12・5%に増加していた。しかし、メディアが不安を示したにもかかわらず、移住先の国々の教育水準は低下しなかった。[33] これは驚くべきことかもしれないが、あくまでも一見での印象である。移住者は経済的苦難や不安定な状況に苦しむことが多いが、多くの移住者は移住先の国に貴重な知識や技術を持ち込む。OECD加盟国の平均では、2015年のPISAに参加した移民の第一世代の生徒の大半は、両親のうち少なくともどちらか一人は移住先の国の平均的な親と同じくらいの期間学校に通っていた。

また同様に顕著なのは、社会経済的環境を考慮しても、移民家庭の生徒と移民家庭でない生徒では全国的に成績差が著しいことだ（図４・６および図４・７）。移住以前に習得した文化や教育が成績に影響を与えたとしても、移民家庭の生徒の移住先の国による影響はさらに大きいと思われる。

しかし、移民家庭の生徒のニーズ、特に言語学習の教育政策は簡単ではなく、また教育政策だけでは十分ではない。例えば、移民家庭の生徒のＰＩＳＡの成績は、移民家庭の生徒あるいは家庭で授業と異なる言語を話す生徒が集中することよりも、学校に恵まれない子どもが集中することに強い負の相関を示す[34]。学校への恵まれない子どもの集中を減らすには、住宅や福祉事業等の他の社会政策の改革が必要かもしれない。そうすることで、よりバランスのとれた社会的混合が促されるであろう。

考えてみてほしい。１９７０年代に熟練度の低い移民のヨーロッパへの流入が急増した時、オランダは大規模な特別公営住宅を建設し、移民を受け入れることを選んだ。オランダと同様の方針で学校を運営する隣国ベルギーのフランドル地域は、どこでも好きな地域で利用できる移民住宅費用相当のバウチャーを移民に提供した。その結果、フランドルには移民家庭の生徒だけで構成される学校はほとんど生まれなかった。

何年も後になって、オランダは特別公営住宅で暮らす生徒の教育で大きな課題に直面した。生徒は学校に馴染めず、成績は低いままだった。対照的に、移民が分散していたベルギーのフランドル地域の移民家庭の生徒は、住宅の分離によって学校差別がもたらされたオランダの移民家庭の生徒と比べてずっと優秀な成績を収めていた。

移民家庭の生徒の多くは、学校で大きな問題に直面する。生徒は、異なる教育制度に素早く適応し、新しい言語で学び、移住元と移住先の居住地の両方を統合した社会的アイデンティティを形成し、家族や仲間からの相反する圧力に耐えなければならない。移民たちが貧困地域の恵まれない学校に分離されると、このような困難はますます拡大する。ＰＩＳＡのデータが一貫して、移民家庭の生徒と現地で生まれた生徒の成績格差を示していることは驚くことではない。

図 4.6　移民の子どもは、現居住国出身の仲間と同等の成績を上げられる

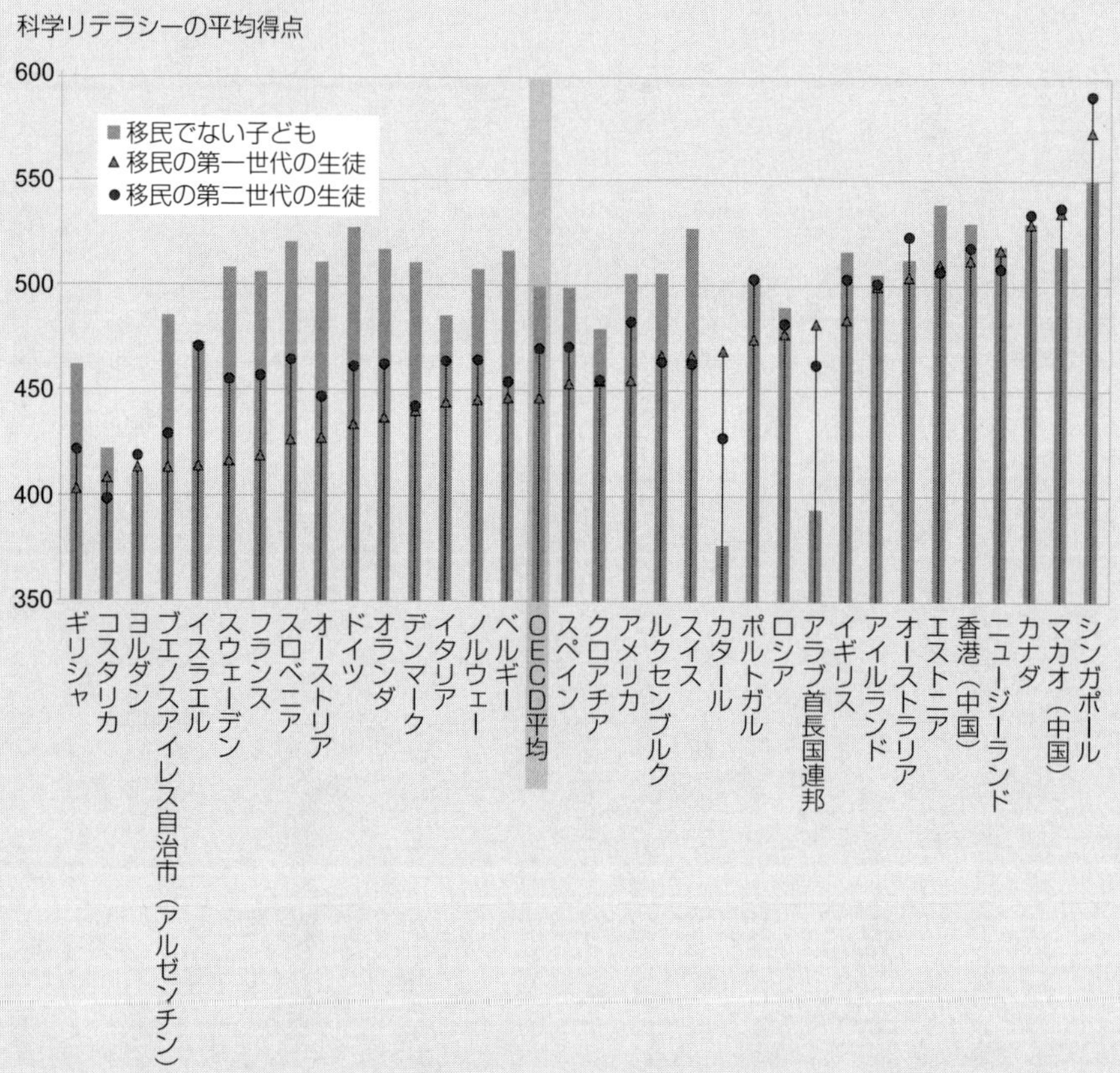

注：移民の子どもの割合が 6.25% よりも高い国のみを表示。
左から順に、移民の第一世代の生徒の科学的リテラシーの平均得点の低い国・地域。
出典：OECD, PISA 2015 Database, Table 1.7.4a
StatLink：http://dx.doi.org/10.1787/888933432903

図 4.7　移民の子どもは、成績が悪い運命にあるのではない

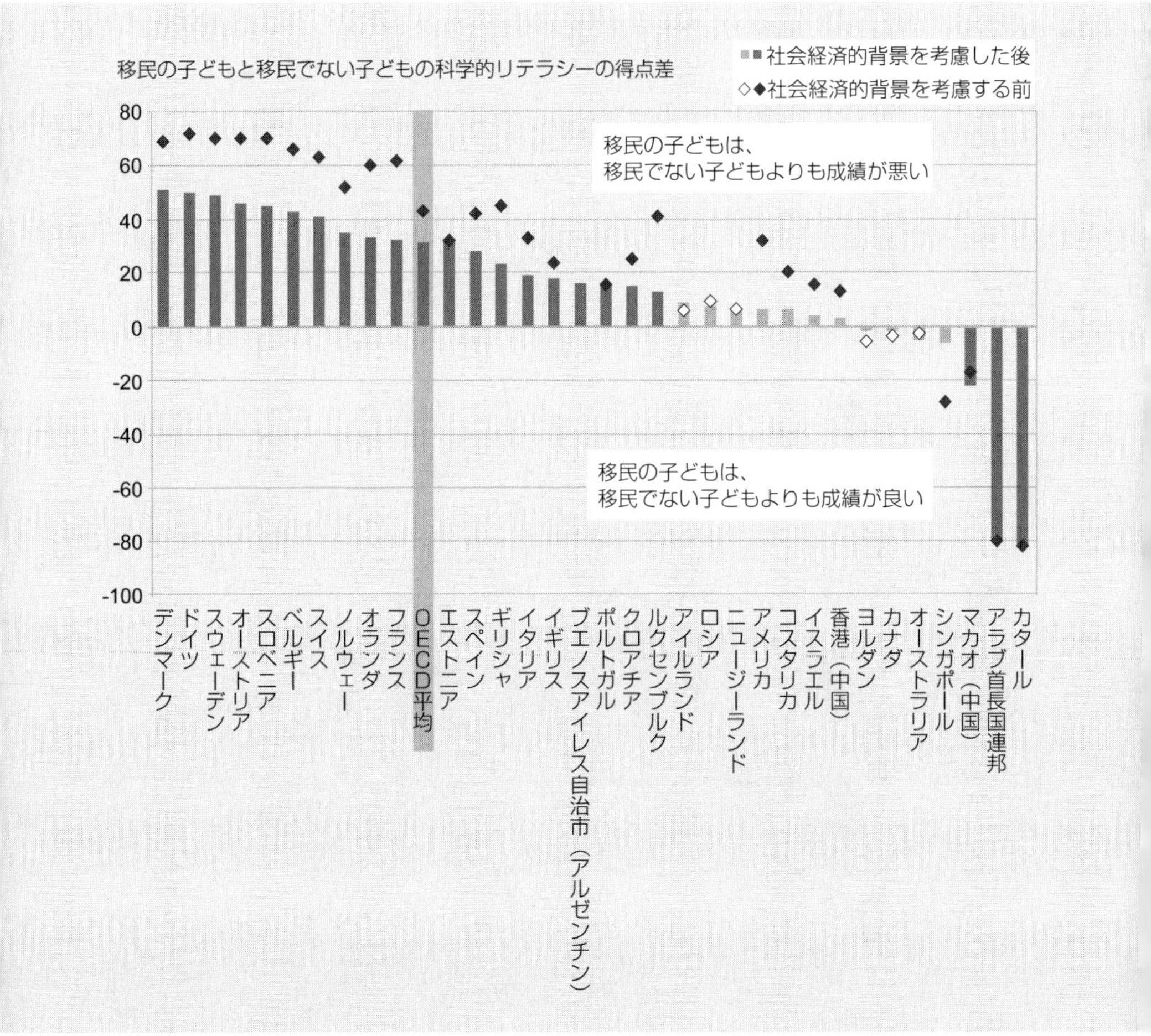

注：PISA の経済社会文化背景指標で入手可能なデータで、移民の子どもの割合が、6.25% よりも高い国のみを表示している。統計的な有意差のある値は、濃い色で表示している。
左から順に、生徒の社会経済的背景を考慮した後の科学的リテラシーの得点において、移民ではない子どもの得点から移民の子どもの得点を差し引いた差が大きな国・地域。
出典：OECD, PISA 2015 Databases, Table I.7.4a.
StatLink：http://dx.doi.org/10.1787/888933432915

しかし、一方、多くの移民家庭の生徒がこのような障害を乗り越え、優れた成績を上げることを見落としてはならない。生徒が直面する相当な困難にもかかわらず、学校で良い成績を上げていることは、生徒自身と家族が高い意欲、やる気、寛容さを持っている証である。

1954年、アメリカはシリアからの移民に国境を開放した。移民の息子であるスティーブ・ジョブズ氏は、パソコン、映画、音楽、電話、タブレット、デジタル出版という六つの業界を変革した世界で最も創造的な起業家となった。ジョブズ氏の人生は、おとぎ話のように聞こえるかもしれないが間違いなく現実である。PISAの成績が芳しくない移民の生徒が多い一方、社会経済的環境を考慮すると、成績上位者の中には少なからず移民の生徒もいる。多くの国々では、PISAで成績上位の恵まれない移民の生徒の割合は、成績上位の恵まれない移民ではない子どもと同程度である。実は、多くの国々では、成績最上位の恵まれない子どものうち移民の割合の方が多い[35]。

貧困と移民環境という二重の不利な条件を克服した意欲が高い子どもは、移住先の国で素晴らしい貢献をする可能性がある。ほとんどの移民の子どもと保護者は、しばしば移住先の国の家庭の熱意を上回るような成功への熱意を持っている[36]。例えば、幾つかの国をみると、移民の保護者は現地で生まれ育った子どもの保護者よりも、子どもたちが大学レベルの学位を取ることを期待しているようである。これらの国々の移民の子どもは、移民でない子どもと比べてより不利な立場にあり、成績も芳しくないことを考えると注目に値する。社会経済的環境が同じような子どもを比較すると、移民と移民でない保護者の子どもの将来への期待にはさらに大きな違いがある。将来に対して意欲的でありながら現実的な期待を抱く子どもは、より一生懸命に学び、目標達成のために利用できる機会を有効に活用する傾向があるため、これは重要である。

同様に、移民の子どもは、科学的リテラシーで同等の成績を収める移民でない子どもよりも、科学関連の職業に就く可能性が50％以上高い（図4・8）。

様々な国で見られる移民と移民でない子どもの大きな成績差は、このような差を最小化する政策の重要性を示している。鍵となるのは、移民の子どもが学校で良い成績を収めるのを難しくする障壁を取り除くことである。転換点は移民受け入れのときとは限らず、後に教員と学校制度が、移民の子どもの成績向上のための特別プログラムや支援を提供するかどうかを判断するときである。

短期間で成果を出す政策は、授業を受ける言語に熟達していない移民の子どもへの言語支援である。成功する言語支援プログラムの共通点は、全ての学年にわたる継続的な言語トレーニング、集中的に開発されたカリキュラム、第二言語習得の訓練を受けた教員、学術用語への特化である。言語習得と学習内容の統合も効果的であると証明されている。[37]

言語能力の発達と総合的な知性の成長は相互に影響するため、生徒が新しい言語を完全に習得するまで通常の学習を遅らせないことが最善であるとわかった。重要なのは、言語の教員と担任の教員が緊密に協力することである。これは移民の子どもへの教育に最も成功していると思われるオーストラリア、カナダ、スウェーデンのような国々で広く見られる方法である。

別の方法として、言語の発達段階に合わせた質の高い幼児教育がある。早期教育プログラムにより、移民の子どもたちが移民でない子どもたちと同じように学校教育をスタートする機会をさらに増やすことができる。対象を絞った家庭訪問は、子どもたちの早期教育への参加を促し、子どもたちの家庭学習を促すことにもつながる。

しかし、研究によると早期教育だけでは十分ではない。[38] 成功への鍵は、恵まれない環境にある子どもが、家庭では習得できないような認知的、社会情動的スキルを向上するための支援である。

三つ目の効果的な政策は、移民の子どもを受け入れる学校で、専門的知見を培うことである。これは多様な生徒一人ひとりに合わせて指導方法を調整し、第二言語習得を支援するために、教員に特別な訓練をおこ

図 4.8　移民の子どものほうが科学のキャリアをより希望する傾向にある

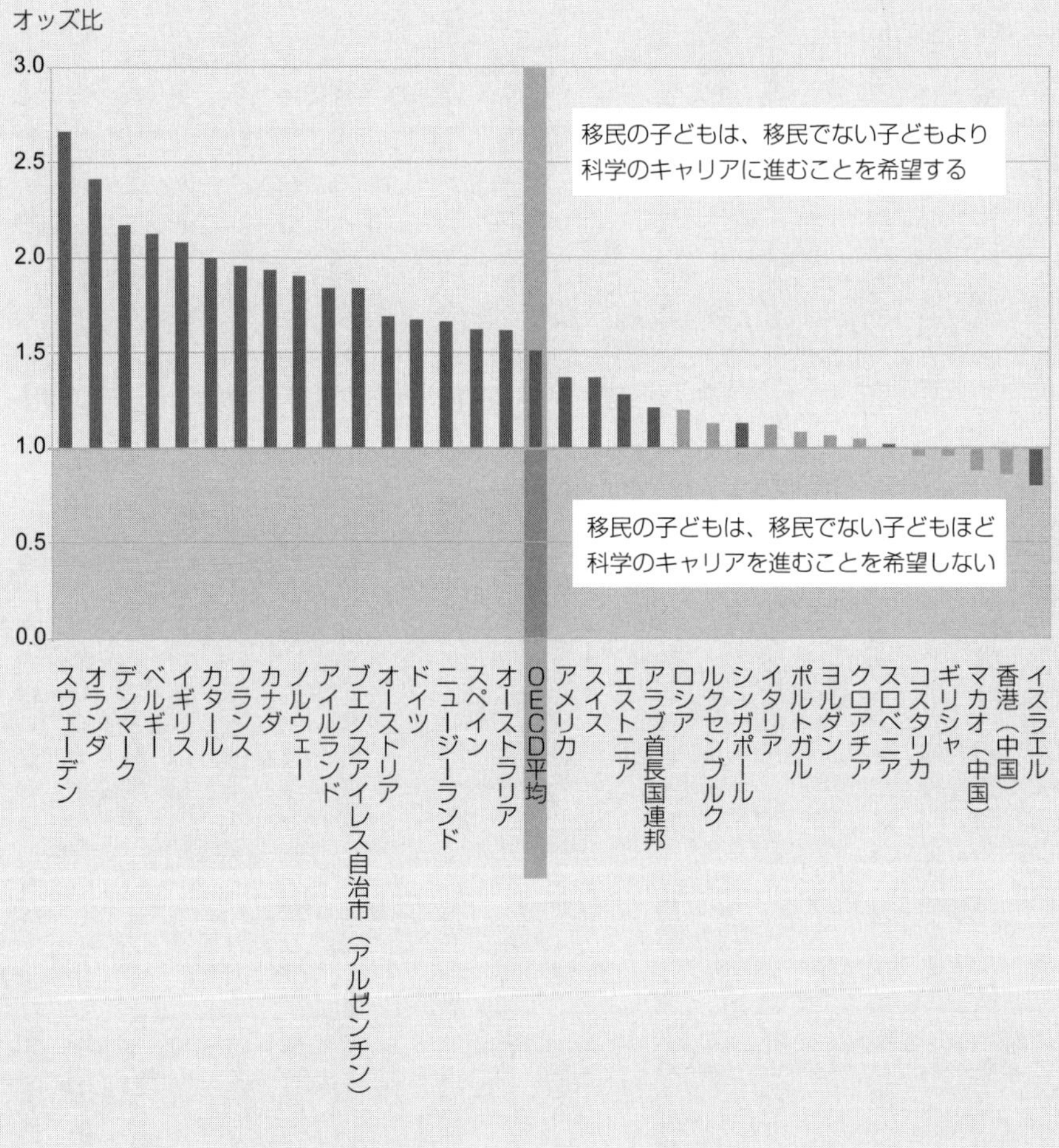

注：この図は、科学的リテラシーの得点を考慮して、移民でない子どもより移民の子どもは、より科学のキャリアを希望することを示す。移民の子どもの割合が 6.25% よりも高い国・地域のみを示している。
左から順に、科学的リテラシーの得点を考慮した上で、移民の子どもが科学のキャリアを希望する可能性の高い国・地域。
出典：OECD PISA 2015 database, Table 1.7.7.
StatLink：http://dx.doi.org/10.1787/888933432964

なうことを含むかもしれない。また、これは恵まれない子どもや移民の子どもを教える教員の離職率を減らし、優秀で経験豊富な教員がこのような学校で働くのを促すことになる。特に最近になって移民が増えた国々では、少数民族や移民の教員の採用を増やせば、ますます多様化する生徒と大部分の教員との間で拡大する格差が逆転していくことにもつながる。

さらに困難な問題は、移民の子どもが、成績が芳しくない同じ学校への集中を避けることである。自国の生徒の成績向上に苦戦する学校では、授業を受ける言語を話せない、理解できない生徒にさらに悪戦苦闘するだろう。各国は、移民の子どもや他の恵まれない子どもが特定の学校に集中しないように様々な方法をとっている。一つ目は、恵まれた子どもを含む他の生徒をこれらの学校に惹きつけること。二つ目は、移民の保護者に学校選択の方法について十分な情報を与えること。三つ目は、恵まれた学校による生徒の選抜を制限することである。

二つ目の方法は、習熟度別クラス、早期振り分け、留年制度を含む選択制度の制限にかかわる。職業訓練校や普通校などの異なるタイプの教育への生徒の振り分けは、若年齢でおこなわれると移民の生徒にとって特に不利である。普通クラスの生徒から早期に分離させられると、移民の生徒は学校で良い成績を取るために必要な言語や文化にかかわるスキルの向上を妨げられるかもしれない。

移民の保護者向けの特別な支援や情報提供も役立つかもしれない。移民の保護者は子どもたちに大きな期待を抱いても、言語能力が十分でない、あるいは学校システムへの理解が十分でない場合、子どもたちを十分に支援できるかどうか不安を感じる。移民の保護者への支援プログラムは、教育活動への保護者の参加を促すための家庭訪問、学校と保護者のコミュニケーションを促すための専門連絡係の採用等、保護者が学校の活動に参加できるように手を差し伸べるものである。

6　根強く残るジェンダーギャップ

事実上、先進国は1960年代までに、教育の平均年数で測定されるような男女格差をなくした。OECD加盟国の過去50年間の経済成長の約半分は進学率の向上によるものだが、それは主に女性の進学率の向上による。男女格差の解消は大きな違いをもたらした。しかし、OECD加盟国の平均で見ると、今でも女性は男性より収入が15%少なく、高収入の労働者の間では20%も少ない。この差について、男性と女性が同じ仕事をしても同じ給与をもらっていないからだと言う人がいる。しかし、さらに重要な要因は、男性と女性が異なるキャリアをめざすこと、そして、そのキャリアは通常考えられるよりもはるかに早く分岐することである。[39]

PISAの科学的リテラシーで男子と女子が同じ成績を取っても、OECD加盟国の平均では、15歳の男子の12%が科学分野やエンジニアの職業をめざすのに対し、女子では約5%であるとわかった。（図4・9）。

このような格差を解消するには、より若い年齢層も調査する必要があるかもしれない。イギリスの慈善団体である「教育と雇用主」（Education and Employers）は、7歳から11歳の2万人の子どもたちが描いた将来の絵を調査した。[40]その結果、将来なりたい職業として、女子の4倍の男子がエンジニアになりたいと希望しており、女子の2倍の男子が科学者になりたいと回答した。

多くの国々は、均等な機会を作るために様々な取り組みをおこなってきた。これは、2015年のPISA調査で15歳の男女における科学的リテラシーの成績が同等であることを見ても明らかである。しかし、男女の認知スキルの格差をなくした半面、学習における社会情動的スキルを見落としている可能性もある。こ

図 4.9　職業選択のジェンダーギャップは、子どもの頃に根付いている

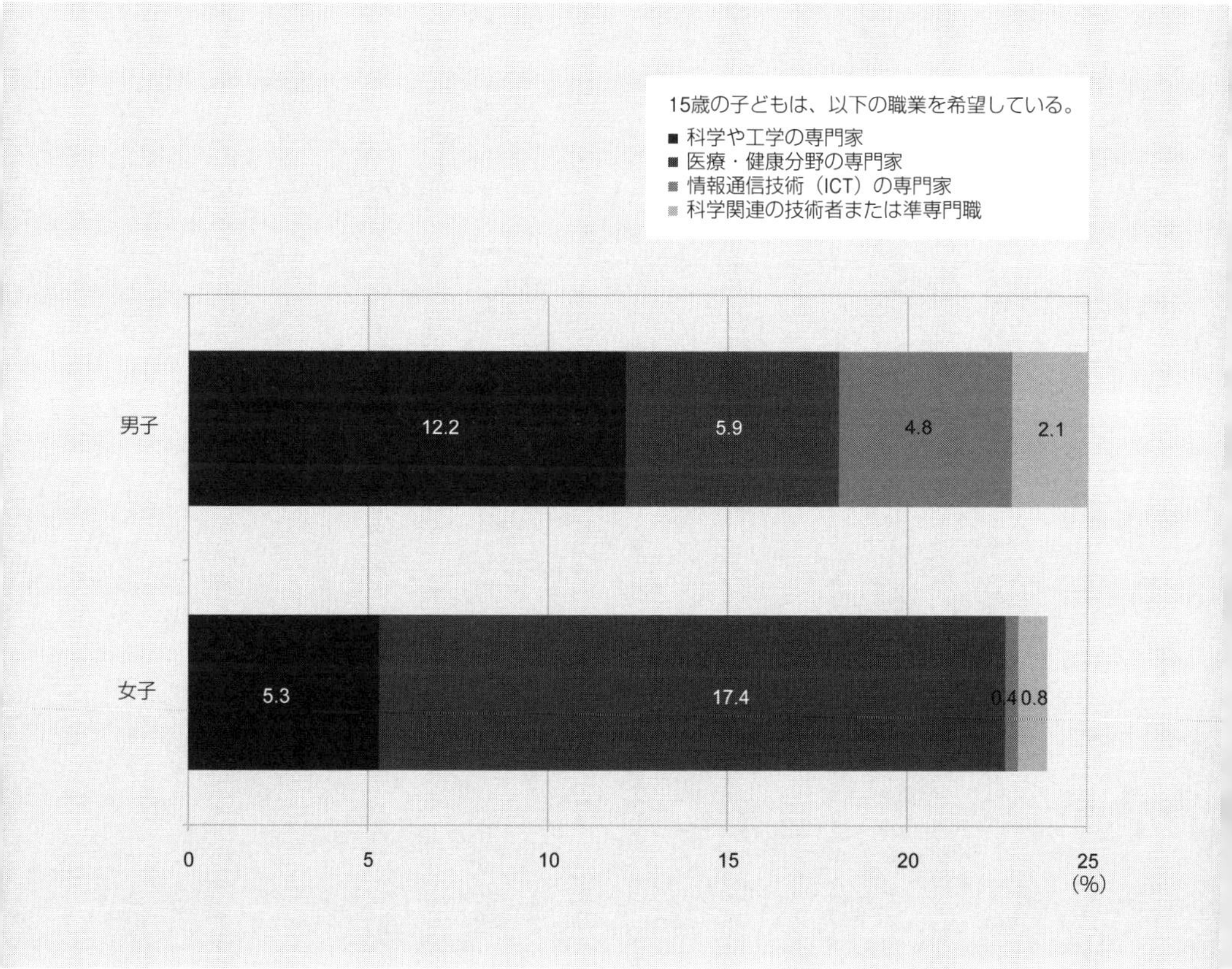

注：OECD 平均。
出典：OECD, PISA 2015 Database, Tables I.3.11a-d.

のことは、子どもたちが大人になったら何になりたいかを考える時により強い影響を及ぼすかもしれない。

したがって、科学の授業をもっと多く実施するという考えは、的を外しているかもしれない。むしろ問題は、いかに子どもたちや若者たちに科学を学ぶことに興味を持ってもらうかだ。一つの答えは、彼らにもっと多様な職業に触れる機会を与えて世界観を広げることかもしれない。

大半の国の教員と学校は、女子が科学と数学を単なる学校の科目ではなくキャリアの土台であり、人生の可能性を広げるものだと理解するように工夫する必要がある。これは、STEM分野（科学、技術、エンジニアリング、数学）の研究や職業に就く女性が非常に少ないだけではなく、STEM分野の卒業生は労働市場で高い需要があり、STEM分野の職業は総じて給与が高いという理由からも、非常に重要である。

中学校からのキャリアカウンセリングでは遅すぎる。7歳から11歳までの子どもたちが描いた将来の絵からも明らかなように、子どもたちは日々の経験に基づいた強い思い込み、つまりジェンダー、民族性、社会的階層のステレオタイプを抱いて学校にやってくる。それでも疑問に思うようであれば、「再びバランスを描く」（Redraw the Balance）という2分間の動画を見てほしい。そこには66人の子どもたちが描いた消防士、外科医、戦闘機のパイロットの絵が登場する。このうち61枚は男子が描いたもので、わずか5枚が女子によるものであった。[41]

これにはまた別の側面がある。生徒の成績における男女差は全体的にはそれほど目立たないが、PISAが測定する三つのリテラシー、すなわち読解力、数学的リテラシー、科学的リテラシーが低い10人のうち6人が男子であることは特筆に値する。このような成績が低い生徒は、「成績が悪い」「あまり勉強しない」「やる気がない」という悪循環に陥っているようである。同時に、数学的リテラシーや科学的リテラシーの成績上位者のほとんどは男子である。

最も優秀な女子でも、数学的リテラシーや科学的リテラシーの能力において、優秀な男子よりも自信がないことがわかっている。ＰＩＳＡのデータは、これらの女子が保護者からそれほど期待を示されてこなかったことを示している。調査対象となった全ての国と地域において、男子と女子がＳＴＥＭ分野で同じように成績が良い場合でも、保護者は娘よりも息子の方に期待を寄せがちである。２０１２年には、チリ、ハンガリー、ポルトガルの50％もの保護者が息子にＳＴＥＭ分野でキャリアを積むことを期待していたが、娘への期待は20％以下に留まった。興味深いことに、韓国では保護者の子どもたちへの期待差は、男子と女子でわずか７％に留まっている。

幸い、このようなジェンダーギャップを解消するために大がかりな改革は必要ではない。むしろ保護者、教員、雇用主が、意識的または無意識の偏見をもっと認識し、男子にも女子にも学校やその他の場所で活躍できる同等の機会を与えることができるよう、一丸となって努力をすることが必要である。

例えば、ＰＩＳＡによると男子と女子では明らかに読書の好みが異なる。女子は男子よりもずっと多く小説や雑誌を読むことを好んでおり、男子はマンガや新聞を好む。保護者や教員が、男子に好きなものを読む機会をもっと多く与えたら、読解力における男女格差を減少できるかもしれない。

ＰＩＳＡはまた、男子は女子よりもビデオゲームに多くの時間を費やし、宿題にはあまり時間を費やさないことも示した。ビデオゲームへの過度な熱中は、勉強の妨げとなることが示されているが、ビデオゲームを適度にプレイすれば、男子は紙の書籍よりも電子書籍を読むことにつながる（それでも、その両方の読解力において、男子は女子に遅れを取っているが）。十代の子どもを持つ保護者なら誰でも、子どもに自由時間の使い方を助言することの難しさを知っているだろう。しかし、全ての保護者は、ビデオゲームで遊ぶよりも宿題を先に済ませるように説得することで、子どもたちの人生の機会を著しく向上させることになると認識すべきである。

ＰＩＳＡ２０１２で最も顕著な調査結果の一つは、男子と女子が数学的リテラシーで同等の成績を収めた場合でも、教員は数学の成績で男子よりも女子に常に良い点数をつけていたことである。これは、女子が「良い生徒」だからかもしれない。つまり、女子は出席率が高く、目上の人に敬意を払う一方、男子は自制心に欠けている可能性がある。しかし、点数の高さは学校での成功を意味する一方、長い目で見れば必ずしも女子に有利な状況を与えているとは限らない。特に、そのことで意欲が失われてしまう場合である。労働市場では、知識、そしてその知識を活用して実行できることに対して報酬が与えられる。決して学校の成績に対してではない。

ＰＩＳＡによると就職の際、女子は男子よりもインターネット検索で将来の研究やキャリアの情報を得ることが多く、男子は女子よりも実体験、インターン活動、ジョブシャドウイング、就職フェアへの参加、学校外のキャリアアドバイザーへの相談等の経験から情報を得ることが多い。これは、雇用主やキャリアカウンセラーには、女子が将来のキャリアの可能性を知るために取り組むべきことがあると示している。

驚くべきことに、おそらく15歳時点における読解力の男女差は、16歳から29歳までに事実上消滅する。[42]なぜだろうか？　ＯＥＣＤ国際成人力調査（PIAAC: Programme for the International Assessment of Adult Competencies）のデータによると、若い男性は若い女性よりも職場や自宅でより多く読解する機会があるようだ。繰り返すが、これは教育やスキルのジェンダーギャップを狭める、あるいは根絶する方法が多数あることを示している。必要なのは、保護者、教員、学校管理職、雇用主に協力を求めて、男子と女子に同等の機会を与え、学習を奨励していくことだ。

7　教育と過激主義の闘い

ハンマーを持つ人には、あらゆる問題が1本の釘のように見える。安全保障事業に従事する人には急進主義やテロへの答えは軍事力、金融業に従事する人は資金の流れを切ることがその答えと見る傾向がある。教育者が過激主義との闘いを心理戦とみなすのも当然のことである。したがって、２０１６年にロンドンで開催された教育世界フォーラム（Education World Forum）で約90人の教育大臣が会話の中で繰り返しこの問題に触れたことは驚くべきことではなかった。

同時に、特にヨーロッパでのテロ攻撃は、過激主義者やテロリストを貧困あるいは質の低い教育の犠牲者であるとみなすのは、あまりにも短絡的な考えであると私たちに痛感させた。過激主義者やテロリストの背景や略歴をより詳細に調査することは必要だが、これらの人々が必ずしも社会の最も貧困な地域の出身でないことは明らかである。また急進派は、正規の教育を修了した中級家庭出身の若者の中にも見られる。皮肉なことに、これらのテロリストは21世紀の教育の基盤である起業家精神、創造的で協同的なスキルを身につけているようだ。

しかし、だからといって、より公正で人間的で、包括的な世界をつくるための最も強力なツールとしての教育を見限る理由はない。過激主義者が繁栄するのは分断された社会である。若者は、対立した世界観によって自己像、自信、他者への信頼が脅かされた時、過激な考えを受け入れるようになる。

幾つかの国は、恵まれない移民の子どもたちに優れた学習スキルを身につけさせるのみならず、そのような子どもたちが完全に社会に溶け込めるよう支援している。ＰＩＳＡ２０１２によると、フランスでは移民家庭出身の15歳の10人のうち4人が「学校に溶け込んでいると感じる」と答えたのに対し、ノルウェーの移民家庭出身の15歳ではそのように感じていると答えたのは10人うち9人であった。移民の子どもたちのウェルビーイングは、出身国と移住先の国の文化の違いによってではなく、移住先の学校や地域がどのくらい移民の子どもたちの日々の生活の問題、学習、コミュニケーションを助けてくれるかに左右される。

それでも、高い学力や社会的スキルを有しても、人々が社会を進歩させるためではなく破壊するためにスキルを使うことを防げるとは思えない。では、どのようにして教育は過激主義と闘うのだろうか？　これは、教育の核心に触れる課題である。つまり教育の価値とは、ますます複雑化し、不安定で変わりやすい社会の中で、自信を持って生き抜いていくための信頼できるコンパスやツールを子どもたちに与えることである。

もちろん、これは危険な領域である。私の同僚であるディック・ヴァン・ダム氏が言うように、これをやり遂げるためには尊敬や忍耐等の妥協できない社会の共通の価値観を強調しながら、社会の中の多様性と多様性が生み出す複数の価値観の受容をうまく両立しなければならない。どちらの方向も、極端に傾くと危険である。価値観をむりやり統合しようとすると、多様な視点を受け入れられなくなる。また、多様性を過度に強調すると、中心的価値の正統性を疑問視するような文化的な相対主義につながる。しかし、カリキュラムの議論においてこの問題を避ければ、適切な支援がないまま教員に別の問題を押し付けることになる。

このバランスを適切に保つことは難しいが、教育者は生徒が活動し、交流できるような文化的な多様性があり、デジタルにつながったコミュニティを準備する必要がある。教育制度が、21世紀のより広い概念としてのシチズンシップをどのように普及しうるかを検討することが重要である。２０１３年に各国政府は、グローバル・コンピテンシーと呼ばれる国際的な評価基準の開発を検討することをＰＩＳＡに申し出た。グローバル・コンピテンシーとは、異なる観点から世界を見つめ、異なる考え方、視点、価値を評価することができる一連のスキルのことである。[43]

「グローバル・コンピテンシー」が意味するもの

PISAは、グローバル・コンピテンシー[44]を「グローバルな文化間の問題を注意深く、様々な観点で分析し、違いがどのように理解、判断、自己と他者の考えに影響するかを理解し、人間としての共通の尊敬に基づいて、異なる背景を持つ他の人々にオープンで、適切かつ効果的な関係を構築できる能力」と定義している。PISAの定義によると、グローバル・コンピテンシーには、以下の能力が含まれる。

●地域、グローバル、文化的な意義を検討する。これはグローバルな問題について意見を示す時に、世界に関する知識と批判的思考を組み合わせる能力である。グローバル・コンピテンシーを有する生徒は、学校で身につけた学問知識と考え方を活用し、組み合わせることで、質問し、データや主張を分析し、現象を説明し、地域、グローバル、文化的な問題への立場を明らかにできる。また、メディアから情報を入手し、分析し、批判的に評価し、新しいメディアコンテンツを作成できる。

●他者の視点や世界観を理解し、評価する。ここでは様々な観点から国際的な問題を考える意欲や能力に着目する。個人が異文化の歴史、価値、コミュニケーションスタイル、信条、慣行等について知識を得るにつれ、その観点や行動は多くの影響を受けて形成されること、そのような影響を常に完全に認識しているわけではないこと、他者は自分たちとは異なる世界観を持っていることに気づき始める。異なる観点や世界観にかかわると、他者が想定する起源や意味合いと自身が想定することの違いを見極める必要がある。自身が他者と違っている資質を認め、評価する人々は、日常生活における不正行為を容認する可能性が低い。一方、この能力が発達していない人々は、「異なる」人々に対して固定観念や先入観、無意識のうちに誤った判断をする傾向がある。

●オープンかつ適切で効果的に異文化と交流する。グローバル・コンピテンシーを有する人々は、自身の行動やコミュニケーションを異文化の他者に合わせて交流できる。丁寧に会話しながら他者を理解しようとし、マイノリティ集団にも溶け込もうとする。ここではオープンかつ適切で効果的なコミュニケーション方法によって、他者との違いを橋渡しする各個人の能力を重視する。「オープンな交流」とは、全ての参加者が他者および他者の観点への理解や好奇心、受け入れようとする気持ちを表す関係性を意味する。「適切な交流」とは、両方の当事者の文化的基準に配慮した交流を指す。「効果的なコミュニケーション」とは、全ての参加者が自身の意見を他者に理解してもらい、他者の意見を理解できることである。

●集団のウェルビーイングと持続可能な開発のために行動する。これは若者を社会における活動的で責任ある役割を担うものと位置づけ、一人ひとりが各地域や国際的な問題、あるいは異文化間の問題や状況に対応する準備ができているかどうかを指す。つまり、若者が身の回りのことや地域に大きな影響を与えられるということである。この意味で能力がある人々は、情報を得て、思慮深い行動を起こし、自分の意見を発信する機会を作る。行動には、人間としての尊厳が脅かされたクラスメートのために立ち上がること、学校でグローバルなメディアキャンペーンを始めること、ソーシャルメディア上で難民危機について自身の主張を広めること等が挙げられる。

ＰＩＳＡによるグローバル・コンピテンシーの評価は、各国が教育を通じてより持続可能な社会を構築していくために必要なデータを提供する道筋を示す。若者が互いを理解し、自身の周辺以外の世界を理解し、団結した持続可能なコミュニティをめざして行動を起こすような学習環境を作る教育制度上の取り組みについて、包括的な概要を提供するのである。これは、落第、差別、暴力の根底となる無知、先入観、憎悪と日々闘う多くの教員の助けになるだろう。

当然、グローバル・コンピテンシーは様々な場面で開発できるものだが、学校はこの点において極めて重要な役割を果たす。学校は、若者が世界全体と自分たちの生活の両方にとって重要な開発を批判的に検討する機会となり、生徒にデジタル情報やソーシャルメディアプラットフォームを批判的かつ責任を持って使用する方法を教えることができる。また学校は、生徒に多様な人々、言語、文化への理解を育む体験を与え、異文化間の気配りや配慮を促すことができる。

建設的な議論の場としての学校

第二次世界大戦以降、世界の論壇では自由主義社会が自信に満ちた発展を遂げてきた。しかし、21世紀になって、自由および民主的理想や価値は、新たな脅威に直面しており、競合する世界観に対して改めてその価値を証明する必要に迫られている。

教育の議論もここから始まる。大学や学校は、オンライン講座も含めて、このような考え方や価値観が共有され、議論される重要な場所である。教育がグローバルに考えをやりとりする役割を担えるように支援し、強化することは重要である。

最高の教育機会を得るために国境を越える毎年500万人の子どもたちは、異文化間の対話と国際理解のチャンピオンである。教育に十分な投資をおこない、若者の心を摑むためのイデオロギー闘争が激化し、危険度が驚くほど高い国々にいる聡明な人々に魅力的な機会を提供すれば、国境を越える子どもたちはさらに増えるかもしれない。

注
1 Hanushek and Woessmann（2015b）参照。
2 http://www.nytimes.com/2012/03/11/opinion/sunday/friedman-pass-the-books-hold-the-oil.html 参照。

3 OECD（2013a）参照。

4 OECD（2017a）参照。

5 Paccagnella（2015）参照。

6 OECD（2017a）参照。

7 https://www.oecd.org/china/Education-in-China-a-snapshot.pdf 参照。

8 OECD（2016a）参照。

9 Schleicher（2014）, http://oecdeducationtoday.blogspot.fr/2014/07/poverty-and-perception-of-poverty-how.html 参照。

10 OECD（2016a）参照。

11 Prensky（2016）参照

12 https://surveys.quagliainstitute.org/ 参照。

13 OECD（2017b）参照。

14 OECD（2016a, Figure I.6.14）参照。

15 OECD（2011b）参照。

16 OECD（2016a, Figure I.6.14）参照。

17 OECD（2016c）参照。

18 http://www.legislation.gov.uk/ukpga/2010/32/section/1 参照。

19 https://www.gov.uk/education/pupil-premium-and-other-school-premiums 参照。

20 http://www.oecd.org/edu/School-choice-and-school-vouchers-an-OECD-perspective.pdf 参照。

21 OECD（2016d）参照。

22 OECD（2015b）参照。

23 OECD（2016b）参照。

24 OECD（2016b）参照。

25 OECD（2016b）参照。

26 OECD（2012b）参照。

27 OECD（2017b）参照。

28 OECD（2017b）参照。

29 Epple, Romano and Urquiola（2015）参照。

30 OECD（2016a）参照。
31 OECD（2016a）参照。
32 Zuwanderungskommission は２０００年にドイツ議会によって設立された。
33 OECD（2016a, Figure I.7.13）参照。
34 OECD（2016a）参照。
35 OECD（2016a）参照。
36 OECD（2016a）参照。
37 OECD（2015g）参照。
38 OECD（2017j）参照。
39 OECD（2015e）参照。
40 https://www.educationandemployers.org/wp-content/uploads/2018/01/Drawing-the-Future-FINAL-REPORT.pdf 参照。
41 https://m.youtube.com/watch?v=kJP1zPOfq_0 参照。
42 OECD（2016e）参照。
43 ＰＩＳＡは、認知テストと質問紙の二部構成で評価する。認知テストは、地球規模の問題に関するニュース記事を批判的に検討する能力を測定する。すなわち、視点と世界観に対する外部の影響を認識する、異文化間でのコミュニケーション方法を理解する、地球規模および異文化間の問題に取り組むための様々な行動方針を特定し、比較するなどである。質問紙では、生徒は自分たちが地球規模の問題にどれほど精通しているかを回答するように求められる。そこでは、彼らの言語スキルやコミュニケーションスキルがどのように発達したか。異なる文化的背景を持つ人々への敬意など、彼らがどの程度まで一定の態度を持っているか、彼らが学校でグローバルな能力を開発するためにどのような機会を持っているか、校長や教員はカリキュラムや教育活動全般にわたって、国際的および異文化間の視点をどのように統合しているかを回答するよう求められる。
44 https://www.oecd.org/education/Global-competency-for-an-inclusive-world.pdf 参照。

第 5 章

教育改革の実現

WORLD CLASS

1　なぜ教育改革はこんなにも難しいのか

これまで各章で議論してきたように、大きな変革が起きないかぎり、教育制度が提供するものと社会が求めるもののギャップは、さらに拡大するだろう。教育には、かつての鉄鋼産業のように衰退し、学校が過去の遺物になってしまうリスクがある。だが、学校教育を大規模に変革するためには、何が実現可能なのかという急進的で新たなビジョンだけではなく、変革の実現をサポートするような賢明な戦略も必要である。政策立案者は、新たな政策案を評価する際に、それぞれの政策案が持つ変革に伴う経済的および政治的なコストに対する潜在的なインパクトを測定するという難しい選択を迫られる。技術的な実行可能性を追求するか？　最も政治的かつ社会的な実行可能性を重視するか？　最も早く実行できるものにするか？　それとも一定期間持続可能なものにするか？　等である。

良い知らせがあるとすれば、教育分野で何が機能するかという我々の知識は、近年急速に改善しつつあることである（第3章参照）。デジタル化がポピュリズムの拡大や合理的な政策決定に対して機能する「ポスト真実」社会の構築に貢献したことは事実である。しかし、より多くの良いデータ、または新しい統計や分析ツールなど、同様の圧力は急速に拡大しており、政策開発を可能にする、よりエビデンスに基づいた環境をつくる社会調査の影響力も増している。これに関しては、ＯＥＣＤ学習到達度調査（PISA: Programme for International Student Assessment）がまさにその良い例である。２０００年におこなわれた最初の調査では、参加国の学校間で約30％のパフォーマンス偏差を説明できたのに対し、２０１５年にはその値が85％にまで上昇している。学校間のパフォーマンスの違いの多くは、ＰＩＳＡによって生徒、保護者、教員や学校管理職から集められた統計データに関連づけて説明できるようになったのである。

知識は、能力に基づいた行動と同様に価値を持ち続けている。しかし、現実には多くの良いアイデアは、政策の実施プロセスの段階で躓いてしまう。政府は、教育サービスで成果を上げながら、市民からの税金の賢明かつ効果的な利用を保障しなければならないというプレッシャーに常に晒されている。そのために、彼らは意欲的な改革目標を掲げ、それを達成するための戦略計画を設定する。だが、世界各国の教育大臣との対話でいつも話題になるのは、改革をどのようにデザインするのかではなく、どのようにその改革をうまく実行に移すことができるのかである。

では、なぜ教育改革はうまくいかないのか？　またなぜ素晴らしい計画は途中で挫折してしまうのか？　OECDでの私の同僚であるグレゴリー・ヴルツブルグ氏、パウロ・サンティアゴ氏、ベアトリス・ポント氏は、長年にわたって教育改革の実行に関する研究を進めており、どのようにして計画を実行に移すことができるのかについて、幾つかの重要な示唆を与えてくれている。[1]

教育改革が困難な理由の一つには、それが対象とするセクターの規模と範囲があげられる。その中で学校、カレッジ、大学やその他の教育機関は、公的支出の最大の受容者である。また、ほとんどの人が何らかのかたちで教育を受けてきた経験を持つため、皆が教育について何らかの意見や考えを持っている。ほとんどの人は教育改革を支持するだろう。ただし、それが自分の子どもに影響を与える可能性がある場合を除いてである。改革や変革を奨励する者でさえ、実際にどのような変化が伴うのかについて問われれば、自らの意見を見直すこともしばしばある。

政策立案者が教育改革を推進する際に目を配る法律、規制、構造や組織は、ほんの小さく見えている氷山の一角である。教育制度を動かすことがこれほどまでに難しい理由は、水面下に広がるより大きく、目に見えない部分が存在するからである。この目に見えない大きな部分は、そこにかかわる人々の興味・関心、信念、動機や不安によって構成されている。これらが公共政策のレーダーが届く範囲から巧みに逃れるために、予想外の衝突を引き起こすことがある。つまり、人々に何を変革すべきかを気づかせ、共通理解と変革への共同の所有権を持たせ、コンプライアンスよりも資源、能力開発、イノベーションや発展を促すようにデザインされた説明責任の基準等を含む正しい政策風土を形成し、一般に学習者よりも教育者や管理職の関心や慣習によって構築された組織構造を打ち崩さないかぎり、政策立案者が教育改革に成功することはないだろう。

また、教育改革が利益や特権的な地位に与える潜在的な損失に着目することが特に重要である。なぜならば、公的プロバイダーを主とする巨大な構造の中には数多くの既得権益が存在するからである。その結果、そこには現状維持に努める庇護者、すなわち変革によって一定の権力や影響力を失う可能性のある教育にかかわるステークホルダーが多く存在する。小さなカエルに沼地をきれいにしてもらうのは難しい。小規模の改革でさえ、大規模な資源の再配分が必要であり、多くの市民生活に影響を与える。「人目を忍んで実施する改革」は不可能であり、全ての改革案には広範に及ぶ政治的なサポートが不可欠である。つまり、教育改革は教育者が主導して実行しないかぎり、実現しないのである。

これまで各国の教育大臣は、教員の質や社会的地位の向上、説明責任の強化、効果的な学校配置、高等教育の統制や財政の改善等の課題に関する公的な政策改革の最前線に身をおいてきた。教育の政策立案者は、高等教育を拡大するために、その他の分野からの公的な財政支出の見直しによる予算の再配分、または授業料の徴収等を通じて安定的に財源を確保することの難しさについて、十分理解している。特に、生徒へのテストの増加を伴う改革は、教員からの抵抗を受けることが多く、職業教育改革の多くは、得られるメリットに対して懐疑的な保護者からの反発を受けることがある。

改革によって誰にどの程度の利益があるかは、一般的に不透明である。この不透明さは、そこに多くの人々（子ども、保護者、教員、雇用主や労働組合等）がかかわっているという理由から、特に教育分野において顕著である。特に、教育インフラは規模が大きく、何階層もの政府が関与しており、互いに改革にかかるコストを最小限にしたり、他に負担を負わせようとする動きが見られる点から、コストにかかわる不透明さを解決するのは非常に難しい。また、改革全体の本質、規模や配分の改善に影響を与え得るステークホルダーが多く、教育改革によるコストと利益の評価も難しい。そして、教育分野への投資は金額が高く長期間にわたるにもかかわらず、特に改革の実施から効果が見えるまでの時間差が大きいために、新たな改革による明確な成果を短期的に予測することは困難である。

教員は、たとえ現行の教育制度への不満が大きかったとしても、一般的に社会からは好意的に見られている。また、教員は政治家と比べて社会からの信頼を得られる傾向が強く、改革への抵抗は教員にはあまり影響しないことが多い。たとえ現行の教育制度への意見が多少なりともある保護者でも、一般的に自分たちの子どもが通う学校やその教員に対しては好意的である。

そのため多くの場合、教員との協働なくして改革の実行は不可能である。彼らは改革の実行段階で、政策立案者による改革への試みが最初から間違っていたと非難することで、容易に改革の動きを弱めることもできる。その点で多くの国や地域における教員は、非常にうまく組織されている。しかし、公正な立場から言えば、教育実践の改善や学習者や教育者のニーズよりも政治的な関心を優先した一貫性のない混乱を招くような改革に、多くの教員は長年苦しめられてきた。これらの改革へ向けた教員の努力は、必ずしも彼ら自身の専門性や経験に基づくものではなかったといえる。そのため、教員は単に改革が終わるのを待つことが自分たちにとって最も簡単な方法であることを知っているのである。

また、教育改革では、タイミングが多くの意味において重要である。最も重要なことは、改革初期のコストを負担する時期とその改革が実行され、効果が現れる時期までの間にはギャップがあるという点である。

あらゆる領域での改革においてタイミングが政治を複雑にするが、効果が現れるまでの時間差が大きい教育改革にとってはより大きなインパクトを与えるように見える。思い通りの改革を実施するためには長い道のりをたどる必要があり、失敗は常に一歩先に存在しているものである。そのため、政治のサイクルは、教育改革を実施するタイミング、規模や内容にも直接的な影響を与える可能性がある。また、教育改革の効果が現れる前に選挙がおこなわれた場合は、徒労に終わる可能性もある。政策立案者は、教育課題を通じて選挙に敗北することはあるが、教育改革を訴えることで選挙に勝利することは稀である。それは、ＯＥＣＤ加盟国の中でも、改革後のインパクトの評価をおこなっている改革が十のうち一つにすぎない点からもわかる。[2]

政策を実行するにあたっての最大の難所は、教育機関の管理運営方法に関連するものである。公教育は、標準化とコンプライアンスが社会全体における規範となっており、集団教育や一度きりの教員研修が効果的であると言われていた産業革命の時代に誕生している。この時代には、生徒が学習指導要領を通じて学ぶべきものは、全てピラミッドの頂点においてデザインされ、何階層もの政府機関を介して、機関レベルでの教材、教員養成や学習環境に取り入れられ、各教室で個々の教員によって実施されていた。

この産業革命時代の労働モデルから受け継がれてきた構造が、まさに今日の改革プロセスを非常に遅らせている。改革の動きが速い国々でさえ、学習指導要領の見直しは、6～7年ごとにしかおこなわれていない。しかし、その他の領域での急速な変化のペースに対する反応はさらに遅いと言わざるをえない。我々の日々の生活にかかわるほぼ全ての側面において、デジタル技術による革命が起きているにもかかわらず、それが教室に入ってくるスピードは驚くほど遅かった。新しい技術を導入する試みでさえ、多くの場合、不完全なかたちでカリキュラムのニーズに対応する程度に止まってきたのである。

すなわち、社会変革は、現在の社会制度が対応するための構造的な能力をはるかに凌駕するペースで急速に進んだと言える。また、その変化がさらに速くなればなるほど、受け入れに時間がかかる教育制度は、氷河の進行を思わせるほど遅く、孤立して見える。しかし、何階層にもよる行政構造を通じたトップダウンによる統治は、もうすでに機能しなくなってきている。今直面している課題は、世界中の何百、何千もの教員や学校管理職の専門性を基盤として改革を進めることであり、優れた政策や実践をデザインするために彼らの参加を促すことである。改革のデザインに教員や学校管理職を取り込まなければ、彼らがそれを実施することはないだろう。

2　改革の成功に必要なこと

政策を円滑に実行するためには、教室と変化し続ける外の世界を実践的につなげられる教員や学校管理職の知識や経験を結集することが重要である。これが、まさに今日の政策実行における根本的な課題である。その中で、現状を大刷新しようとプレッシャーをかける強力な対抗勢力が常に存在する。個人レベルにおいて教育は、個人のウェルビーイングや成功を判断する上で、ますます重要な役割を担いつつあり、マクロなレベルにおいて教育は、高いレベルでの社会包摂、生産性や成長とより強く結びついている。知識社会の出現やスキルに対する要求の高まりは、教育の重要性をますます高めているといえる。そして、教育分野における不振や過小投資のデメリットは増え続けているのである。

そのため、学歴が将来に直接影響を与えると考える人々の輪は、保護者や生徒から雇用主や社会・経済福祉にかかわる全てステークホルダーにまで拡大している。これらの影響力は、ステークホルダーの要求をも高める結果となっている。

教育改革への抵抗を克服するための戦略は、その他の分野で採用されている戦略と似ている。改革は、

「極めて不安定な状態」（クライシス）においてより円滑に実行されるが、教育におけるこの「極めて不安定な状態」の意味は、他とはやや異なる。教育分野において受けるショックは、何かが機能するために必要な力に対して突如影響を与えるような出来事よりも、現行の教育制度に対する認識を変える何かを含む（第1章参照）ものと考えられる。

教育分野において、「極めて不安定な状態」は急に生じるわけではないが、生じた場合は過酷であり、その圧力は人口構造の変化によってかけられる。例えば、学齢期人口の急速な減少は、エストニアやポルトガルの政府に対して、地方の学校の統廃合という過酷な課題を突きつけることになった。これは、ある村の学校を閉鎖することが、その村の人々の心の拠り所を奪ってしまうという意味でもあり、改革課題の中でも特に難しいものである。しかし、このような改革は、生徒に対してより幅広い教科やコースの選択肢を与え、教員の専門性開発や協働をより強化し、教育に対するその他の投資のためのリソースを自由化する等、新たな機会を開くこともできる。そのため、ポルトガルの地方における教育成果の急速な改善という大きな変化は、これらの改革の成果だと考える人々もいるのである。しかし、その大きな変化は、全ての国に共通するわけではない。私は低下し続ける出生率と資源不足に苦しみ、児童数が半分にも満たない日本の小学校をたくさん見てきた。これらの学校に残る生徒や教員が少なければ少ないほど、真の改革を追求することはより困難になる。

ドイツでは、学齢期人口の子どもが少ない州に対して、一般教育と職業教育の両方を重視する中等学校「レアルシューレ」と主に基礎的な職業教育を提供する中等学校「ハウプトシューレ」等、異なる種類の中等学校を統合している。このような改革に伴う重要な副次的効果として暗示されるのは、ドイツの学校システムにおける能力別編成や階層差を縮小し、社会的背景が学習成果に与える影響を弱めたことである。

同様に、わずか数年前にポリテクニク・セクターを新たに整備したばかりのフィンランド政府は、後期中等学校の卒業生数が減少していく見通しが出されたことで、高等教育機関の数を減らし、その管理運営体制や財政を見直す改革を進めることになったのである。

その他のセクターにおいても見られるように、教育制度の各分野での組織的な改革により、制度自体が相互に補強されることが証明されている。しかし、ときに現実の機会は、解決できない問題として隠蔽される場合もある。これは、スコットランドで見られたケースであるが、カリキュラム、試験やリーダーシップに関する抜本的な改革を進めようとしていた当時の政府は、まず教師教育、教員の任命や報酬制度の徹底的な見直しから着手したのである。つまり、このケースでは、カリキュラムや試験改革の成否は、誰が教え、どのように教育されてきたのか等の教員養成制度に影響を与える、推進される改革以前におこなわれた改革によって大きく左右されているといえる。

しかし、教育制度が何階層もの政府を含むことを前提として考えれば、「総合的な改革」をコーディネートすることは難しい。デンマークが同様の課題に直面しており、地方自治体に採用された教員養成および現職教育の教師教育改革とナショナル・テストの改革を同時に推進することが困難であることを証明している。つまり、地方自治体は、多くの場合、国家政策を推進するだけの能力を十分に備えていないということである。

オーストラリア、オーストリア、ベルギー、ブラジル、カナダ、ドイツ、スイス、イギリスやアメリカのような連邦教育制度を採用する国々では、それぞれ異なるジレンマを抱えている。例えば、アメリカは連邦政府であるが、各州政府に対して連邦教育予算を受け取る条件として「質の水準」を設定させることは可能であるが、その内容を規定することはできない。例えば、2009年にアメリカの公立学校関係者や州知事は、コア科目に関する共通のナショナル・スタンダードの設定に合意しているが[3]、2015年時点においても、これらのスタンダードの導入は、各教室での教育実践に大きな影響を与えるほど十分には進んでいなかった。

またドイツも連邦政府であるが、ナショナル・スタンダード[4]の導入に成功している国の一つである。2000年のPISA調査で満足のいく結果を残せなかったことは、その後のドイツの政策立案者に対して、伝統的なコンテンツ・ベースからコンピテンシー育成を加えたカリキュラムへの転換や全国規模でのより厳密かつ一貫した学校水準の確立への強いプレッシャーを与えた。その後、連邦当局からの継続的な要求や拡大する世論の結果、この水準は漸進的に合意され、導入されるに至ったのである。

それでは、なぜこのような政策実行は、アメリカよりもドイツの方でより受け入れられたのだろうか？まず、ドイツはこのスタンダードの開発、試行及び導入に幅広いステークホルダーを関与させるための時間を確保したことがあげられる。次に、スタンダードの設定と同時に、各州では、教授デザイン、授業計画や教授法に関するガイドライン等、各教室で導入可能な幾つかのリソースの開発をおこなったこともあげられる。すなわち、この新たなスタンダードを導入するための体制整備を教育制度全体で推進したのである。

アメリカとは異なり、ドイツの各州では、スタンダードの改善に対して、説明責任や機能よりも賞与を与えることを重視している。また、ナショナル・テストの導入は、実験校を対象に進められたため、各学校間の比較を防ぐことができた。それにより、新たなスタンダードの導入に伴う教員への影響は意図的に最小限に抑えられ、州単位のパフォーマンスの向上に対する政策立案者の責任は高く維持されたのである。さらに、教員、学校や地域コミュニティに対しては、地域単位での改革の進捗状況を把握するための幾つかの手段も提供されたのである。

政策開発の難しさには、複数政府の階層間の調整だけではなく、それぞれの省庁の考え方を調整し、同じ方向に向かわせることも挙げられる。しかし、教育が生涯にわたって発展するためには、教育、家族、雇用、産業や経済開発、移民や統合、社会保障や公共財政等、幅広い政策分野の関与が必要である。このような教育政策に関与するあらゆるステークホルダーを統合する方法は、政策立案者にとっては、後に移民や労働市場の統合、早期教育への支出や福祉制度への投資等の現行の政策に対するトレードオフの認識を可能にする。

多様な政策分野間の連携も、二度手間を防ぎ、政策の効果を高めるためには重要である。しかし、教育に対して政府全体で取り組むことは容易ではない。教育省は、知識、スキルや価値の伝達を強調し、生涯にわたる強い教育基盤の構築に努めるだろう。その一方で労働省は、主に短期間での専門職訓練を通じた非雇用労働者の就労に取り組むだろう。そして、経済省は長期的な競争力の確保に必要なスキルの育成により関心を寄せるのではないだろうか。

このような省庁間の関心のズレは、特にポルトガルで顕著に現れている。教育省が進める学校基盤の基礎的なスキルの育成と労働省が進める職業基盤学習という二つの職業教育訓練制度の統合に苦慮している。そこで、我々はポルトガルからの要請を受け、一貫したナショナル・スキル戦略の開発支援をおこなった。[5] そこで我々は異なる省庁の協働を通じて協力関係を構築することはできたが、若者への学習がどのように提供され、誰が提供すべきかよりも、若者がどのように学ぶかという点を中心とする枠組みや共通言語を確立するために多くの時間を要したのである。

そこで、私は改革を進める際に特に重要な幾つかの要素を明らかにした。

●政策立案者は、教育改革の目的に対する幅広い支持を得る必要がある。政策の策定と実行には、特に教員を含むステークホルダーの参画が必要である。これら外部からの圧力は、変革せざるを得ない状況をつくり出すために有効である。そして、全ての政策関係者やステークホルダーは、改革を推進するペースや本質にかかわる現実的な見通しを持つ必要がある。

●能力開発――教育行政が、もし改革に関する最新の知識、専門的なノウハウ、新たなタスクや責任に対する適切な制度的取り決めがない場合、改革への抵抗を克服することはできない。改革を成功するためには、それにかかわる人材開発への大規模な投資、あるいは関連機関の能力強化のため改革の結集が必要である。これは、同時に改革自体が安定的な財政支援を要するということも意味している。

●適切な場所での適切なガバナンス――教育制度は、地域の学校から政府まで広がっている。各機関および各階層の政府の責任は国によって異なるが、民間事業者の相対的な重要性や独立性も同様に異なる。そのため、改革は異なるプレーヤーの個々の責任を考慮する必要がある。改革によっては、責任がうまく調整され、割り当てられていなければ実現しないものもある。地方自治体という階層は、地域のニーズを読み取るためには有効であるかもしれないが、改革全体の目標や方針へ向けた進捗状況を把握するには、決して有利ではないかもしれない。また、地方自治体は国家の目的や方針と一致した教育政策の設計や実行に十分な科学的、技術的、インフラ能力を兼ね備えていない可能性もある。

●パフォーマンス・データの活用――情報の収集、管理やアクセスが安価かつ容易にできるようになり、教育制度は地域、国家、国際レベルでの個人や組織のパフォーマンスにより関連性の高いデータを利用できるようになった。全国調査や視察と同様に、比較データや評価も政策立案を導き、変革を促進するために活用できることはすでに立証されている。このようなエビデンスは、収集された情報の活用法に関する情報ツールとともに各機関にフィードバックされることで最も役立つものになるといえる。

●改革にかかわる全ての階層でのフィードバック体制、対応のためのインセンティブやより良い成果をもたらすための能力開発の手段等、自己調整システムの構築に向けた改革イニシアチブの初期段階からの進歩が見られる必要がある。また、チェンジマネジメントのスキルへの投資も不可欠である。また、教員に対しては、変革への手段が与えられていることに対する再保証も必要である。そして、子どもの学習成果の改善に向けた教員のモチベーションについても評価されるべきである。

●「政府全体」による取り組みは、教育改革をより総合的な改革にする。

今後、右に記した各側面をより詳細に検討していく必要があるといえる。

3 「正しい」アプローチの多様性

教育改革に対する多様な視点は、特に各政策立案者がそれぞれのステークホルダー・グループ（政府当局）を代表している場合が多いため、政策立案を困難にする。例えば、教員評価の方法を選ぶ際にも、常に累積的評価（パフォーマンス評価）や形成的評価（改善へ向けた継続的なフィードバック）に関するそれぞれのメリットを巡る議論が繰り返されている。他方で政策立案者や保護者は、質保証や説明責任に価値を置く傾向にある。彼らの主張では、学校は納税者に支えられた公的機関であり、国民は教育の質により価値を求めるのである。累積的な教員評価は、校長の優れた教育実践や教員の貢献に対する褒賞を与えるための指標となり、国民、議員、地方教育行政当局に対して、教育の質の監督と保証の手段として用いられる。しかし、教員や所属する組織は、累積的な評価を管理的なツールであるとして嫌い、それよりも形成的なアプローチを好む傾向にある。

一方で、異なる考えを見事に一致させた事例も多く見られる。例えば、チェコでは、学校教育修了試験の標準化を１９９７年に開始し、14年後の２０１１年に実際にそれを導入した。その間、幾つかのモデルが開発され、パイロット版が導入され、根本的な部分は複数回にわたって修正された。この改革は、特にチェコ国内の政党間で熱い議論を巻き起こしたものの、最終的には試験の方法に対する合意を得られなかったのである。[6]

4　進むべき方向を定める

その他の優先事項としては、生徒の学習のために達成すべき事項に関する長期的なビジョンの共有が挙げられる。個人や集団は、社会全体が改革の必要性を理解し、広い戦略の中で自らの役割が見えている場合は、決して自分の関心と近くなかったとしても改革を受け入れる可能性が高い。これを達成するためには、エビデンスに基づいた政策分析、代替政策オプションやそのインパクトに関する研究成果や改革をおこなった場合とおこなわなかった場合のコストに関する情報等が全ての人々にわかるような言葉で広められる必要がある。

例えば、テストの標準化を進める改革の必要性を教員が納得するためには、教員が評価の広い目標やその評価に内在する基準や枠組みを理解し、支持をしていることが重要な意味を持つ。明確な目標やスタンダードを設定し、それを教員に伝達することは、達成すべき生徒の学習成果を教員が明確に理解し、いわゆる「テストのための教育」への行動を抑制することにつながる。

改革への抵抗は、大抵の場合、提案された政策に伴う変化の本質、そのインパクトや一般市民を含むステークホルダーにとってメリットの有無等に関する情報が不十分な時に生じる。改革の反対派は、市民に対する十分な説明や改革に向けた準備を与えられていないと主張するだろうし、また政策イノベーションの社会的受容を十分に得られていないと主張するだろう。これらの点は、教育者や社会全体が納得するためには、基礎的なエビデンスを示すことが重要であることを示唆している。そこには、政策決定が非常に困難なことについての認識や国民的な議論を深め、異なる代替政策案のインパクトに関するエビデンスを広く共有すること等が含まれている。これこそが、確実に合意を形成していくための方法なのである。

5　合意形成

政策を改革するために合意形成が重要であることは、すでに十分な根拠がそれを示している。同時に、多様なステークホルダーを前提とする教育分野において、合意は集団内における最低限の共通項の合意形成を意味するかもしれないが、それでは真の改善には不十分かもしれない。そのため、戦略的なリーダーシップが教育改革を成功させるための核となるのである（第6章参照）。

懸念事項の検討を可能にするコンサルテーションとフィードバックによって合意形成を図ることができる。また、その結果他のステークホルダーが強い抵抗を示す可能性を減らすことができる。また、政策設計にステークホルダーの参画を促すことは、長期的な能力開発やアイデアの共有を可能にする。そして、教育政策の設計にステークホルダーを巻き込むことは、改革の本質、ニーズや妥当性への共有意識を持たせることができる。

OECD加盟国の経験から、合意に基づく政策立案に元来備わっている恒常的かつ組織的なコンサルテーションは、多様なステークホルダーや政策立案者間の信頼関係を構築し、合意形成を促すことをすでに証明している。

例えば、チリでは、初等・中等学校における教員評価システムを導入することを目的に立案された

1991年教員法により、雇用主は2年間続けて評価の低い教員を解雇することができた。しかし、この評価システムは、評価委員会の構成員に関する教員組合からの反対、およびこの制度が改善よりもむしろ処罰に焦点を当てていることから実施されなかった。

それにもかかわらず、教員評価は1990年代を通じて社会的・政治的な関心として注目されていた。それに対応して、チリの教育省は、省庁、地方自治体や教員組合の代表によって構成された専門委員会を設置した。そして、数か月後にこの専門委員会は、教員評価制度の合意に達したのである。また、同委員会では専門的なパフォーマンス基準のためのガイドラインを作成し、その手順や教材を評価・調整するために、国内の各地で試行プロジェクトを実施することでも合意した。

このような全国規模のコンサルテーションや教員の専門性に関する合意が得られた後に、教員のパフォーマンス基準の枠組みが開発され、公的に認定されたのである。この教員のパフォーマンス評価の試行プロジェクトは、その後四つの地域で実施されている。そして、2003年6月には、省庁、地方自治体や教員組合の合意によって新たな評価システムの漸進的な実施が決定したのである。[7]

幾つかの国や地域では、すでに教員やその他のステークホルダーに対して政策検討のための公開討論を目的とする教職員協議会を設置している。例えば、2006年に設置されたアイルランド教職員協議会は、教員の専門性や教師教育における優れた実践を推進、維持することを目的として設置されている。[8] 法定組織として、同協議会では教員の専門的な実践を監督し、教員養成プログラムを開発し、教員の専門性開発の向上を担っている。これらの活動を通じて、協議会は教員に対して専門職としての自律性を十分に与え、その結果教員全体の専門的地位やモラルの向上をおこなっているのである。そして、この教職員協議会の主な機能は、特に教員の登録の維持・管理、教員の登録に必要な教育要件の決定、教員に対する継続的な研修や専門性開発の奨励、教員の適性に関する調査の実施や必要に応じて不適切教員に対して制裁を科すこと等を含む専門職行動基準を確立、公表、維持することである。

協議会は、登録された教員や教員養成機関、学校マネジメント組織、全国保護者協会、産業界、ビジネス界や閣僚候補者等、教育分野にかかわる多様な団体の代表によって構成されている。

批判的に見れば、このような協議会は教員養成、教員の任命、教員のパフォーマンスやキャリア開発に関する専門家主導のスタンダードの設定や質保証を機能させるものだといえる。このような組織の目的は、医薬、工学や法律等の分野で専門性を長い間特徴づけてきた自律性や社会的な説明責任を教職においても確立することなのである。

我々がおこなったアセスメントと評価枠組みの再検討は、共通の合意形成が改革推進に効果的であることを例証する幾つかの事例を示している。[9]

デンマークでは、2004年にOECDから評価文化の確立の必要性を示す勧告を受け、全ての主要なステークホルダーがその導入に向けて取り組むことの重要性を認めている。[10] 実際に、デンマークでは、初等及び前期中等教育（フォルケスコーレ）に係る政策開発に関係者グループを巻き込んでそれを推進するという伝統が存在している。その関係者グループには、教育省（国家）、市町村（地方自治体）、教員（デンマーク教員組合）、学校管理職（デンマーク校長組合）、保護者（全国保護者協会）、生徒、各学区の管轄組織、デンマークにおける独立小学校（私立）の代表組織や研究者等が含まれている。

今日のデンマークにおいて、初等・前期中等教育の評価及び質開発協議会は、評価政策を議論する際に最も広く知られた共通のプラットフォームである。しかし、近年その他団体が主導する対話が活発におこなわれている。その一つはナショナル・テストを開発し、優秀な成績を収めた学校を毎月選出・表彰したり、地方自治体が協働でフォルケスコーレの改善に取り組むよう推奨したりしている。[11]

また、ニュージーランドの教育制度の中核にあるのは、教員のプロ意識への信頼と、相談と対話の文化である。ニュージーランドにおける評価システムは、上からの指示によるものではなく、協働作業によって開発されたためである。正直に言って私は、完全に教員に評価を委ねるという、ニュージーランドのいちかばちかの評価システムの開発には懐疑的であった。しかし、彼らが成功したのは、まさに教員養成や研修、同僚間の協働の促進に時間と労力を費やしたためである。また、最終的には、彼らは信頼性の高い生徒の学習成果データを得るにとどまらず、教員も評価の本質、さらに多様な課題に対して生徒がどのように反応するのかへの深い理解ができるようになった。おそらく、ここで最も重要な点は、他のクラスや学校で生徒に課された類似の課題について、教員がどのように評価しているかを理解できるようになったことであろう。

このような参加アプローチの結果、今では学校はこの評価戦略に対して、多くの支持と深い関与を示している。当然のことながら多様な意見はあるが、評価の目的については共通理解があり、国家政策の形成に参画することでステークホルダー間でも期待感のようなものが見られるようになってきている。

また、ノルウェーにおける政策立案の特徴として、高い水準での地方への権限移譲が挙げられる。これは、国家による評価枠組みの開発段階においても明らかである。学校は、その方針、カリキュラム開発や評価において、高い自律性を有している。また、民主的な意思決定と評価政策に対して懸念を抱く人々を積極的に取り込むことが、その政策の成功には必要不可欠であるという共通理解が存在しているのである。さらに、ノルウェー政府が地方自治体の能力開発と強化、さらに地域間での情報交換を促すあらゆる支援をおこなっている点も特徴的である。

フィンランドでは、教育評価の目的とその優先事項は、教育文化省、教育評価局、高等教育評価局、全国評価理事会やその他の主要組織が協働で策定した「教育評価計画」によって規定されている。教育評価局のメンバーは、教育行政、教員、生徒、雇用者、雇用主や研究者の代表である。

ベルギーのフランス語圏における監視委員会は、教育システム全体を監督する組織である。この委員会は、特に二つのミッションを担っている。一つは教育システムの一貫性をコーディネートし、視察すること、もう一つは教育学的改革の導入をフォローすることである。委員会のメンバーとして、多様な教育関係者が参画しており、学校視察官、学校設置者、研究者、教員組合や保護者の代表が含まれている。新たな政策が推進される際、トップダウンとボトムアップの組み合わせが、共通理解への合意形成を可能にする。教員、その他の教職員や組合等を含む実践家が、研究で得られたエビデンスをもとにした政策開発、解釈、翻訳に参画することで、彼らは強い当事者意識を持ち、改革プロセスに対する信頼性を高める。

6　教育改革に教員が参加する意味

政策を開発するプロセスでは、その初期段階から幅広い分野のステークホルダーが関与することで合意形成が容易になる。定期的な情報共有は、ステークホルダー間の信頼関係を築き、課題意識を高め、互いに歩み寄る土壌を形成する。逆に言えば、政治が疑念を払拭することに終始し、良識的な判断よりも自らの地位にすがるようになることで、我々は対話を通じた新たなアイデアの創出と変革する能力を失うことになる。改革のデザインに教員が純粋に関与していないところでは、その改革の推進に彼らは協力しないだろう。これは、単なるリップサービスで済む話ではない。実際に、私は政策立案者が見下すような態度で教員の能力不足を嘆き、教員養成プログラムの充実を図る必要性を主張する声を聞くことがある。しかし、より深刻な問題は、政策立案者の多くが、良い教室からの良い実践を教育制度に取り込むよりも、政府からの指示を教室に下ろすことに徹しているために、教員の中に潜在的にある能力や専門知識への理解が乏しいことである。

私たちはこれまで教育評価の実践を再検討し、そこに多くのダイナミクスが含まれていることを学んできた。実際に、評価政策は一つの意見を押しつけるよりも多様な視点からの歩み寄りの方が得られるものが大きいといえる。例えば、教員は評価方法をデザインする時点で相談を受ければ、評価を受けることに納得するだろう。さらに、これは教員の専門性、スキルや経験の重要性や責任の範囲を認め、活用するための良い方法であるといえる。もし、教員を評価する手段が「お上」によってデザインされ、実行された場合は、行政と教員の間には「弱い連携」しか生まれないだろう。その場合、教員の関与は乏しく、評価手段を通じた潜在的なリスクは発見されないだろう。

目標設定、自己評価や個々のポートフォリオの準備等の評価活動に教員や学校管理職を取り込むことは、教員や学校管理職間のエンパワーメントを高め、そのプロセスを円滑に推進することにつながる。教育当局は、経験豊かな教員の助言から多くのことを学べる。これらの教員は、良い教育実践を見極め、同僚を評価するための最善の方法を知っている。つまり、評価システムは、それが専門家によって活用しやすく、客観性と公平性が認められるものでなければ成功しないということである。

さらに、教職を取り込むことの必要性は、政治や実用主義の範囲を超えつつある。知識基盤社会がさらに拡大するなかで、政策立案者の大きな課題は、教員の質をどのように維持し、全ての教員が専門的な学びに継続的に取り組むかである。また、効果的な専門性開発の特徴に関する研究によれば、教員は専門職基準を踏まえて自らの実践を分析し、学習基準を踏まえて生徒の学習の進捗状況を分析する必要があるとされている点からも、教員を取り込むことの重要性は高い。

7　試行プロジェクトと継続的な評価

政策の試験的な導入や試行プロジェクトの実施は、関係者間の合意形成を促し、不安を和らげ、それが本格的に導入される前に改革案を吟味することで抵抗に打ち勝つことができる。また、同時に政策を本格的に推進し始めてからも、継続的にその改革プロセスを見直し評価することが重要である。教員や学校管理職は、自分たちの懸念を表明し、政策調整に対して助言ができる環境があれば、その政策を受け入れる可能性が高くなる。

ニュージーランドでは、教育省によって幾つかの独立した評価委員会が設置され、そこで国家政策のモニタリングがおこなわれている。例えば、英語を教授言語とする学校におけるカリキュラムの導入は、政府教育評価局によって監督されている。また、学習指導要領については、教育省及び政府教育評価局からの委託を受けた評価チームによるプロジェクトを通じて、複数の学校サンプルを用いながら監督されている。これらの評価活動から得られた情報は、調査データ、政府教育評価局の報告書からの情報や全国及び国際学力調査の結果等によって補完されている。このように、幾つかの国では、外部評価団体が学校やその他のステークホルダーからの評価プロセスへのフィードバックを収集し、導入プロセスを監督しているのである。

8 システム内の能力開発

改革への大きな障害の一つとして能力とリソースの不足が挙げられるが、リソースの影響はその範囲、本質やタイミングを含めて過小評価されがちである。そして、不足するのは財政的なリソースではなく、そのシステム全体における人的能力である。

カナダ西部に位置するアルバータ州における「学校改善のためのアルバータ・イニシアチブ」（The Alberta Initiative for School Improvement）は、まさにこのような課題に取り組むために1999年に創設された組織である。その主な活動は、教員、保護者や地域コミュニティに対して、地域のニーズを満たすための革新的なプロジェクトを推進するよう協働しながら働きかけることである。このイニシアチブが形成するプラットフォームは、学校や学区が協働的な探究のプロセスを通じてカリキュラムや教育方法における教員の専門的な能力の改善を進める場として活用されている。

このイニシアチブは、アルバータ教職員協会、アルバータ州政府やその他のアルバータ学校理事協会等のような専門パートナーの緊密な連携によって生まれた。また、アルバータ教職員協会は、その予算の半分近くを専門性開発、教育研究やより革新的で力強い教職の構築に向けた公的支援に充てている。[12]

2013年におこなわれたOECD国際教員指導環境調査（TALIS: Teaching and Learning International Survey）は、まさにこのアルバータ州における教員の専門性向上への精力的な取り組みの成果を示している。アルバータ州の教員は、その他のTALIS参加国や地域の教員よりも多く専門的な学習に参加しており、85%が教育関連の講座やワークショップに参加し（TALIS平均71%）、80%近くが教育関連の学会に参加し（ＴＡＬＩＳ平均44％）、３人に２人近くの教員が専門的なネットワークに所属し（ＴＡＬＩＳ平均３人に１人強）、そして50％近くが個人または共同研究に従事している（ＴＡＬＩＳ平均31％）ことが明らかになった。一方、アルバータ州において一度も専門的な学習活動に参加したことがないと回答した教員の割合はわずか４％であり、これはＴＡＬＩＳ平均の16％よりも低い[13]。

教員は、自らの実践を省察するための時間だけではなく、機会があれば専門性開発のために積極的に活動する時間が必要である。そして、教育改革のための教員研修も多くの場合、全てのステークホルダーが自分たちに求められる新たな役割や責任を果たす準備や姿勢を整えられるように必要とされている。

9　タイミングが全て

政治家にとって１週間は非常に長いが、教育改革が成功するためには多くの場合、数年単位の時間を要する。まず、前述のように、改革の初期コストと改革後に見込まれるメリットの間には相当なギャップが生じるものである。これまで私は、就学前教育やケアへの投資が特に大きな社会的利益や学校教育への好影響をもたらすという豊富なエビデンスがあるにもかかわらず、なぜ投資不足が生じているのかと自問自答を繰り返してきた。ドイツでは、就学前教育プログラムに子どもを通わせるために、保護者は授業料を支払わなければならない。一方、わずかな授業料をドイツの大学生に課すことは、それを正当化する理由があったとしても、ほぼ不可能である。このように就学前教育に授業料がかかる理由は、子どものためにロビー活動がおこなわれていないからだけではなく、就学前教育が改善されるためには非常に長い時間を要するからであるといえる。それは、私たちが多くの場合、直ちに自分たちの健康を害する場合には最も高額な医療でも受けようとする一方で、教育サービスの重大な欠点が長い間明らかにされない場合には、それを受け入れてしまうためである。

さらに、改革は多くの場合、特定の順序で実行されてこそ効果を発揮する。例えば、カリキュラム改革が効果的におこなわれるためには、それ以前に教員養成や現職の教師教育改革が必要である。

また、改革の初期段階から時期、導入、目的に関する明確な理解を促進することは必要不可欠である。さらに改革の手段を周知し、理解を促し、信頼関係を構築し、政策開発の次のステージへと進むための能力開発を進めるためにも、十分な時間の確保が必要である。この点については、マイケル・バーバー卿が著書『Deliverology』で、改革の設計や推進のプロセス、改革の各段階における優先順位の定め方、クラスにおける最も良いパフォーマンスのマネジメント原理の活用方法等を検討している。[14] しかし、そこで雄弁に記されている内容が実際の実践に生かされた事例は少ない。

10 教員組合と共に改革する

教職を教育改革の核に据えるためには、政府と教職間の充実した対話が必要不可欠である。ＯＥＣＤのために労働組合諮問委員会が19か国の24の組合を対象に２０１３年におこなった質問紙調査[15]では、すでに多くの国や地域で成熟した対話がおこなわれていることが明らかにされている。

この質問紙調査に回答した組合の多くは、教育政策の立案や推進において、少なくとも部分的に政府に関与していると回答している。しかし、多くの組合が政府との対話の機会を設けられていると回答した一方で、その半数はこの対話に部分的にしか関与していないと感じると回答している。さらに、組合の多くは自らが関与しているのは政策の実行よりも設計だと感じていることが明らかにされている。

これは、単に形式的な手続きが導入されていたとしても、実際の関与が保証されるわけではないことを示している。たとえ同一の国でも、各労働セクターを代表する組合と政府との関係性を反映して、組合どうしでも意見が異なる場合がある。

また組合の代表は、教育政策のどのような分野について議論しているかを質問された。多くは教員の専門性開発と回答しており、次いで労働条件や公平性を課題として挙げている。また、カリキュラム、報酬、特別な支援を要する生徒への対応、教員評価、学習評価や機関評価も多くの組合が課題として挙げている。他には3分の1が生徒の態度について生産的な話し合いがおこなわれていると回答した一方で、教育研究、学校開発や教育協議会についてはあまり言及されていない。

また、教育訓練政策についても質問されており、多くの組合が政策推進の議論に完全には関与しておらず、むしろ関与していないと回答している。訓練が必要な際に関与したと回答した人は少なかった。また、教育訓練政策で生産的な議論がおこなわれている分野としては、多くの組合がカリキュラムを挙げており、次いで専門性開発、公平性、報酬、成人教育や労働条件等を挙げている。一方で、若者への訓練戦略やその訓練への財政支援等についてはあまり言及されていない。

概して、この質問紙調査は、特に教員やスキル等の政策分野において、多くのOECD加盟国で組合の積極的な関与が見られ、大変有意義な内容であったと評価できる。しかし、特に組合と政府による全体的な対話には、未だ改善の余地があるといえる。政府は、今後このような取り組みを広く認知し、支援することで、対話を進めるための積極的な役割を果たす必要があるといえる。

しかし、教員と政策立案者を分断する厄介な課題が多く存在するため、これは容易ではない。また、エビデンスが示す生徒の学力向上に必要なものよりも自らの生活上の問題を優先して学校改革を阻む存在として、教員組合と対立する勢力も存在している。しかし、生徒の学力が高い国や地域には、強い教員組合が存在するものである。国内における特に教員組合を含む組合の存在と生徒の学力には、あまり関係がないように思われる。一方で、教員の実践が専門化される度合いと生徒の学力には関係があるかもしれない。PISAで成績上位の国は、教員組合と建設的な関係を構築しており、教員を信頼できる専門的なパートナーとして位置づけている傾向が高い点からもそのように言えるのではないだろうか。

カナダのオンタリオ州では、2014年に政府が州内の4つの主要な教員組合と4年間の団体協約を締結している。この協約の合意に向け、政府は教育戦略と組合の関心を一致させる条項を盛り込むように交渉し、その結果、教育政策を加速させると同時に教育改善に継続的に取り組むための安定した労働環境を整備するための基盤が提供された。私はこの事例を通じて、政府と教員組合との関係が持つ本質には、教育における労働組織が反映されていると考えた。政府が指導や正当化に集中し、教員が10年以上前のような働き方と給与で働くことを期待されるような高度に産業化された労働組織では、気づかないうちに組合に対して、報酬や労働環境の改善に取り組むように促してしまう。その結果、ステークホルダー間の関係性がトップダウンや対立関係になってしまうのである。

他方で、政府が教員に対してインセンティブを与え、教職が多様なキャリア、権利や革新的な働き方によって特徴づけられるような高度に専門化した労働組織では、政府と組合間での戦略的かつ原則に基づいた専門的な労働関係の形成につながっていく。その意味において、全ての教育システムが、それに見合う教員組合を持つことに価値があるのである。

そのため、2009年のPISAの結果が出された当時、アメリカ教育省のアーン・ダンカン大臣、教員組合の国際連盟である「エデュケーション・インターナショナル」(Education International)のフレッド・ヴァン・ルーヴェン氏と私は、教職に関する初の国際サミットを開催したのである。ダンカン大臣は、PI

SAや教育における国際協働の強力なサポーターであり、彼は現場の変革が教員組織の関与に左右されることをよく理解していた。この国際サミットの趣旨としては、世界各国の大臣や組合が一堂に会し、各国内において多くの場合、ステークホルダーの偏った関心に起因して解決が難しい課題を挙げることであった。そこで私たちは、政府、教員組合や専門団体によって教員の役割を再定義し、21世紀の生徒のニーズを満たし、教員がキャリアの中で成長するための協働的な労働組織を支援していく時が来たことを強く感じたのである。それ以降、私たちは最もパフォーマンスが高く、最も急速に教育システムを改善している国や地域の大臣や教員組合の代表を毎年招聘し、教職の社会的な地位向上へ向けた世界規模での独自の活動に取り組んできた。

もちろん、この国際サミットを開催する以前にも大臣や組合の代表はともに多くの国際会議に出席してきたが、この教職に関する国際サミットの特徴は、参加者が隣どうしに座っていることである。参加者は、各国の大臣や組合の代表と直接会話し、自国で行き詰まっている課題をすでに経験し、乗り越えた経験を持つ参加者と交流できるのである。実際に、この国際サミットへの参加条件は、その国から必ず大臣と組合の代表の両方が参加することである。この国際サミットでは共通理解や合意形成にまでは至らないが、積極的・情熱的とまでは言わないまでも活発な議論がおこなわれており、参加者全員にとって非常に価値のある国際交流の場となっている。

注

1　OECD（2010a）参照。
2　OECD（2015a）参照。
3　http://www.corestandards.org 参照。

4 https://www.bmbf.de/pub/Bildungsforschung_Band_1.pdf 参照。
5 http://www.oecd.org/skills/nationalskillsstrategies/Diagnostic-report-Portugal.pdf 参照。
6 OECD（2013c）参照。
7 OECD（2005）参照。
8 OECD（2005）参照。
9 OECD（2013c）参照。
10 デンマークでの取り組みについては、「ＯＥＣＤの勧告に対するフォルケスコーレの対応」（The Folkeskole's response to the OECD）に記されている。
11 デンマーク教育省及び Rambøll（2011）。
12 Alberta Education（2014）及び Hargreaves and Shirley（2012）参照。
13 OECD（2014c）参照。
14 Barber（2010）参照。
15 データは、以下より入手した。Education International and the Trade Union Advisory Committee（TUAC）（2013）, "Survey of Trade Unions' Engagement with Governments on Education and Training", in OECD（2015a）.

第 6 章

今何をするか

WORLD CLASS

1　不確実な世界のための教育

21世紀の教育の背景には、絶滅寸前となった私たちの環境がある。人口の増加、資源の枯渇、気候変動により、私たち全員が持続可能性と将来の世代のニーズについて考えざるを得ない。同時に、テクノロジーとグローバリゼーションの相互作用は、新たな課題と新たな機会を生み出している。デジタル化は、私たち個人と集団の可能性を大幅に向上させて人々、都市、国そして大陸を結びつけている。しかし、同じ影響力は、世界を不安定で複雑で不確かなものにしている。

デジタル化は民主化の力である。すなわち、私たちは誰とでもつながり、協力し合うことができる。しかし、デジタル化は途方もない力をも集中させている。グーグルは、従業員一人当たり百万ドル以上を稼ぎ出している。これは、アメリカの平均的な企業の10倍であり、デジタル技術がどのようにして多くの人々を介さず規模を生み出すかを示している。デジタル化は小さな声をどこでも聞こえるようにする。しかし、それは個性と文化の独自性を消し去ることもある。デジタル化は信じられないほどの力を与えられる。過去10年間に設立された最も影響力のある企業は、全てアイデアから始まった。彼らは資金や製品を提供するための物理的なインフラを手に入れる前に製品を持っていた。しかし、人々が利便性のために自由を引き渡し、コンピュータの助言や意思決定に依存すれば、デジタル化は人々から力を奪うこともできる。

デジタル技術とグローバル化は、私たちの経済構造や社会構造に破壊的な影響をもたらす可能性があるが、その影響はあらかじめ決まっているわけではない。トム・ベントレイ氏が指摘するように、それらの結果は、破壊的な影響に対する私たちの集団的な反応、すなわち技術的な最先端領域と文化的、社会的、制度的、経済的状況と、それに応じた人々の継続的な相互作用によって決まる。[1]

この環境の中で、国際社会が2030年に向けて設定した持続可能な開発目標（SDGs: Sustainable Development Goals）は、貧困を終わらせ、地球を保護し、全ての人々が繁栄するための行動指針を示している。これらの目標は、ますます加速していく時代の遠心力に対する接着剤であり、グローバル化のパズルに欠けた部分を提供する人類共通のビジョンである。[2] これらの目標がどの程度達成されるかは、今日の教室で起こることに少なからず依存している。持続可能な開発目標の基本原理が、市民との真の社会契約になるための鍵を握るのは教育者である。

2030年には、現在の小学生は義務教育を修了している。したがって、私たちは小学生が現在何を学ぶかを形作るために、彼らの将来について考えていなければならない。

社会経済の世界では、質問は公平性と包摂性をもたらす。私たちは、政治学者のロバート・パットナム氏が「接合型社会関係資本」（bonding social capital）と呼ぶもの、すなわち経験、文化的規範、共通の目的または職業を共有する家族や他の人々への帰属感を持って生まれる。[3] しかし、経験、アイデア、イノベーションを共有し、多様な経験と関心を持つ集団間で共通理解を築き、見知らぬ人や機関に信頼を広げていく「橋渡し型社会関係資本」（bridging social capital）を作り出すためには、計画的で継続的な努力が必要である。社会関係資本の橋渡しと多元性を尊重する社会は、どこからでも最高の才能を集め、多様な視点を積み重ね、創造性とイノベーションを育むことができるため、常により創造的である。

しかし、多元性と多様性という価値観への幻滅が広がっている。それは「内向き」のポピュリスト政党の登場を含む、政治的な状況にも見られる。

おそらく、これは驚くべきことではない。世界経済が一体感を増すことで全体的な生活水準は大幅に改善されたが、知識とスキルが高い人と低い人との間で仕事の質の格差を広げた。[4] OECD国際成人力調査

(PIAAC: Programme for the Internationl Assessment of Adult Competencies) によれば、OECD加盟国には10歳の子ども相当の読解力のような最も基礎的なスキルを持たない労働者が2億人以上いる。[5] このように教育は包摂性という課題から逃れられない。

信用が失われ、社会関係資本が弱まり、市民社会が繁栄するための必要条件が損なわれることで、共同体はどれだけ不平等になりうるものだろう? 国際的な労働市場、安価な旅行、ソーシャルメディアネットワークを巧みにいかし、多くの人々は、仕事を変え、価値を交換する人生を過ごす。他の人々は、戦争や貧困によって家を去ることを余儀なくされている。メキシコの家族は北米へ、東欧の家族は西へと向かう、戦乱のシリアから逃げる者、さらに何十万人もの人々がいる。留まるにしろ立ち去るにしろ、何百万人もの人々が環境変化に適応するために苦闘している。現在の生活の変化に怒りを感じ、混乱させられ、彼らは自分たちが誰なのか、自分のいる位置はどこなのかといったアイデンティティに疑問を抱いている。私たちには単純化された解決ではなく、想像力とイノベーションで機会のギャップを埋める努力が必要である。そして、共通の人間性を理解するための努力も必要である。

持続可能性は、課題のもう一つの側面である。30年前のブルントラント委員会[6]によって宣言された目標、すなわち将来の世代のニーズを満たす能力を損なうことなく、現在のニーズを満たすように開発することは、環境悪化、気候変動、過剰な消費、人口増加に直面して、これまで以上に重要性を増している。私たちの最善の考えの多くは、持続可能な都市の建設、環境に優しい技術の開発、システムの再設計、個々のライフスタイルの再考にすでに焦点を当てている。若者にとって、持続可能な開発目標に入れられた課題は緊急ではないが、しばしば個人的かつ奮い立たせるものでもある。

持続可能性は世界を均衡させることをめざすが、レジリエンスは常に不均衡な世界に対処する方法を模索している。認知的、情動的、社会的なレジリエンスと順応性を強化することは、教育システムの事実上全てに影響を与えるため、おそらく現代教育にとって最も重大な課題である。それは、レジリエンスは個人の性格的な特徴ではなく、学習や開発が可能なプロセスであるという理解から始まる。21世紀の予測不可能な混乱において教育は、人々、地域社会、組織が持続し、おそらく繁栄していくのに役立つだろう。

ここで検討する価値のある要素がもう一つある。第1章で議論したようにPIAACは、より多くの教育がより良い社会的経済的成果に関係するだけではなく、社会的および市民参加の改善と信頼にも関係することを示している（図1・2）。教育、アイデンティティと信頼の関係の根源は複雑だが、信頼関係は現代社会の接着剤であり重要である。人々、政府、公的機関、厳しく規制された市場の信頼がなければ、特に短期的な犠牲が生じる場合や長期的なメリットが直ちに明らかでない場合には、革新的政策のための公的支援を結集するのは難しい。信用の低下は規則や規制の遵守率を低下させ、より厳格で官僚的な規制につながる。市民や企業は、リスクを避け、成長や社会の発展を加速するために不可欠な投資、イノベーション、労働移動に関する決定を遅らせるかもしれない。

政策策定と実行における公平性と統合性の確保、より包摂的な政策の立案、市民による真の社会参画は全て、参加者の知識、スキル、素養に依存する。教育は、開いた国境と持続可能な未来に基づいた公平な枠組みの中で、個人、地域社会、国々のニーズと利益を調和させる鍵となるだろう。

ところで、私たちは人間の可能性をはるかに公平に育てる義務がある。これは道徳的かつ社会的な義務であり、大きなチャンスでもある。才能は機会や金融資本よりはるかに公平に分配されているので、人間の可能性に基づく成長モデルは、よりダイナミックな経済とより包摂的な社会を作り出すことができる。第4章で議論したように、より公平な知識とスキルの分配は、賃金格差を減らすのに補完的な影響を及ぼす。そして、この影響は経済の規模を拡大しながら続いていく。より優れたスキルによって可能になった包摂的な進歩は、経済と社会発展の恩恵が市民の間でより公平に分配され、さらにより大きく全体的な社会的、経済的な進歩につながる大きな可能性を秘めている。

経済的再分配によって不平等に対処できる時代ではなくなった。これは経済的に困難な戦いであるからだけではなく、さらに重要なことは、高水準の認知的、社会的、情動的スキルが求められ、生活と仕事の境界が曖昧になり、ますます複雑化する世界では、全ての市民がより重要な社会参画の問題に取り組まないからである。おそらく機械はいつか、現在人間が従事している仕事の多くを担えるようになり、仕事において多くのスキルの需要を減らすであろう。しかし、ますます複雑化する社会生活や市民の生活を有意義にするという私たちのスキルへの要求は、高まり続ける。

世界の多くで社会経済的な不平等が広がり、進歩を阻害し、社会を分裂させている。[7] 産業時代には、誰もが必要とされ、果たすべき役割を担っていたため、機会の公平性は基本的な教育目標となった。そのため、学校システムは、その目標を果たさなかったとしても、全ての生徒に同じ教育を提供するように設計された。イスラエルの歴史家ユヴァン・ノア・ハラリ氏が指摘するように、あらゆる人々に価値を与えることに政治的、経済的、軍事的な意味があったために自由主義は成功した。[8] しかし、彼がさらに説明しているように、生物学やコンピュータ工学が、様々な形の人間活動を余剰にし、知性を意識から切り離しているので、人間は経済的価値を失う危険にさらされている。もし、私たちが教育機会における公平性の目標を、全員に雇用のための読み書き計算能力を提供することから、明日の世界の成功に貢献できるように認知的、社会情動的スキルと価値観を持つ全ての市民に力を与えることへと広げたいのであれば、時間は極めて重要である。

私たちは、人々の才能を開発し、利用する上で広く存在する、社会経済的な不平等の原因に取り組む必要がある。あらゆる経済時代には、その時代における中核資産がある。農業時代の中核資産は土地であり、産業時代では資本だった。そして、私たちの時代の資産は、人々の知識、スキル、性格面での資質である。この中核資産は、大部分が未開発で過小評価されている。今こそ私たちはそれを変えるべきである。

2　差別化要因としての教育

産業革命以前では、大多数の人々にとって教育や技術はあまり重要ではなかった。しかし、その時期、技術が教育に先んじて競争すると、膨大な数の人々が取り残され、想像を絶する社会的苦痛をもたらした[9]。公共政策が全ての子どもたちに学校に通う機会を提供するのには一世紀を要した。その機会は現在、世界中の多くの人々に与えられている。しかし、その間にも世界は変化しており、学校に通う機会や学位のいずれも成功を保証するものではない。デジタル時代では、技術は人々のスキルに先んじて再び競争しており、先進工業国の多くでは卒業生の失業率の上昇が不安を高めている。

デジタル化の加速が、大部分の人の仕事をなくすと言う人もいる。時には、技術が仕事を創造するよりも早く、技術が仕事を破壊する最初の時代に住んでいるかのように感じる。私たちが新しい雇用を創出しても、それが必ずしも機械よりも人間のほうが得意な仕事とは限らない[10]。

それでも、私は懐疑的である。私は高校生のとき、ドイツの劇作家ゲルハルト・ハウプトマン氏が1892年に執筆した「織り人たち」（The Weavers）に関するエッセイを書いた。この演劇は、1840年代に産業革命に対して反乱を起こしたシレジア人の織り人たちを描いたものである。産業革命が織り人たちの仕事を奪ったのは事実だが、衣料業での雇用はなくならなかった。実際、産業時代に求められる新しい知識、スキル、マインドセットを人々が一度身につければ、これまでよりも数多く、もっと給料の高い仕事に就くことができた。そして、仕事の変化は、より多くの人に今まで以上に良い服を着られるようにした。多くの暗い紆余曲折はあるものの、私たちの想像力と適応能力に制限がないことを歴史は示唆している。

しかし、教育は歴史を通して技術との競争に勝利してきたが、それが継続する保証はない。スマートフォンを使いこなせても、貧しい教育を受けた子どもたちは、これまでにない課題に直面するだろう。私たちに今できることは、彼らが必要とする教育を再考するために私たちの能力を活用することである。

3　加速する時代で知識、スキル、人間性を育てる

教育者にとってのジレンマは、定型的な認知スキル、すなわち最も教えやすく測定しやすいスキルが、まさしくデジタル化、自動化、およびアウトソーシングするのに最も適したスキルということである。マサチューセッツ工科大学経済学部のデビット・オーター教授は、この点について印象的なデータを作成した[11]。学問分野における最先端の知識とスキルが常に重要であることは間違いない。イノベーティブで創造的な人々は、その分野の知識や実践において専門的なスキルを有するものである。「学び方を学ぶ」（learning to learn）スキルが重要とされるように、私たちは常に何かを学ぶことによって学んでいる。しかし、教育の成功とは、もはや知識を再現することではなく、私たちが知っていることから類推し、その知識を新しい状況で創造的に適用することである。それは学問分野の境界を超えて考えることでもある。誰もがインターネット上で情報を検索し、多くの場合、回答を見つけることができる。その恩恵を受けるのは、その知識で何をすべきかを知っている人である。

ＯＥＣＤ生徒の学習到達度調査（PISA: Programme for International Student Assessment）の結果は、生徒が取り組む問題がより複雑になり、より定型的でない分析力を含むようになるにつれ、記憶に偏った学習方略が

ますます役に立たなくなることを示している[12]（図6・1A）。これこそまさにデジタル化が私たちの実生活での仕事を奪っていることを意味する。[13]言い換えれば、新しい知識を身近な知識に結びつけ、新しい解決策や知識をどのように転移するかを発散的かつ創造的に考えるプロセスを入念に練り上げた学習方略は、明日の世界をより予測する、より要求水準の高いＰＩＳＡの問題を生徒が解くのに役立つ可能性が高い[14]（図6・1B）。

将来の仕事は、人工知能と人間の社会情動的なスキル、態度、価値観を結びつけるだろう。そして、私たちのイノベーション能力、私たちの認識、私たちの責任感とは、人工知能の力を利用してより良い世界を実現することである。それは、人間が新しい価値を生み出せるようにするものであり、創造、製造、創出や策定のプロセスを含むものであり、イノベーティブで新鮮で独創的な成果を生み出すものであり、本質的な価値がある。それは、失敗を恐れずに試すことができるという、最も広い意味での起業家精神を示唆している。この点で、ヨーロッパの創造的産業における雇用は驚くべきことではない。すなわち、商業目的で才能を専門的に使用する産業は、ヨーロッパの多くの部門が雇用を削減し、雇用率が停滞していた２０１１年から２０１３年において３・６％の成長を遂げた。ヨーロッパの主要国では、創造的な仕事の成長が製造業を含む他の分野の雇用創出を上回った。[15]

同様に、対象の知識が急速に発達するほど、生徒にとって有効期間が限られた内容を習得する（知識の習得）のではなく、学問分野の構造的および概念的な基礎を理解すること（方法論の習得）が重要になる。例えば、数学では、生徒は私たちが数学を学ぶ方法と理由を知り（認識論的信念）、数学者のように考え（認識論的理解）、数学に関連する実践を把握（方法論的知識）する必要がある。

２０１５年のＰＩＳＡの科学的リテラシーは知識と理解を重視し、例えば科学において生徒が知っていることだけでなく、科学者のように考えることができるかどうか、科学的思考を重視するかどうかを評価し

図 6.1A　仕事の複雑化にともない暗記方略の有用性が下がる

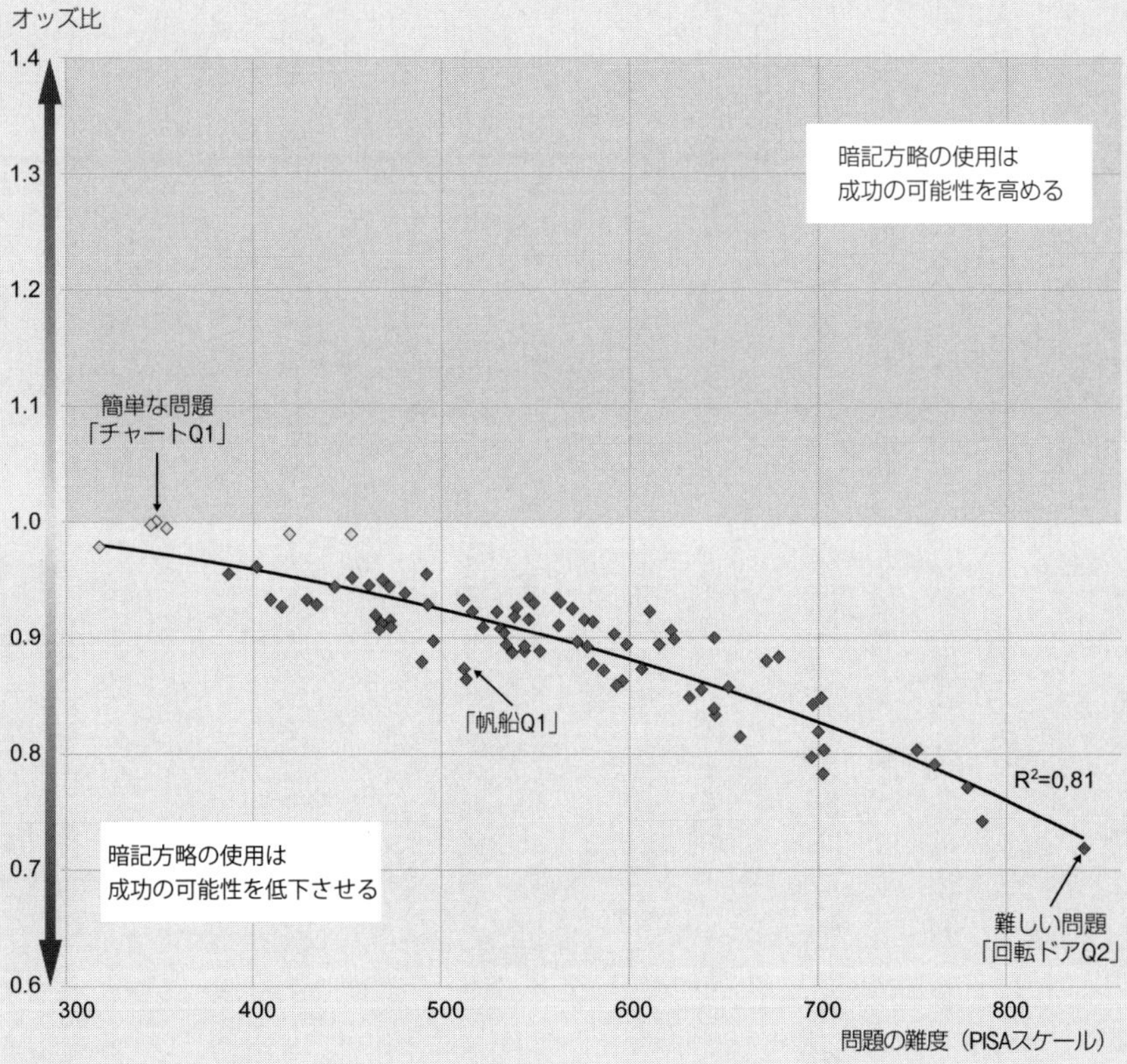

注：48 の教育システムの平均。濃色の菱形記号は、統計的に有意なオッズ比を示している。暗記方略には、リハーサル、日常的な演習、ドリルと練習、および繰り返しが含まれる。「簡単な問題」とは、PISA2012 の数学的リテラシーで最も難度が低かった「チャート Q1」という問題を指す。「難しい問題」とは、最も難度が高かった「回転ドア Q2」という問題を指す。

出典：OECD, PISA 2012 Database.

StatLink：http://dx.doi.org/10.1787/888933414854

図 6.1B　エラボレーション方略はより複雑な問題に有効である

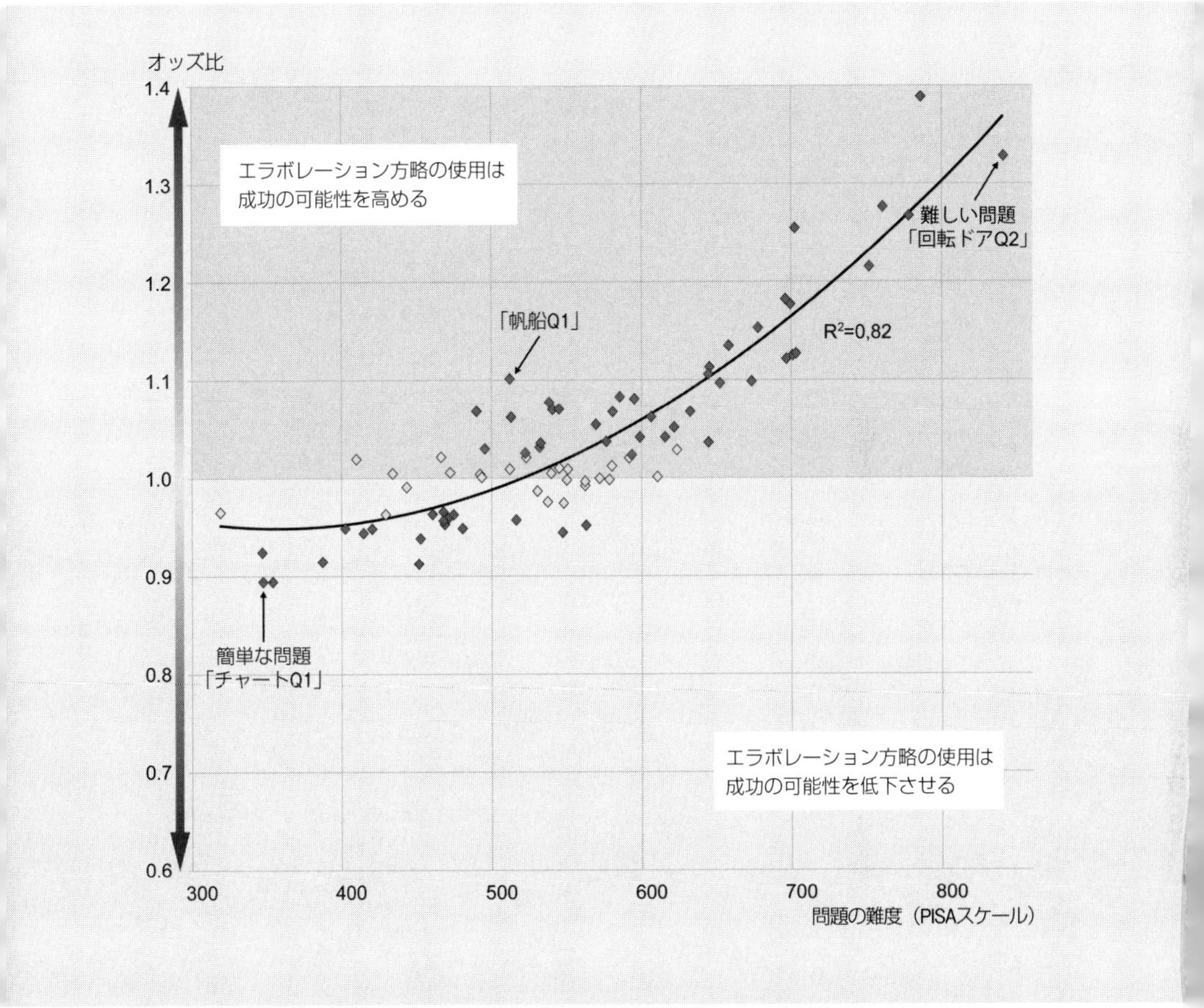

注：48 の教育システムの平均。濃色の菱形記号は、統計的に有意なオッズ比を示している。学習のための「エラボレーション方略」には、類推と例の使用、ブレーンストーミング、概念マップの使用および解決策を見つけるための代替方法の検討が含まれる。「簡単な問題」とは、PISA2012 の数学評価で最も難度が低かった「チャートQ1」という問題を指す。「難しい問題」とは、最も難度が高かった「回転ドア Q2」という問題を指す。

出典：OECD, PISA 2012 Database.

StatLink：http://dx.doi.org/10.1787/888933414903

た。その結果は、各国によって、そして地域内でさえも著しく異なった。[16] 例えば、台湾の生徒は２０１５年の科学的リテラシーで最も優れた成績を残したが、相対的に見れば、科学者のように考えることよりも科学的な知識を再現することが得意だった。シンガポールの生徒は、知識において同程度の台湾よりも優れていたが、彼らは知識よりも科学者のように考えることが求められる問題でさらに優れていた。オーストリアの生徒は、科学的な概念を理解するよりも科学的な事実の知識において優れていたのに対し、フランスの生徒は概念的な知識が優れていた。

このような差は、似たような成績の国であっても、教育政策と教育実践が生徒の学習成果に違いをもたらすことを示唆している。この結果を受けて、政策立案者や教育者は、概念や認識の深い学びに重点を置くようにカリキュラムや教育システムを再構築することが期待される。

これらはどれも新しい方法ではない。実際、私たちは何千年もの間、思考スキルに焦点を当てた学習をおこなってきた。２０１６年9月、イスラエル教育省のナフタリ・ベネット大臣とともにヘブロン・イエシバ（神学校）を訪問した。このイエシバは、伝統的なユダヤ教の文書や法典を学ぶ人々のための最も重要な機関の一つであり、ヨセフ・ヘブローニ氏とモシェ・モルデチャイ・フェルベルシュタイン氏を含む少数の正統派ラビが率いている。

教員が講義し、生徒が知識の消費者となる従来の教室学習とは対照的に、イエシバの生徒は教員から助言や指導を受けながらペアで学ぶ。一つの巨大な教室で学ぶ１４００人の生徒の中で、私は最大でも24人の教員しか見つけられなかった。つまり、教育ではなく、学習の場なのである。私がそこで見た学習体験は、互いに挑戦し、資料を分析して説明し、パートナーの推論の誤りを指摘し、互いのアイデアに疑問を投げかけ、学んだ内容の意味について新しい洞察を得ることをめざしていた。ハブルータ（hevruta）は古代アラム語であり、「ペア」または「カップル」を意味する。このハブルータは、協同学習に不可欠である。一つのハブルータでは課題の解読や文章の理解ができない場合、隣に座っている2人と一緒に4人のグループをつくる。それでも彼らが課題を解決できない場合、グループは6人、8人と大きくなる。課題の解決後、生徒は元の2人に戻る。

この学習の場は、生徒が互いの主張を話し合い議論するので、賑やかで活気があった。それは、静粛な雰囲気で眼だけが働く伝統的な西洋の図書館とは対照的である。重要なのは、生徒が何かを覚えるのではなく、学習への集中を持続し、推論する力を磨き、論理的な議論のために思考を整理し、他者の観点を理解できるように支援することである。目標は、「正しい解釈」を考え出すのではなく、むしろ議論についての「より深い理解」を身につけることである。なぜ観点が異なるのか？　意見の違いから何が生じうるのか？　主張にはどんな根拠が示されているのか？　最高の生徒とは、教員の対応力に挑戦するような質問を投げかける生徒である。この取り組みは、ある意味では探究的な学習や現代の教授法の母と言える。

しかし、教育における他の多くのイノベーションと同様に、この学習法は、イスラエルや他国の一般的な教室にほとんど普及していない。伝統的なユダヤ教の戒律の宗教的な文書と複雑な法典で使われるに留まっている。これは教育改革における基本的な難点の一つである。教育における産業的な組織は、私たちが学校や教室にアイデアを取り入れるのに役立つが、アイデアを教室や学校からシステム全体に移すこと、有望な実践を拡大し普及するのはあまり得意ではない。

点と点を結ぶ

イノベーションと問題解決のためには、異質なものを組み合わせ、つなぎ合わせ、今までにない想定外のものを創造することが重要である。これは好奇心、オープンマインド、今まで関係がなかったアイデアの結合を含む。また、様々な分野に精通していることも必要である。私たちが一つの分野のサイロで一生を過ごすならば、点を結びつけ、次の世界を変えるような発明をおこなうような独創的なスキルを得られないだろう。再びＰＩＳＡの話になるが、ＰＩＳＡは生徒が学校の教科の枠組みを超えて考え、教科横断的な課題を解決することがいかに困難かを明らかにした。

それでも、幾つかの国では、教科横断的な能力を育成しようとしている。日本の国立高等専門学校機構（高専機構）は一つの例である。高専機構の谷口功理事長は、２０１８年初頭に東京キャンパスを視察する機会を私に与えてくれた。実践的で協働的なプロジェクト学習が多いため、一見するとキャンパスは専門学校のように見える。しかし、実践的な学習を学問的に厳格ではないカリキュラムとみなす人々にとっても、高専はまったくの別物である。全国51の高専は、実際には日本で最も精選された高校やカレッジの一つであり、そのカリキュラムは技術や科学と同じくらい一般教養も重視している。卒業生の約40％は、大学に進学して学び続ける。高専から直接就職する生徒は、日本で最も引く手あまたのイノベーターやエンジニアとして、平均で一人当たり20件もの求人を得ている。

高専の特徴は、教室での学習と実践的なプロジェクト学習のユニークな一体化である。そこでは学習は教科横断的かつ学生中心であり、教員は主にコーチやメンターの役割を担う。世界中の多くの学校で流行しているような、人為的な1週間のプロジェクトではない。生徒は大きなアイデアを発展させ、実現するために数年間をかけてプロジェクトに取り組む。電気工学を専攻している石川力君は、急流下りの素晴らしいバーチャルリアリティ体験を披露してくれた。化学工学科の鈴木大輔君は、重金属汚染から土壌を低コストで浄化する解決策に取り組んでいた。他のほとんどの学校のプロジェクトとは異なり、彼らの実践の成果はお蔵入りにならず、日本発のイノベーションの一つとしてインキュベータの支援により商品化されることも珍しくない。私が出会った学生は誰も、この厳しいプログラムから脱落した友人を知らなかった。プロジェクト学習は最近になって注目を集めているが、高専では１９６０年代初頭から実施されている。

1990年代後半に、日本は総合的な学習の時間によって、多くの学校に教科横断的な学習を導入しようとした。[17] しかし、教育現場での実践には十分に組み込まれず、特にテストで教科ごとの知識を重視する中等教育では、その影響は限られていた。

最近では、フィンランドはプロジェクト型かつ教科横断型の学習を全ての生徒の学びの中心としている。実生活で直面する問題と同様の問題に向き合い、生徒は例えば科学者や歴史家、さらに哲学者のように考えることが求められる。[18] しかし、フィンランドの教員でさえ、この基準を満たすのは難しいようだ。教員自身が様々な分野について十分な知識を持ち、それらを横断して協働できる場合のみ、生徒は学際的な方法で考えることを学ぶ。しかし、学校の日々と教員の業務は細分化しており、教科を超えて協働するための余裕はあまりない。

さらに、もはや世界は特定分野の深い知識を持つスペシャリストと様々な分野の浅い知識を持つゼネラリストに分かれていない。スペシャリストが有するのは、概して深いスキルと狭い視野であり、その専門分野は同業者からは評価されてもその他では必ずしも評価されるとは限らない。ゼネラリストは広い視野を有しているが、スキルは浅い。今日重要なのは、未知の状況に直面しても深い知識を活用し、新しいスキルを身につけ、新しい関係を築き、その過程で新しい役割を引き受けられる人々である。急速に変化する世界で状況が変化したときに絶えず学び、古い知識を捨て去り、学び直すことができる人々である。生徒が効果的な学習方略や自己認識、自己調整、自己適応などのメタ認知能力を発達させることは、ますます重要になっている。これらはカリキュラムや教育実践において、より明確な目標となるべきである。

情報の批判的な消費者であることを学ぶ

テクノロジーが情報の検索とアクセスを可能にして私たちの知識が増えるほど、深い理解と深く理解する能力が重要となる。理解には、知識と情報、概念とアイデア、実践的なスキルと直感を含む。しかし、基本的には、学習者の状況に合った方法で、それらを結びつけること、それらを統合して活用することが必要である。また、過去の出来事、すなわち社会が直面した課題、発見された解決策、長年にわたって築かれ、守られてきた価値を理解して、私たちの希望を未来に伝える能力も必要である。

私たちが現在直面する「ポスト真実」の時代では、情報の質よりも量に価値があるように見える。「正しいと主張している」が実際には根拠のない主張が、事実として受け入れられることがある。私たちを同じ考えを持った個人の集団へと分類するアルゴリズムは、私たちの考え方を増幅するソーシャルメディア反響室を作り出し、私たちの信念を変えるかもしれない反対意見の情報を伝えず、私たちを隔離する。このようなバーチャルバブルは主張を均質化し、社会を偏向させる。そして、バーチャルバブルは民主的なプロセスに重大な悪影響を及ぼすことがある。このような問題は、アルゴリズムの設計上の欠陥ではなく、ソーシャルメディアの仕組みによって起こる。世界には、あまり注目されていないが豊富な情報がある。私たちが生きているデジタル市場では、ネットワーク時代に適応していないものは、その圧力でバラバラにされるのである。

消費者保護の観点、すなわち情報の提供者を制限する、あるいはスキルの観点、すなわち押し寄せる情報を人々が上手に扱えるように能力を強化する、という観点でどれほどその問題に取り組むべきか？ 興味深いのは、私たちが物質的な製品の消費者保護に取り組むのと同じ方法で、知識という製品を扱ってこなかったことである。人々は肥満に悩むとマクドナルドを、熱いコーヒーで火傷するとスターバックスを訴えた。[19] しかし、言論の自由に手を加えることは、民主主義の原則に対する攻撃とみなされる傾向があるため、フェイクニュースと戦うのは非常に難しいようだ。

人々を情報から守るのではなく、受け取った情報を扱う人々の能力を強化するほうが有益かもしれない。

生徒は、信頼できる情報源と信頼できない情報源、事実とフィクションを区別できる能力を持つ必要がある。彼らは、現在受け入れられている知識や慣習に疑問を感じたり、改善しようとする能力を持つ必要がある。20世紀のリテラシーは、事前にコード化された情報を抽出して処理することだった。21世紀のリテラシーとは、知識を構築し、検証することである。昔の教員は百科事典で情報を調べ、その情報が正確かつ真実であると生徒へ教えることができた。今日、グーグル、バイドゥ、ヤンデックスは、あらゆる質問に対して何百万という回答を提示する。私たちの役割は、多角的に分析し、評価し、知識を構築することである。

個人、地域、社会にとって現代生活の複雑さが増すことで、様々な問題に対する解決策も複雑になる。構造的に不均衡な世界では、時にはグローバルな影響をともなうローカルな環境において多様な視点や利益を調和させることが不可欠であるため、若者は緊張やジレンマ、トレードオフの扱いに熟達する必要がある。互いにぶつかりあう公平と自由、自治とコミュニティ、イノベーションと持続性、効率性と民主的なプロセスの間のバランスをとろうとすると、二者択一または単一の解決策はめったにない。個人は、相互のつながりを意識した、より包括的な方法で考える必要がある。これらの認知スキルを支えるのは、共感（他者の視点を理解し、直感的または情動的に反応する能力）、適応性（未知の経験、新しい情報、さらなる洞察を踏まえて、認識、実践、意思決定を再考し、変更する能力）、そして信頼である。

新規性、変化、多様性そして曖昧さに対処するには、一人ひとりが「自分自身のために考えられる」ことが前提である。問題解決における創造性は、自身の行動が招くであろう未来を予測し、リスクと期待成果を評価し、自身が引き起こす結果に対する説明責任を負う能力を必要とする。これは、自身の経験、個人的や社会的な目標に照らし合わせて行動を熟慮し、評価する責任感、道徳的かつ知的な成熟でもある。特定の状況における善か悪か、良いか悪いかの認識と評価は、倫理的なものである。「私は何をすべきか？」「私はそれをする権利があったのか？」「限界はどこか？」「結果を踏まえても私はそれをしたほうがよかったのか？」というような規範や価値、意味や制約に関する質問を意味する。これらの中心にあるのは、自制心、自己効力感、責任、問題解決、適応能力を含む自己調整の概念である。発達神経科学の進歩は、思春期に脳の可塑性の第二の爆発が起こり、特に可塑性の脳領域および系統が自己調整の発達にかかわることを示している。

他者との協同

私たちはまた、個人の成績に加え、協同する方法を教えたり、協同を評価することをもっと考える必要がある。今日の学校の生徒は通常、個別に学習し、学年末にはテストを受け、個々の成績を認定される。しかし、世界がより相互依存になるほど、より効果的な協同相手が必要となる。今日のイノベーションとは、個人が単独で働いた産物ではなく、知識を結集し、共有し、結びつけた成果である。

生徒のエージェンシー［訳注：自ら考え、主体的に行動して、責任を持って社会に参画し、社会を変革していく力］を育成するために、教員は生徒の個性だけでなく、学習に影響を及ぼす教員、仲間、家族、コミュニティとのより幅広い関係を認識する必要がある。その中心には、「共同エージェンシー」がある。これは、生徒の成長を支援する、双方向性で相互支援的な関係である。この意味で、生徒だけでなく、教員、学校管理職、保護者や地域社会の誰もが学習者とみなされるべきである。

私たちは、協同学習が自己調整学習や探究学習へとつながる素晴らしい方法であるという事実を見落しがちである。しばらくの間、ＭＯＯＣｓ（Massive Open Online Courses）として知られる誰でも参加できる大規模なオンライン講座は、高価な教授法に代わる魅力的な方法であった。しかし、ＭＯＯＣｓの修了率は極めて低いままである。その理由の一つは、学習成果を認定する信頼性の高い方法が見つかっておらず、ＭＯＯＣｓで学んだ経験を労働市場で評価される資格に変えるのが難しいことが挙げられる。

しかし、大きな問題は、これらのオンライン講座の多くが「読み取り専用」ということである。つまり、これらは講義形式を再現するが、教員が意欲を引き出してくれることがない。ドイツのロイファナ大学のホルム・ケラー前副学長は、PISA4Uと呼ばれるPISAのためのMOOCsという興味深いデジタルプラットフォームを共同開発した。[20] 彼は、学習対象者として熟練の教員たちに講座への参加を依頼した。そして、参加者のグループが同じ教育目標を共有しながら、可能なかぎり多様性を持つようにアルゴリズムに基づいてグループを構成した。その後、グループにはオンラインのメンターと経験豊かな教員のサポートを受けながら、協同で問題解決に取り組んだ。PISA4Uのパイロット事業には、172か国から6000人以上の教員が参加した。その修了率は高く、ほとんどの参加者が様々な国や文化を持ち、興味と経験が異なる人々と共に取り組んだことが継続的に参加する原動力になったと語った。パイロット事業の大成功を受け、私たちは現在、後継となるデジタルプラットフォームを開発している。

2015年のPISAでは、世界初の協同問題解決能力、すなわち知識、スキル、他者と協力して問題を解決する生徒の能力として定義された能力の国際調査を実施した。[21] 予想どおり、読解力や数学的リテラシーの高い生徒は、協同問題解決能力にも優れている傾向が見られた。情報の管理と解釈、複雑な推論が常に問題解決に必要だからである。同じことは国を超えても当てはまった。アジアでは日本やシンガポールや韓国、ヨーロッパではエストニアやフィンランド、北米ではカナダのようなPISAの成績上位国は、協同問題解決能力でも優れていた。

しかし、PISAの読解力、科学的リテラシー、数学的リテラシーの評価から予測されるよりも、協同問題解決能力がはるかに優れている国がある。例えば、日本の生徒は、これらの科目で非常に優れているが、協同問題解決ではさらに優れていた。オーストラリア、ニュージーランド、韓国の生徒も同様である。アメリカの生徒は、読解力や科学的リテラシーにおける平均的な能力、数学的リテラシーの平均以下の能力から期待されるよりも、協同問題解決能力でははるかに優れていた。対照的に、中国の四つの地域（北京、上海、江蘇、広東）の生徒は、数学的リテラシーと科学的リテラシーに優れていたが、協同問題解決能力では平均的であった。同様に、リトアニア、モンテネグロ、ロシア、チュニジア、トルコ、アラブ首長国連邦の生徒は、協同問題解決能力では期待を下回った。読解力、科学的リテラシー、数学的リテラシーの欠如が社会的スキルの存在を示唆するわけではないが、社会的スキルは学問スキルと共に自然に発達していくものでもないだろう。

この結果は、協同問題解決能力の育成において、幾つかの国が他国よりも優れていることを示すが、より要求水準が高い世界に向けて生徒が備えられるように全ての国が改善していく必要がある。非常に複雑な協同を要する問題解決タスクを完了できたのは、平均してわずか8％の生徒にすぎなかった。このタスクでは、集団力学の中で共通理解をつくり、障害を克服し、意見の相違や対立を解決するための主導権をとることが求められる。成績最上位のシンガポールでも、この水準に達したのはわずか5人に1人である。それでも、4人に3人の生徒が、中程度の難度の協同を要する問題解決に貢献できること、相互作用の中で異なる視点を熟慮できることを示したとも言える。

同様に、全ての国がジェンダー格差を縮小していく必要がある。2012年のPISAで個人の問題解決スキルを評価した際、ほとんどの国で男子は女子よりも高い得点を示した。対照的に、2015年の協同問題解決能力では、読解力、科学的リテラシー、数学的リテラシーの影響を考慮しても考慮しなくても、各国の女子は男子よりも優れていた。協同問題解決能力におけるジェンダー格差は、読解力のそれよりもさらに大きい。

これらの結果は、協同に対する生徒の態度に反映されている。女子は関係に対してより積極的な態度を示し、他の人の意見により興味を持ち、他者の成功を望む傾向がある。一方、男子は、チームワークのメリットや協同がどれくらい効果的であり効率的であるかを見る傾向が強い。

協同に対する前向きな態度は、ＰＩＳＡの協同にかかわる能力の構成要素であり、態度が協同に影響を与える。たとえ人間関係による因果関係が不明確であっても、他者への感謝や豊かな友人関係を学校で育むことができれば、男子の方が女子よりも協同問題解決能力において良い成果を残すかもしれない。

このような態度に関する原因は教室環境にあるようである。ＰＩＳＡでは、科学の授業で自分の意見を説明したり、実験室で実験に取り組んだり、科学的な問いを議論したり、探究のためのクラス討論をする等、コミュニケーションを集中的におこなう活動にどれくらいの頻度で参加するかを調査した。その結果、これらの活動と協同に対する積極的な態度には、明確な関係が見られた。平均して、これらの活動により頻繁に参加すると回答した生徒は、関係やチームワークを大切にしている。

また、多くの学校は、生徒が帰属意識を身につけたり、安心安全な学習環境をつくることで、より良い成果を上げることができる。生徒と学校の社会経済的側面を考慮した後でも、生徒どうしに良い交流があると回答した生徒は、協同問題解決能力において高い得点を示した。他の生徒に脅かされていると感じない生徒も、協同問題解決能力で高い得点を示した。

恵まれない生徒の方が、恵まれた生徒よりも、チームワークに価値をみいだしていることは興味深い。彼らには、「チームワークが自身の効率性を改善する」「一人で働くよりチームの一員として働くことを好む」「チームが個人よりも優れた意思決定をおこなうと考える」と、より頻繁に回答する傾向が見られた。学校が協同学習環境を設計し、そのような態度を育てることに成功すれば、恵まれない生徒を新しい方法で引き付けることができるかもしれない。

生徒の社会的スキルの向上を支援するには、学校教育だけでは不十分である。まず、保護者が役割を果たす必要がある。例えば、協同問題解決能力が優れた生徒には、「ＰＩＳＡ調査を受ける前に学校外で保護者と会話した」「保護者が子どもの学校の活動に関心を持っている」「保護者が自信を持つように子どもを励ましている」と回答する傾向が見られた。

もちろん、協同問題解決能力は、生徒が人生の中で生活し働くのに必要な、広範な社会情動的スキルのほんの一面である。第1章で述べたように、これらのスキルは、忍耐力、共感、レジリエンス、マインドフルネス、勇気、リーダーシップという性格面の資質に関係している。

私は、2016年にベルリンで開催された21世紀型スキルに関するOEB教育テクノロジー会議（OEB educational technology conference）で基調講演をおこなった。[22] この会議では、教育におけるテクノロジーの潜在的な役割について多くの魅力的な見解が示され、時には人間とコンピュータを利用した能力との境界線がなくなっていくようだった。しかし、国際的なテクノロジー民族学者でコンステレートデータ社の共同設立者であるトリシア・ワン氏[23]は、その境界線を「他者の視点を見取る能力」と定義した。彼女は、コンピュータがより多くの認知的な課題に対処することを期待され、そのように設計されていることから、技術開発では他者の視点を見取る能力の重要性が増していると語った。

難しい注文であるが、学校に期待されるのは、生徒が自律的に考えることを学び、現代社会の多元性を踏まえたアイデンティティを身につける場になることである。職場、家庭、地域社会において、他者が異なる文化や伝統でどのように生活するか、そして科学者、数学者、社会科学者、芸術家としてどのように考えるかについて、人々は幅広い理解を必要とする。特に、多様性を理解し、寛容と共感のような社会の中核となる自由な価値観を認める能力もまた、過激思想に対する最も強力な対策の一つとなるだろう。これからの学校は、生徒が自分自身について考え、他者と共に他者のために行動できるようにする必要がある。

これら全ては、人々が様々な視点で世界をとらえ、様々な考え、観点、価値観を理解できるようにする一連の能力を評価する、グローバル・コンピテンシーの概念をPISAに統合するきっかけとなった。PIS

Aは、グローバル・コンピテンシーを多次元かつ生涯にわたる学習目標ととらえている。グローバル社会で優れた人は、地域、世界、異文化間の問題を検討し、様々な観点や世界観を理解し、他者を尊重しながらやりとりし、持続可能性と集団のウェルビーイングをめざして行動する（第4章参照）。

そのような社会的および市民的包摂を実現するには、多様な認知的、社会情動的な要素がかかわるため、グローバル・コンピテンシーの測定は大変な科学的な挑戦である。しかし、より印象的な側面は、この挑戦に対してPISAに参加している国々からの政治的支援を得ることの難しさである。今までのところ、PISAでグローバル・コンピテンシーを実施することに同意しているのはごく少数の国だけである。

4　価値観を教育でどうとらえるか

現代教育における最も困難な課題は、どのようにして教育に価値観を組み込むかである。価値観はいつも教育の中心であるが、暗黙の願望から明示的な教育目標や実践へと移行し、地域社会が「できる範囲でやります」という限定的なものから、信頼や社会的な結びつきと希望を生み出す持続可能なものへと変わるべきである。ニューヨークタイムズのコラムニストであるトーマス・フリードマン氏は、「氷山のように強固で恒久であるように見えた観点、伝統、社会通念が、今では一世代のうちに突然溶けてしまう」と指摘する。さらに彼は「社会が人々の下に土台を築かなければ、どんなに自滅的であろうとも、多くの人々が壁を築こうとするだろう」とも指摘する。[24]

２０１１年、数か月前に津波で破壊された日本の東北地方を訪れたとき、私たちは一晩にして歴史ある都市が失われ、人々と学校が突然まったく新しい課題に直面する様子を見た。しかし、私はまた、強力な社会基盤と回復力のある地域社会がこのような課題に対処していく姿も見た。

私はそれまでに50回以上も日本を訪れていたが、当時の岩手県への訪問は印象深かった。２０１１年3月11日に発生した津波によって村全体が流された、果てしない地域を海岸線沿いに何時間もドライブしていた時、私は家の土台を除いて何も残されていないことを目の当たりにした。幾つかの場所では、次々と続く廃墟には円や赤い十字が印されており、人々が家だけでなく愛する人たちも失ったことを示していた。

すでに仮設住宅が建てられ、公共インフラが非常に速いスピードで修復された一方で、市民の生活の立て直しは、はるかに大きな課題であった。陸中・三陸仮設校舎を運営していた船越小学校と大槌小学校の校長たちは、日本の教員がいざという時に発揮するダイナミズムと創造性を示した。私は彼らに会う直前まで、長い暗い廊下と教室、上階には職員室がある世界でも他に類を見ない古い船越小学校の跡地を訪れていた。

しかし、陸中・三陸仮設校舎は違った。体育館には開放的な学習空間として三つのクラスを設け、職員室は「教室」に面していた。生徒と教員は一緒に、相互の尊重と責任を同時に育みながら、困難な状況に対処するための創造的な解決策をみいだした。

校長が説明したように、一つのクラスが音楽の授業を受ける際には、他のクラスは体育のために外に出るだろう。古い学校の図書館の蔵書の多くは失われたが、地域の人々は本やその他必要なものを寄付するためにお金を出し合った。段ボールから作れないものは何もないようであった。幾つかの点で、津波は過去の学校を未来の学習環境に変えた。

最も感動的だったのは教員である。平常時でさえ、日本の教員は仕事とプライベートとの間に境界がないと言われる。教員は、生徒の知的な発達だけでなく、学校や家庭での社会情動的な生活にも深い責任を感じている。危機はこれを増幅させただけであると言えるが、教員は物質的および心理的な支援がほとんどないまま、信じられないほどの量の新たな責任を引き受けた。

多くの教員が生徒を救うために命を危険にさらした。ある高校の教員は、強烈な水流に流されている生徒を救うために手を差し伸べたが、わずかに届かなかったことを語った。別の教員は、最初の地震に襲われた後、高い場所へと避難させることで校内の全生徒の命を救った。保護者が到着し、一人の生徒を家に連れ帰ることを要求したとき、教員はそれが正しいとは思えなかったが、拒否しなかった。その生徒と彼女の家族は、学校から街へと下る途中に津波に襲われて亡くなったという。

私は被災地でボランティアをした日本教職員組合の1万2000人以上の会員に深い感銘を受けた。日本教職員組合の副会長や岩手県内の彼女の同僚ほど、日本の子どもたちの未来に対する深いコミットメントを共有する人はいないだろう。

重要なのは、技術の進歩を先取りしたければ、私たち人類ならではの特性を見つけ、改善しなければならないということである。それは私たちがコンピュータを通じて生み出した能力を補完するものであり、競合するものではない。

教育を学問的な知識を与えることに限定すると、教育が技術や社会の発展を先取りするための核となる人間の特性を重視せず、最終的にコンピュータと競い合うために人々を騙してしまう危険がある。なぜ、デジタルテクノロジーは、かつての狩猟採集民よりも容易に現在のオフィスワーカーを置き換えてしまうのかを自問すればよい。その答えは、仕事の組織化とスキルの専門化にある。私たちは、職場では直接的な価値を持たないかもしれない多くの人々の能力を失った。

2016年10月、私は学習と人的資源開発のための重要な基金の枠組みを提案しているアメリカ・バージニア州の文化高等研究所（Institute for Advanced Studies in Culture）[25]のジョシュ・イェーツ氏と面会した。彼は真実（人間の知識と学習の領域）、美しさ（創造性、美学、デザインの領域）、善（倫理の領域）、正義と秩序（政治と市民の生活の領域）、持続可能性（自然と身体の健康の領域）について話をしてくれた。

シンガポールは、価値観をカリキュラムの中心に置いた最初の国である。彼らは学校教育で敬意、責任、レジリエンス、誠実、ケア、調和を重視する。これらの価値観は、自己や社会の意識、人間関係のマネジメント、自己管理、責任ある意思決定など、生徒の性格面での資質を育てることをめざしている。このカリキュラムにおいて、性格面での資質は「行動価値」(values in action)[26]と呼ばれている。

全体として、シンガポールのカリキュラムの枠組みは、自信がある人、自発的な学習者、社会参画する市民、積極的な貢献者を育むようにデザインされている。シンガポールの学校はこの枠組みを使って、生徒が必要な能力を伸ばすのに役立つ正課と正課に併設したプログラムを開発する。さらに、全ての生徒は、社会的責任感を醸成する「行動価値」プログラムへの参加が求められている。しかし、シンガポールでさえ、生徒が実際に学び、教員が実際に教える方法には、これらのうち部分的にしか反映されておらず、目標に留まっている。

新しい21世紀型のカリキュラムを創造し、実行しようとする事例が増えているが、変革を妨げる反対勢力が同じくらい存在するようである。子どもがテストで不合格になることを心配する保護者は、より少ない労力でより多くの成果を約束するいかなる方法も信頼しないかもしれない。教員とその組合は、社会情動的スキルのような主観的な内容を教えることを求められれば、彼らが教える内容だけでなく、彼らが誰であるかについても評価されなくなると心配するかもしれない。学校管理職や政策立案者は、成功の指標が簡単に定量化できる内容面での知識から、生徒が卒業するまで完全にはわからない人間の特性に変わると、もはや学校や学校のシステムを管理できなくなると感じるかもしれない。これらの懸念に対して説得力のある方法で対処するには、現代のカリキュラムの設計と評価に対する大胆な挑戦が必要である。過去の経験を超えて次世代の学校カリキュラムを考案するには、卓越したリーダーシップが必要である。それは理解の深さを優先し、学習への幅広い関与を促すために、地域社会全体から研究計画と評価への理解を得ることを含んでいる。

5　成功した学校システムの変貌

多くの国が、カリキュラムにますます多くの内容を加えることで、生徒が何を学ぶべきかという新たな要求に応えてきた。その結果、カリキュラムは1マイルもの幅になったが、深さはたった1インチとなった。教員は大量の教科の内容を扱うが、深さはほとんどない。新しい内容を追加することは、教育システムが新たな要求に対応していることを示す簡単な方法だが、内容を削除することは本当に難しい。幾つかの国では、学際的な学びを提唱して新しい教科、トピック、テーマを伝統的なカリキュラムに統合し、学習体験を広げようとしている。他の国々は、教員が深さを扱える余白をつくるために学ぶ量を減らした（第3章も参照）。

必要なのは「交渉されたカリキュラム」（negotiated curriculum）と「設計されたカリキュラム」（designed curriculum）の慎重なバランスである。言い換えれば、教えるべき内容と上手に設計された学習成果を定める際には、幅広い協議と妥協の両方が必要である。それが次に国民の信頼と専門家の関与を引き出すからである。

適切なバランスを見つけることは容易ではない。例えば、テクノロジーが進んだ世界における困った質問は、生徒がプログラミングを学ぶべきかどうかである。プログラミングを教える世界中の学校には、興味深い事例がある。しかし、今日の問題を解決するために、今日の技術を生徒に教えることにはリスクがある。生徒が卒業するまでに学んだ技術は陳腐化するかもしれない。この例がもたらす大きな疑問は、今日のデジタルツールに気を取られることなく、デジタル化の基本概念への深い理解と実践をいかに強化できるかである。

重要なのは、教える内容により多くの「内容」を加え続けるのではなく、カリキュラムの設計時から到達目標をより体系的に考えることである。21世紀のカリキュラムの特徴は、厳密さ（高いレベルの認知的要求に基づいて教える内容を構築すること）、焦点（内容の幅よりも深さを優先して概念的な理解をめざすこと）、一貫性（学習進捗と人間の発達に関する科学的理解に基づいて優先順位をつけること）である。カリキュラムは学際的な学習をめざし、生徒が複数のレンズを通して問題をとらえる能力を身につけることをめざしながら、学問分野に忠実であり続ける必要がある。

カリキュラムは、分野の内容に関する知識と、その分野の基本的な性質および原理に関する知識とのバランスをとる必要がある。将来の未知の問題に取り組む生徒のために、カリキュラムは転移価値が最も高い分野に焦点を当てる必要もある。言い換えれば、ある文脈で学び、他のものに応用できる知識、スキル、態度を優先するのである。教員がこの考えに納得するためには、この転移価値がどのように起こるかについての行動理論を明らかにする必要がある。学習の認知的、社会情動的な側面のバランスをとり、教員が学習過程の中で生徒と共に責任を引き受けられるように支援することが求められる。教員は、関連性のある現実的な文脈で学習を組み立てる必要があり、テーマ別学習、問題解決型学習、プロジェクト型学習、さらに同僚や生徒との共創を中心とした方法に取り組む。

しかし、今日直面していることは、言うまでもなく、明日の予期せぬ課題に対処する準備ができている、意欲や関心が高い学習者をどのように育てるかである。伝統的な学校では、教員は何を教えるかについての指示を受けて教室に派遣される。しかし、最高の成果をあげる学校では、異なるモデルが登場した。すなわち、教員に対して同じ目的に対して独自の道筋を切り開くためのツールとサポートを与えるのである。生徒には明確な学習到達目標があるが、目標を達成するための方法を決めるために教員は専門的な独立性をいかすことが期待される。

何度も言及したように、各国は外を見る必要がある。中国のような国を無視することはもはや不可能である。この原稿の執筆時点では、ヨーロッパ、アメリカ、中国の十分な教育を受けた人材規模は、ほぼ同じである。しかし、今後10年間で、中国の人材規模ははるかに先へと進むだろう。２０１７年には８００万人の学生が中国の大学を卒業した。わずか10年で10倍に増え、アメリカの卒業者の2倍になった。次の10年以内に、中国の十分な教育を受けた若者の人口は、ヨーロッパと北米を合わせた同様の若者の人口を上回るかもしれない。

生徒、教員、学校管理職のために、これら全ての意味を探るべき時が来た。

6　タイプの異なる学習者

次世代の若者たちは、求職ではなく雇用を創出し、ますます複雑な世界で人類を進歩させるために協力し合うだろう。そのためには好奇心、想像力、共感、起業家精神とレジリエンス、建設的に失敗する能力、失敗から学ぶ能力が重要である。学習者が絶え間ない適応と成長を必要とする世界において最も明らかなことは、生涯学習のための能力とモチベーションが必要だということである。これまで私たちは仕事を通じて学ぶのが常であった。今は学ぶことが仕事になった。学ぶための情熱や能力を築くことができるコーチング、メンタリング、教育や評価を脱工業化していくことが必要である。

この考えは新しいものではない。１９９６年のＯＥＣＤ教育閣僚会議で、当時のフィンランドのオッリペッカ・ヘイノネン教育大臣は生涯学習について力強く語った。生涯学習という概念は、当時は理論的なものにすぎず、成人学習や継続的な教育訓練の問題以上にならなかったが、今では教育政策の中心となった。

学校のキャリアの早い段階で、生徒は学校や卒業ではなく、学習の価値を十分に認識する必要がある。彼らは自身の学習に責任を負い、学習の過程に注力する必要がある。生涯学習とは単に人々に常に新しいことを学ばせるものではなく、はるかに難しいことだが、社会の状況やパラダイムが変わったときに知識を捨て去り、再び学ぶことである。私が若いときは、好きなものを何でも体重を増やすことなく食べられた。私の代謝が変わったと気付いたとき、古い習慣をやめるのは簡単ではなかった。

生涯学習はまた、効果的な学習方略と情熱に基づく。ＰＩＳＡは、学問的知識、生徒の学習方略、および生徒のキャリアへの期待との間にある関係（または関係のなさ）について興味深い発見をもたらした。図6・2は、30歳の時に科学関連の専門職および技術職に就くことを希望している15歳の生徒の割合を示している。このデータは、ＰＩＳＡの科学的リテラシーでは高い得点を上げているベルギー、ＰＩＳＡに参加した中国の四つの地域、エストニア、フィンランド、ドイツ、日本、マカオ、オランダ、ポーランド、韓国、スイス、ベトナム等のあらゆる国と地域を含むが、科学を将来の生活の一部にしたいという情熱はあまり強くない。実際、生徒の科学的な知識、科学的な方法への信念、科学がキャリアの機会をつくるという見方が一致する国は、ほんの僅かである。すなわち、カナダとシンガポール、科学的リテラシーの得点は若干低いがオーストラリア、アイルランド、ポルトガル、スロベニア、イギリスである。もちろん、そのデータは正反対のことも示す。例えば、イスラエル、スペイン、アメリカの生徒は、科学的探究の方法を進んで取り入れ、科学のキャリアを希望するが、彼らは自分の夢を実現するための科学的な知識とスキルが足りない。

要するに、学問的成功だけでは不十分なのである。ＰＩＳＡはまた、知識と情熱の関係について幾つかの興味深い洞察を与えてくれる。生徒が科学を学ぶことを楽しんでいなければ、科学のより良い成績は、生徒が科学のキャリアを追求する可能性をあまり高めない（図6・3）。しかし、生徒が科学について学ぶことを楽しんでいるとき、より良い学習成果は、科学のキャリアに対する生徒の期待と密接に関係する。繰り返しになるが、成績向上に焦点を当てることで他の望ましい成果が得られると期待するのではなく、学習および教育デザインに対するより多次元的な方法を開発していくことの重要性が明確に示されている。

生涯学習とは、子どもの頃の学習から成人期の学習へと資源を移行することだと結論づけたくなるかもしれない。しかし、OECDのデータは、生涯学習が学校での学習成果と密接に関係していることを示している。[27] 確かに、その後の学習機会は学習成果の早期の格差を強める傾向がある。学校で失敗した人は、その後も学習機会を求めることはほとんどなく、また雇用主が基礎スキルの低い人々に投資することはまずない。要するに、現在私たちが知っている生涯学習は、教育の初期の違いを緩和するのではなく、むしろ強化する傾向がある。これは、基礎を正しく習得することがどれほど重要であるか、そして後年における成人の多様な関心を満たす効果的な学習機会を上手に設計することがどれほど重要になるかを強調している。

それでも、学習者が適応できるように政府や社会が支援できることは数多くある。最も簡単なことは、若者に自分たちの学習と社会や労働市場がどのようにかかわっているかの真実を伝え、教育機関にもっと注意を払うよう奨励することである。教育システムによって情熱が共鳴し、優れた能力を発揮し、社会に貢献できるような研究分野を選ぶことができれば、生徒は成功への道を進むことができる。しかし、多くの大学は、依然として提供しやすく簡単で安価な商業的な研究分野に焦点を当てているのが現状である。

より困難だが少なくとも同等に重要なのは、資格に基づく認定制度から知識とスキルに基づく認定制度への移行である。つまり、教育の道筋を文書化することから、知識、スキル、性格面での資質をどこでどのように身につけたかにかかわらず、個人が実際にできることを強調する方向に向かうのである。私はその良い例である。何年も前、私は物理学の学位を取得し、それは私の履歴書に資格として記録されたままである。しかし、もし今日私が研究室に戻ると、仕事で惨めに失敗するだろう。なぜなら、私が学位を取ってから物理学は急速に進歩しており、しかも長い間スキルを使わなかったので私はスキルの幾つかを失ってしまっ

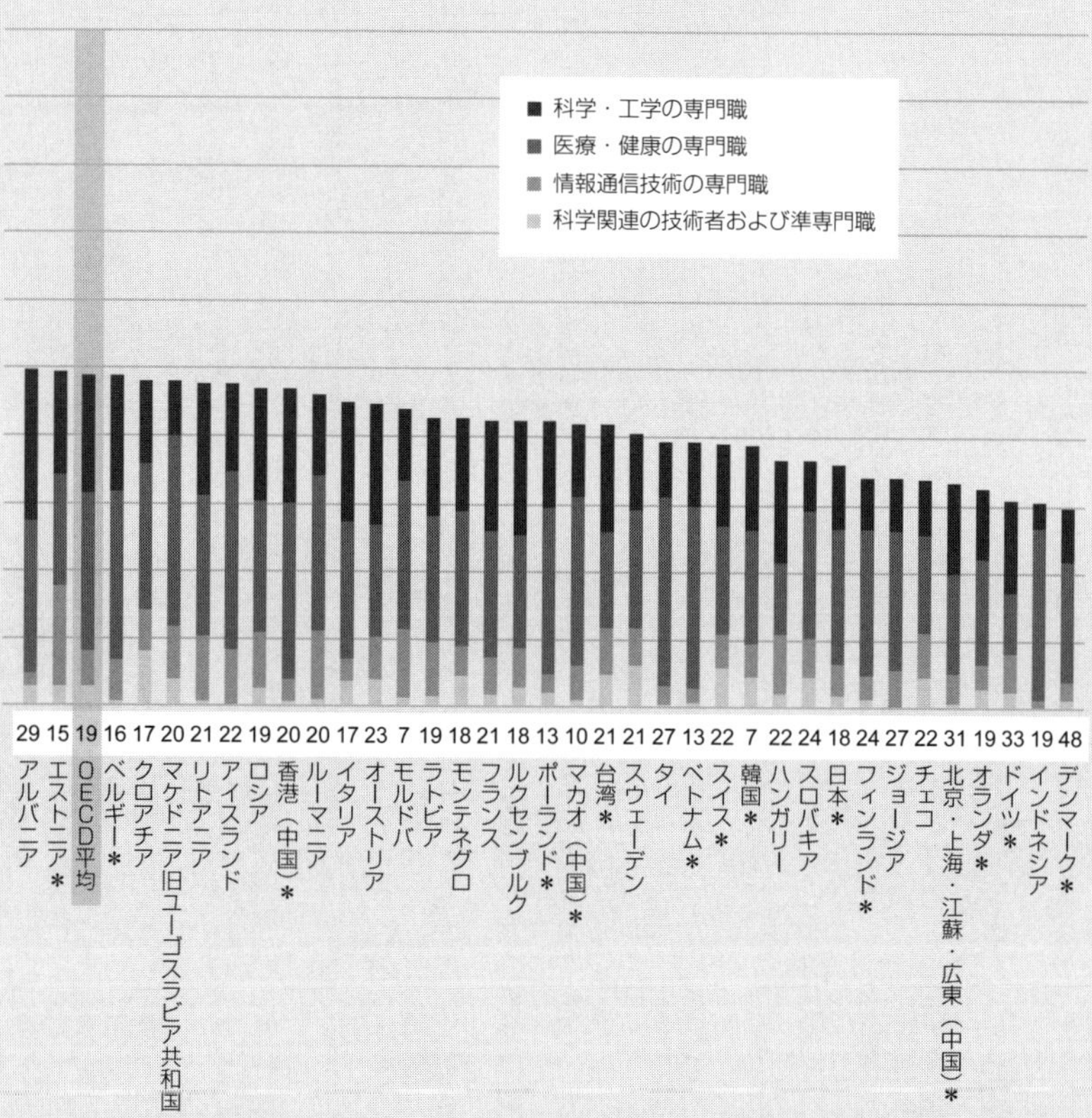

科学・工学の専門職
医療・健康の専門職
情報通信技術の専門職
科学関連の技術者および準専門職
29 15 19 16 17 20 21 22 19 20 20 17 23 7 19 18 21 18 13 10 21 21 27 13 22 7 22 24 18 24 27 22 31 19 33 19 48
アルバニア
エストニア＊
OECD平均
ベルギー＊
クロアチア
マケドニア旧ユーゴスラビア共和国
リトアニア
アイスランド
ロシア
香港（中国）＊
ルーマニア
イタリア
オーストリア
モルドバ
ラトビア
モンテネグロ
フランス
ルクセンブルク
ポーランド＊
マカオ（中国）＊
台湾＊
スウェーデン
タイ
ベトナム＊
スイス＊
韓国＊
ハンガリー
スロバキア
日本＊
フィンランド＊
ジョージア
チェコ
北京・上海・江蘇・広東（中国）＊
オランダ＊
ドイツ＊
インドネシア
デンマーク＊

図 6.2　15 歳以上のほとんどの人は、科学関連の職業で働くことを希望していない

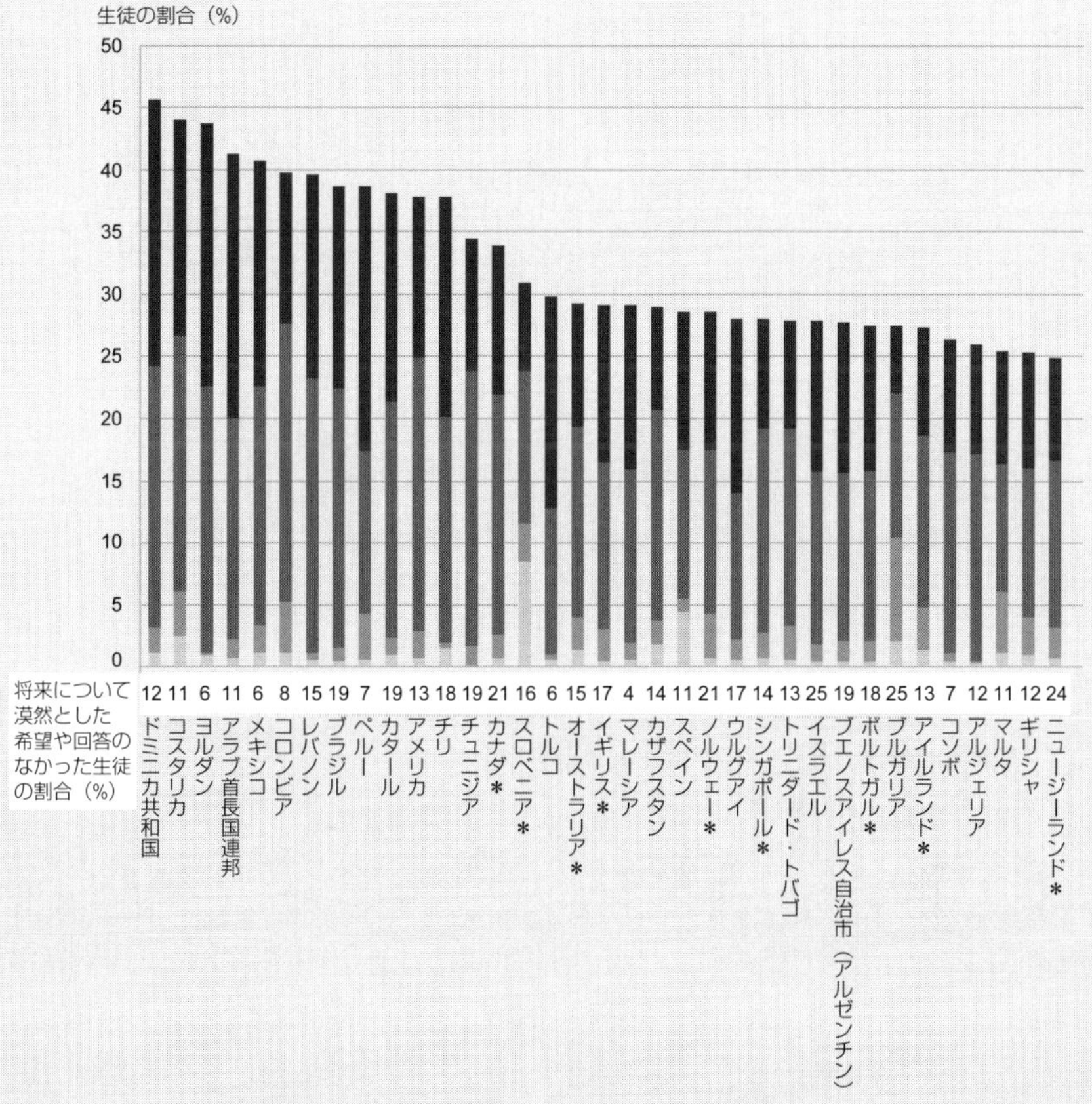

注：科学技術関連の職業および技術職に 30 歳で働くことを希望している生徒の割合。＊記号は、PISA2015 の科学的リテラシーの分野で高い成績を収めた国・地域を指す。
出典：OECD, PISA 2015 Database, Table I.3.10a.

図 6.3　生徒が科学を学ぶことを楽しんでいるとき、より良い成績は、科学のキャリアを希望することにより強く関係している

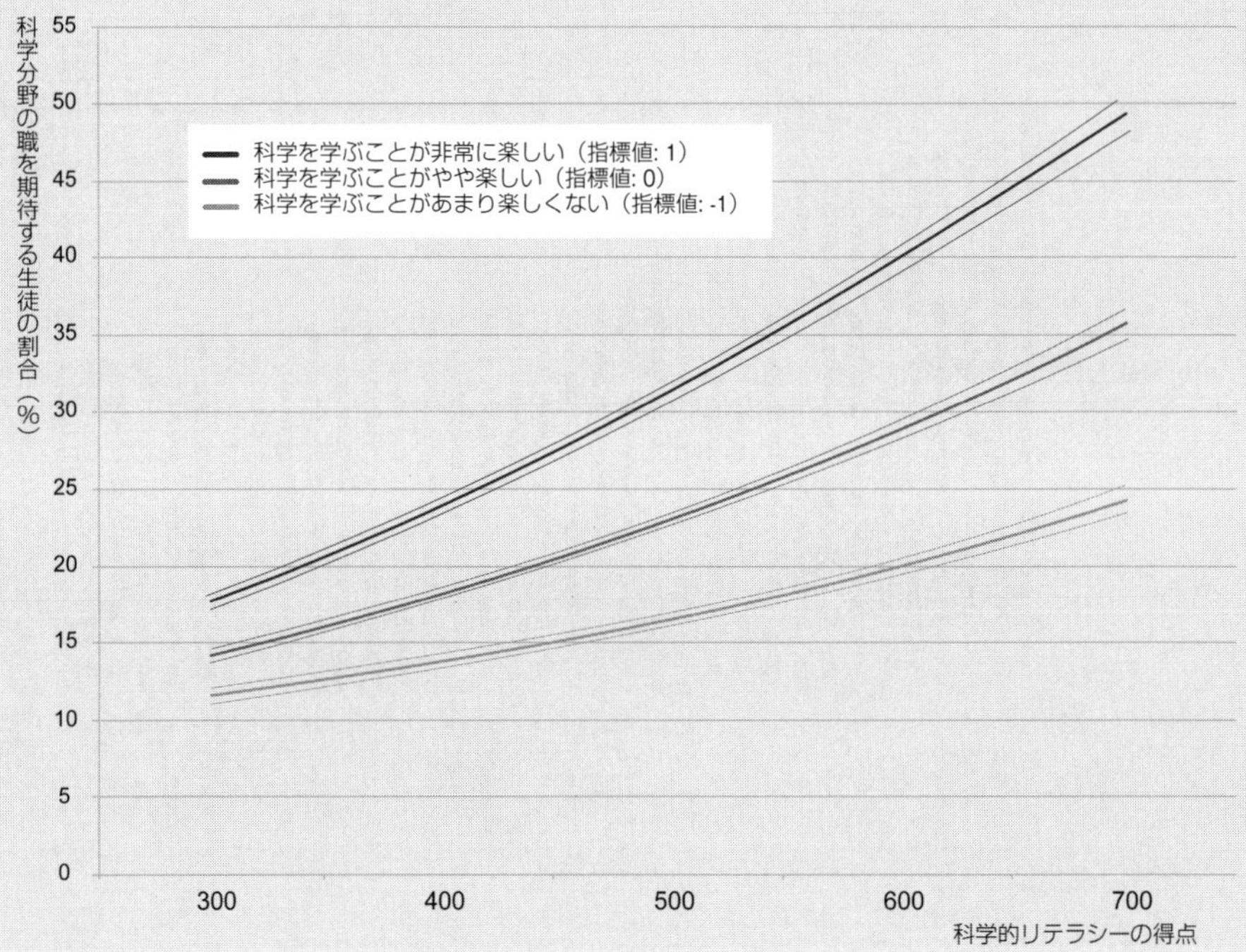

注：性別および社会的経済的状況を考慮した後の OECD 平均の推計。実線は、科学の楽しさの指標、科学の成績、科学の産物、性別、予測因子として導入された PISA の経済社会文化的背景の指標のロジスティックモデルに基づいた科学関連のキャリアを期待する生徒の予測される割合を表す。細線の領域は、これらの推定値の 95%信頼区間の上限と下限を示す。

出典：OECD, PISA 2015 Database, Table I.3.13b.

StatLink：http://dx.doi.org/10.1787/888933432435

た。しかし、その一方で、私は正式に認定されていない多くの新しいスキルを獲得した。

7　21世紀の教員

教員への高い期待、ますます高まる期待

教員に対する期待は高く、日々増加している（第3章参照）。教員が知っていることや関心のあることが生徒の学習に大きな違いをもたらすため、私たちは教員に対して何を教えるか、誰に教えるか、生徒がどのように学ぶかを深く広く理解することを期待する。しかし、私たちは教員に対して職務内容に書かれた内容よりもはるかに多くを求める。私たちは教員に情熱的で、思いやりがあり、思慮深いことを期待する。すなわち、学習を中心にして生徒の関与と責任を促すこと、様々なニーズを持ち背景や言語が異なる生徒に効果的に対応し、寛容と社会的結束を促すこと、生徒に継続的な評価とフィードバックを提供すること、そして、生徒が自尊心や帰属意識を持てるようにして協同的な学習を保証すること。また、私たちは、教員自身がチームとなり、他校や保護者と共に働き、共通目標を定め、目標を達成するために計画したり監督することを期待する。とりわけ、教員が自身の視野を広げ、時代の常識に疑問を呈するような活発な生涯学習者であると生徒から見なされなければ、生徒が生涯学習者になることはまずない。

今日の「ネットにつながった」学習者である教員は、情報過多から盗作、詐欺やプライバシー侵害やネットいじめのようなネット上のリスクからの保護からメディアの適正利用まで、デジタル化から生じる問題にも対処しなくてはならない。彼らは、生徒が情報に基づいて選択し、有害な行動を避けるため、インター

ネットサービスや電子メディアの批判的消費者となるように教育することが期待されている。

しかし、それだけではない。ほとんどの成功した人々には、その人生に変化をもたらした教員が少なくとも一人はいる。なぜならば、その教員はロールモデルとなり、生徒の幸福と未来に心から関心を持ち、生徒が必要としたときに感情面で支えたからである。教育のこのような側面は比較や定量化が困難であるが、これらの資質を育む組織や支援の文化は、全ての生徒が成功するために大いに役立つであろう。

教育を支えるデジタルテクノロジー

デジタルテクノロジーが学校で果たす役割について様々な意見があるが、デジタルツールが学校外の世界を根本的に変革してきたことは無視できない。いたるところでデジタルテクノロジーは市場に参入し、製造プロセスを変革するための新しいビジネスモデルと機会を企業に与えた。デジタルテクノロジーは、私たちをより長生きで健康にし、退屈な仕事や危険な仕事を肩代わりし、仮想世界への旅行も可能にする。デジタルテクノロジーを使いこなせない人々は、もはや私たちの社会的、経済的、文化的な生活の全てを享受できない。

したがって、21世紀の教育法を支える学習環境を教員に、成功するために必要な21世紀型スキルを生徒に提供するためには、テクノロジーが重要な役割を果たす。

デジタルテクノロジーが教員を不要にするという主張を聞いても、私はまったく心配しない。教育の中心は人間どうしの関係性であり、教育は最も永続的な社会活動の一つと考えられてきた。生涯を通じて学習者を育成し、支援する人々への需要は、ますます増加していくだろう。

主な差別化要因としての教育の価値は、デジタル化によって伝統的な学校の特徴である教育の内容、認証評価、教育が分離されるにつれて高まるに違いない。デジタル時代において、今日私たちの専売特許である知識や教育の内容と呼ばれるものは全て、明日には誰もが利用可能な日用品となるだろう。認証評価は依然として教育機関に大きな力を与えるが、数年先を考えてほしい。雇用主が特定の知識やスキルを直接認証する「細分化された資格認定」は、認証評価にどのような影響を与えるだろうか？　また、従業員が実際に有する知識やスキルを履歴書から判別する技術が急速に発展していることも考えてほしい。結局、現代の教育機関の最も貴重な資産は、教育の質なのである。

それでも、他の多くの職業と同様に、現在教員が担っている多くの仕事をデジタルテクノロジーが代替するかもしれない。たとえ教えることがデジタル化されたり、他者にアウトソーシングされなくても、教育から貴重な時間を奪い去る日常的な管理や事務作業は、すでにテクノロジーによって代替されている。

医療分野では転帰を見ることから始まり、患者の血圧と体温を測定し、どの薬が最も適切かを判断する。しかし、教育では、全ての生徒に同じ薬を与え、全ての生徒を同じように指導する傾向がある。そして、何年も後に結果が満足できるものでないとわかったら生徒のやる気や能力のせいにしてきたが、それはもはや通用しない。デジタルテクノロジーは、生徒が学ぶ内容、学ぶ方法、学ぶ場所、学ぶ時期について、今までにない方法を可能にする。そして、優れた教員と教育の機会を充実し、普及していくだろう。

私たちは教員が学んだ知識を伝えることから、知識の共創者、コーチ、メンター、評価者として働くために、テクノロジーを受け入れる必要がある。すでに最新のデジタル学習システムでは、単に科学を教えるだけではなく、勉強法や科学の学び方、興味を引き付ける課題と退屈で困難な問題を見分けながら教えることができる。そして、これらのシステムは、従来の教室でおこなわれてきたものよりも、はるかに高い精度で個人の学習スタイルに最適化した学習を可能にする。同様に、バーチャル実験室は、単に学ぶだけではなく、実験を通じた設計、実行、学習を可能にする。

テクノロジーにより、教員と生徒は教科書以外の様々な方法、すなわち時間と空間にとらわれない専門的な教材も利用することができる。テクノロジーは、積極的に参加する学習者のために新しい学習法を使いやすくする。テクノロジーを活用して、プロジェクト学習や探究学習を支援し、実践的な活動や協同学習を促進し、リアルタイムの形成的な評価によって体験型学習を向上した好例がある。他にも双方向性、最先端の教育デザインに基づく非線形教育用ソフトウェア、実験とシミュレーションのための洗練されたソフトウェア、ソーシャルメディア、教育ゲームを用いた学習支援等の興味深い事例もある。これらはまさに21世紀の知識とスキルを磨くために必要な学習ツールである。一人の教員が何百万人もの生徒を教育し、刺激し、世界中に自分の考えを伝えられるようになったことは特筆に値する。

おそらく、テクノロジーの最も際立った特徴は、個々の生徒や教員に役立つだけでなく、協同学習を中心としたエコシステムを構築できることである。協同学習が目標指向、動機づけ、持続性、効果的な学習方略につながるとの認識が広まれば、テクノロジーで学習をより社会的で楽しいものにする学習者コミュニティを構築することができる。同様に、テクノロジーは教育資源や実践事例を共有し、充実するために、さらに職業上の成長と職業訓練の制度化のための教員コミュニティを構築できる。これらは政策立案者と政府が、カリキュラム設計、政策、教授法に関するベストプラクティスを開発し、共有するのに役立つだろう。教員、教育研究者、政策立案者が協力し、教育目標を達成するために最も適した内容と教育実践を結集した巨大なクラウドソーシングのプラットフォームを想像してほしい。そこでは、世界中の生徒が最も質が高く、最もイノベーティブな教育を受けられる。

しかし、教室の現実は異なるようだ。2015年のPISAで私たちは、生徒のデジタルスキルとデジタルスキルを育成するために設計された学習環境に関する報告書を発行した[28]。そこでは、まだ教室ではテクノロジーが広く活用されていないことが明らかになった。2012年のPISAの時点では、ヨーロッパの学校のうち高性能なコンピュータと高速インターネット接続を有するのは約37%であった。これはポーランドの5％から、ほぼ全てに普及するノルウェーまでを含む。しかし、コンピュータの性能が明らかに標準以下である多くの国でさえ、校長の80％から90％がコンピュータとインターネット接続は適切に配備されていると回答した。テクノロジーはそれほど重要ではないのだろうか？　あるいは、学校管理職は学習を変えるデジタルテクノロジーの可能性を認識していないのだろうか？

さらに重要なことは、そのようなテクノロジーが教室で利用されている場合でも、生徒の成績への影響が混在しているように見えることである。ＰＩＳＡは、生徒のデジタルリテラシー、生徒が学校でコンピュータを利用する頻度と程度を調査した。コンピュータを学校で適度に利用する生徒は、まれにしか利用しない生徒よりも成績がやや良い傾向がある。しかし、非常に頻繁に利用する生徒は、社会的背景や生徒の人口構成を考慮しても、ほとんどの成績が悪化する（図6・4）。これらの調査結果は、デジタルリテラシーと数学的リテラシーと科学的リテラシーの両方のスキルに当てはまる。

ＰＩＳＡの結果はまた、教育のためにデジタルテクノロジーに多額の投資をした国々では、生徒の成績があまり改善されていないことを示している。おそらく最も残念な発見は、恵まれた生徒と恵まれない生徒の知識とスキルの格差解消に、テクノロジーがほとんど役に立っていないことである。簡単に言えば、全ての生徒が読解力や数学的リテラシーの最低基準の習熟度を達成するほうが、学校でハイテク機器の利用を拡大したり補助するよりも、デジタル世界における公平な機会を作り出すようである。

一つの解釈として、深く概念的な理解を構築し、高次の思考を育てるには教員と生徒の緊密なやりとりが必要だが、しばしばテクノロジーはそのような人間のかかわりを阻害すると考えられる。もう一つは、19世紀の学校組織による20世紀の教育実践に21世紀のテクノロジーを加えるだけでは、テクノロジーを最大限に活用した教育は実現できないということである。もし生徒がグーグルで調べた回答を答案用紙に書き写すだけならば、従来の教授法よりも効果的な学習とは呼べない。

図 6.4　学校でコンピュータを頻繁に利用する生徒は、デジタル文書や印刷文書の読解力において最も低い得点を示す

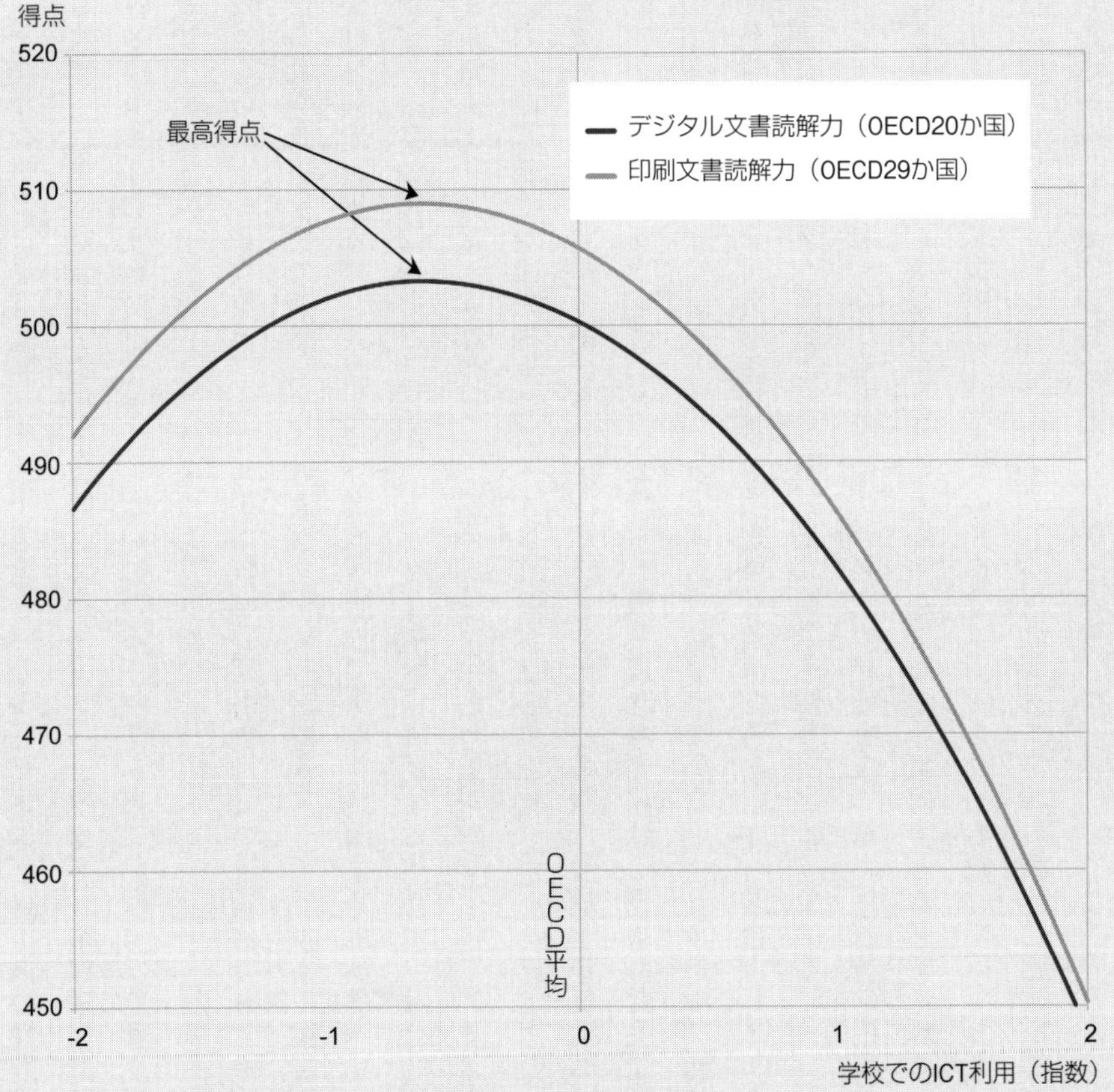

注：生徒と学校の社会的経済的状況を考慮した後の OECD 平均との関係。線は、学校でのコンピュータ利用の PISA 指標の様々なレベルで、それぞれの結果変数の予測値を表す。

出典：OECD, PISA 2012 database, Table X.2.

StatLink：http://dx.doi.org/10.1787/888933253280

要するに、デジタルテクノロジーは優れた教授法を増幅するが、貧弱な教授法を置き換えることはめったにない。私たちが断片化した方法で学校にテクノロジーを導入し続けるかぎり、テクノロジーの可能性を実感できない。各国は明確な計画を立て、それを実現する教員の能力を拡張していく必要がある。政策立案者はそのような取り組みへの支持を上手に集める必要がある。未来はテクノロジーの可能性を引き出し、生徒が内容の知識を習得するだけではなく、学習の価値を理解できるように支える教員と共にある。また、教員は想像力あふれる問題解決のための環境をデザインし、批判的思考とメタ認知を育むことも求められる。

共有する文化へ

教育におけるテクノロジーについて、別の観点で考察してみよう。ビッグデータは、他の多くの分野ですでにおこなわれているように、教育の再設計に役立つ可能性がある。新しいデジタル空間を通じて共同体の専門知識と経験の全てを共有する教育システムが、どれほどの力を持つかを想像してほしい。

しかし、教育データを公共空間に投入するだけでは、生徒の学び方、教員の教え方、学校の運営方法は変わらない。それは多くの行政における説明責任制度から学んだ不本意な教訓である。人々はデータを持っているかもしれないが、それを使って教育のやり方を変えるとは限らない。

デジタル排気をデジタル燃料に変え、教育実践を変える触媒としてデータを活用するには、まるで石板のような旧態依然とした教育システムの「読み取り専用」モードから抜け出す必要がある。これは、協業しながら透明性を実現していくことでもある。教育機関では、何十万人もの生徒や教員に影響をおよぼす内容、規則、規制が、現場から遠く離れた専門家によって意思決定されることが多い。どのように意思決定がおこなわれたかを把握することは、ほとんどできない。

これらの意思決定の根拠となるデータを全ての人々が利用できるようにし、最前線の教員が実験し、創造できるようになれば、ビッグデータで大きな信頼を培うことができる。私はいつも、「協同的消費」(collaborative consumption)の力に驚かされる。人々が自分の車、さらに住居さえも、見知らぬ人と共有するオンライン市場がある。協同的消費は、人々を小さな起業家に変えた。そして、協同的消費を支える原動力は、見知らぬ人への信頼である。ビジネスの世界では、信頼できる見知らぬ人が様々な市場で結びついている。この市場が機能する理由は、人々が相手を知り、信頼を築くのに役立つ強力な評判指標が、システムの背後に存在するからである。私たちは見知らぬ人から何かを購入したいとき、他の顧客がその売り手をどのように評価しているかを見ることができる。そして、購入後には自身でも売り手を評価できる。同様に、売り手も私たちを信頼できる買い手として評価できる。

2012年のPISAで最も高く評価された教育システムである、上海のテクノロジー活用方法を見てみよう。上海の教員は、教室でテクノロジーを使うことに思慮深く慎重だが、専門的な実践を促進して共有すれば進んで活用する。2013年に上海を訪れたとき、教員がデジタルプラットフォームで指導案を共有する姿を見た。それ自体は珍しいことではない。他と異なるのは、プラットフォームが評判指標を取り入れていたことである。他の教員がダウンロードしたり、授業を批評したり改善すると、共有した教員の評判が向上する。学年末に校長は、教員が生徒をどれほど上手に教えたかに加えて、職業上の技能向上と広範な教育システムの改善にどのように貢献をしたのかを評価する。

教育実践を共有するクラウドソーシングという上海の取り組みは、教員間のベストプラクティスを特定し、共有する好例であると共に、教員の職業上の成長と発展を促す方法として成果連動型の報酬よりもはるかに強力である。その評価は何年も前に現場から離れた一人の上司の見解ではなく、教員全体の見解に基づくものであり、より公平と言えるかもしれない。

このようにして、上海は巨大なオープンソースの教員コミュニティを創設し、貢献や協力、さらに貢献を認められたい人々の欲求を利用して教員の創造性を解放した。テクノロジーによって優れた教育を普及できるのである。その価値は、指揮命令によって垂直方向では次第に小さくなるが、私たちがつながり共に働くことで水平方向ではますます高まる。

両親が子どもの学校教育の質について調査を受けると、多くは質が低いと回答する。しかし、子どもの学校の質は学校教育の成果とは関係なく良いと回答する。私たちは子どもたちの学校の教員を知っているから信頼するのと同じように、子どもたちの学校を知っているから信頼する。私たちは見知らぬ人には信頼が低くなる。しかし、デジタル時代には、より豊かで価値のある社会関係資本を創造できる。上海で導入されているような評判指標は、見知らぬ人に顔や身元を与えるものである。多くの人々が同じように評価し合うことで、私たちは誰が信頼できる人物なのかを学ぶことができる。

ここであらためて悪魔は細部に宿ることを伝えたい。協同が成功するかどうかは、関係性に大きく依存する。オンラインバッジや星を付けるだけでは、その人が優れた協同相手であるとは証明できない。また、デジタル共有プラットフォームが商用化されることで、無償での経験の共有が制限される危険性もある。

専門性を獲得する

素晴らしい授業の中心はテクノロジーではなく、当事者意識である。21世紀に成功した教育システムは、専門家としての教員の当事者意識を育むために必要なことは何でもおこなってきた。多くの人々は、教員や学校管理職に十分な能力と専門知識がないために自律性を高めることができないと言う。そこには真実があるかもしれない。しかし、教育の規範的モデルを維持するだけでは創造的な教員は生まれない。調理済みのハンバーガーを再加熱するためだけに訓練された人が、料理長になることはないのである。

対照的に、教員が自身の教室に当事者意識を感じるとき、生徒が自身の学習に当事者意識を感じるとき、生産的な授業がおこなわれる。したがって、信頼、透明性、専門家としての自律性、専門家の協同文化を同時に強化することが重要なのである。

　当事者意識を持った教員には、彼らが自問自答してきた以上に彼らに問いを投げかけることは難しい。２０１１年、オランダの文部科学省がどのようにして職業基準を教員主導で開発しているかを私は研究した。当初政府には、教員に任せれば必要な厳格性が失われ、最小公約数のような基準になるという懸念があった。しかし、反対のことが起こった。当時の文部科学省のサンダー・デッカー副大臣は、オランダの政府には課すことができないような職業基準を教員が自ら開発したと後に教えてくれた。他の職種でも同じことが言える。医療専門職や法職に新規参入する際の障壁を考えてほしい。プロ意識や専門家としての誇りが、政府よりもはるかに優れた監視役になることがある。

　私はこの経験から多くのことを学んだ。まず、教員が職業基準の開発に参加することは、専門的知識を培うための素晴らしい方法である。確かに、教育基準が妥当かつ教員自身のものとなるためには、その設計時に教員が主導的な役割を果たすことが不可欠である。同様に、第5章で議論したように、評価制度が効果的であるためには教員が教員評価制度の設計に参加することも不可欠である。[29]教員の参加によって、彼らのプロ意識、スキルと経験の重要性、責任の範囲を理解できる。その過程で相談があれば、教員もまた評価されることに対してよりオープンになるだろう。したがって、評価制度の設計者は、制度全体にわたって教員組合や優秀な教員と協力する必要がある。他の専門家がそうであるように、教員もまた彼らの職業の基準と評判を守ることに強い関心を持っている。

　しかし最も重要なことは、21世紀の学校システムの変化があまりにも速いため、教員は仕事に当事者意識を持つ必要があるということである。国が定めたカリキュラムを教室で実践するという最重要事項でさえも、教育システムの様々な階層を経て目標と方法を共有し、それらを教員養成プログラムに組み入れるには

10年以上もの時間を要する。生徒が何をどのように学ぶかが急速に変化するとき、この実行プロセスの遅さが、生徒が学ぶ必要があるものと教員が何をどのように教えるかのタイムラグを拡大する。

そのタイムラグを短縮する唯一の方法は、教育の専門化を高めることである。すなわち、成果物としてのカリキュラムだけでなく、カリキュラムの設計過程とカリキュラムの背後にある考えを最もよく伝える教授法を教員が確実に深く理解できるようにすることである。

将来、若者にとって価値のあるものに対応するために、学校は厳しい課題に直面する。教科の内容はますます重要ではなくなり、より良い授業では文脈として扱われる。今日のカリキュラムの多くは、もはや存在しない静的な世界に生徒を参加させるように設計されている。そのような種類のカリキュラムは、階層的な官僚主義において産業的な手法で提供することができた。これまでの教育デザインでは、教員は専門家として高度な洞察を発揮することを期待されなかった。しかし、それではもはや不十分である。カリキュラムは今、急速に変化する知識創造の動向を反映する必要がある。

逆説的に、教育における高度に標準化された産業労働組織は、しばしば教室に教員だけを置き去りにする。学校に自律性がまったくない状態とは、閉ざされた教室のドアの先で全ての教員が孤立していることを意味する。

規範的アプローチが弱まるにつれて、実践者である教員の立場を強化する必要がある。政府は方向性とカリキュラムの目標を設定できるが、現場で教育を担うのは教員である。政府は彼らのプロ意識を引き出し、支援する方法を見つけるべきである。しかし、専門的な自律性の向上はまた、挑戦的で特異な実践を増やすことにもつながる。それは専門家によって効果的であると認められた実践の普及に取り組む、全ての教員を置き去りにすることを意味する。教育は、アートであるだけではなく、科学でもある。それが上海における教員の協同の事例である。

私たちは、自由を目的のための型にはまらないものとしてとらえるべきではない。あなたがパイロットだとする。もし「風に逆らって着陸するように教わってきたが、今回は風に乗って着陸したい」とアナウンスしたら、乗客は大きな不安を感じるだろう。もちろん、風に乗って着陸することは良いことだとする教員にとっての事実と、一方で職業に対する自律性と当事者意識を推進していくことのバランスをとるのは、学校管理職にとって容易ではない。大半の教育分野には実践に関する明確な基準がないので、教員は何が効果的であるかが十分に検証された分野であっても、自分がやりたいようにできるべきだと考えるかもしれない。教育実践への共通理解がないまま管理職が指示すると、教員は無力感を感じるかもしれない。

どの教育手法がどのような状況で最も効果的であるかを調べるには、時間、研究への投資、協同が必要である。その結果、優れたアイデアが広がり、教員全体へと普及する。したがって、職業的な管理基準が官僚的および行政的な管理を代替する、すなわち産業労働組織から教員および学校管理職のための真に専門的な労働組織への大きな転換が必要である。言い換えれば、教員の専門的な裁量によってこそ、生徒の創造性と批判的思考のスキルを開発する自由度が高まる。これは21世紀の成功の中心であるにもかかわらず、非常に規範的な学習環境では育成することが難しいものである。21世紀の教育政策には、そのような変化を支えることが期待される。

8　学校内外のイノベーションを促進する

ある部門が生産性の平準化をめざすとき、別の部門はイノベーションをめざす。それは教育でも起こっている。教育におけるイノベーションの水準は、他の経済分野とほぼ一致する。[30] しかし、問題となるのはイノベーションの量ではなく、その妥当性と質、アイデアが効果を発揮するスピードである。イノベーションは起こっているが、学習の中心に焦点が合っておらず、遅々として進まない。

イノベーティブな変革は、規則や規制の遵守に重きを置く階層構造ではより困難である。教育のイノベーションを促進する政策的な方法として、自律性や多様性を高め、教育機関の競争を増やすことが挙げられる。しかし、この方法に効果があるという確かな証拠はまだない。

柔軟性とイノベーションを公平性を担保しながら両立するためには、選択が不平等や差別を助長しないようなチェックアンドバランス（権力の抑制と均衡）を学校制度に取り入れ、全ての保護者が望みどおりの学校を選べるようにする必要がある。つまり、政府や学校は、保護者や地域社会との関係構築に投資し、保護者が情報に基づいた決断を下せるようにする必要がある。第4章で議論したように、学校制度が柔軟であるほど、より強い公共政策が求められる。学校の自律性、地方分権化、よりニーズに基づいた学校制度が拡大すると、意思決定は現場に任されるようになる。公共政策の役割は、戦略的なビジョンや明確な教育の指針を示し、知識を収集したり共有するための効果的なメカニズムを確立し、地元の学校ネットワークおよび学校に有意義なフィードバックを提供することである。言い換えれば、中央政府と地方自治体の協働があってこそ、学校選択は全ての生徒に恩恵をもたらす。

ガバナンスのイノベーションは、教育システムのイノベーションとは異なる課題である。テレビ、ビデオ、デジタルホワイトボード、コンピュータ等、教育には新しい方法を導入してきた長い歴史がある。しかし、これは教育の徹底的な改良と学校教育の改善を期待しながらも、高いコストをかけて複雑な成果を段階的に獲得してきたにすぎない。教育が他分野でのイノベーションに追いつかない理由を私は何度も自問してきた。政府、学会、教科書会社の現在のビジネスモデルを破壊する可能性があること以外に、もっともな答えをみいだすことができなかった。

教育産業が弱すぎて細分化されているため、この課題を受け入れられない可能性もある。OECD加盟国の医療・健康分野の研究予算は、教育研究予算の17倍もあることに留意すべきである[31]。それは実践を進めるうえで知識が果たすべき役割について多くを語っている。

しかしより大きな問題は、たとえ優れた教育研究や知識が存在しても、多くの教員は彼らが直面する問題が科学と研究によって解決できると信じていないことである。あまりに多くの教員が、良い授業はインスピレーションと才能に基づく個人的なアートであり、職業人生を通じて向上していくスキルではないと信じている。しかし、それを教員だけのせいにするのは誤りである。教員の知識やノウハウを体系化するインセンティブやリソースが不足しているため、この問題は政策に遡って考える必要がある。多くの国では、教育以外の労働時間の余地が少なく、教員は知識創造に取り組むことができない。他の専門職とは異なり、実践者のための専門機関あるいは科学的な共通言語さえも構築することができなかったので、教育実践は曖昧なまま可視化されず、孤立しており、伝承が難しいままである。より良い知識に投資し、広く普及することを優先すべきである。それは大きな恩恵をもたらすに違いない。

学校でのイノベーションのためには、より条件を公平にすることも重要である。政府は、優れたアイデアを改善し、共有する教員の自律性と協同文化を強化できる。政府はまた、補助金を設けたり、何が効果的かを明らかにし、効果があるものへの需要を高めるインセンティブを提供することもできる。政府にしかできないことは数多くある。シリコンバレーが機能するのは、政府がイノベーションを起こすからではなく、政府がイノベーションが起こる条件を作り出したからである。同様に、政府は教室でイノベーションを起こすことはできない。革新的なアイデアが開花するイノベーションを受け入れやすい風土があるように、政府にできるのはシステムを開放的にすることだけである。すなわち、教育システム内のイノベーションを促進し、外部からの創造的なアイデアに開放するのである。

政策立案者は、教育産業を学校への商品やサービスの提供者と見なすことがよくある。彼らは、教育におけるイノベーションが学校の運営環境そのものも変化させていることを過小評価しがちである。特に、テクノロジーによるイノベーションは、デジタル世界と社会環境という外界へと学校を開放する。また、それは新しい概念や観点、教育のための明るい未来の持続をめざす教育産業を含む教育システム全体に新しい当事者を生み出す。

教育システムが産業界を価値あるパートナーとして扱うことは難しい。教育の「市場化」やコンピュータによる教員の代替が恐怖として認識されるため、実り多い対話となり得るものも危険にさらされている。同時に、私たちは教育産業に対して厳しく要求すべきである。ほとんどの子どもたちは、企業が学校に提供しているようなソフトウェアで自発的に遊ぶことはないだろう。教育産業では、本来あるべきイノベーションが進んでいるか？　サービスを細分化された市場に提供するために大規模な営業組織を擁する、寡占状態の大手企業を打ち破ることができるか？　買い手が全ての担当者に対処しなければならないという、時間がかかる販売サイクルを克服できるか？

学校にイノベーションを促進するビジネス文化を作り出すことは可能だろうか？　現在は、新しいツールやシステムを購入したり、教職員を活用するのは非常に簡単である。なぜならば、まったくコストがかからないからである。教員の時間を埋没費用として扱うことは、人々がこの時間の節約に何のメリットもみいだせないことを意味する。新しいツールや新しい実践、組織、そしてテクノロジーによって、産業界がどのようにして教育分野の生産性の格差を埋められるかを探っていくことには価値がある。

教育分野における起業家精神の低さは、驚くほどである。確かに教科書、教材、オンライン講座を提供する大規模な組織があり、無数の私立学校や大学がある。しかし、これらは非常に細分化されている。２０１３年６月に私はインドの起業家であるサニー・ヴァルキー氏[32]に出会った。彼は、教育分野を「公共セクターと民間セクターの対立」から「公共セクターと民間セクターの連携」へと変革する意欲を持っていた。彼の使命を他者と違うものにしたのは、教育を他の何かの一部とするのではなく、教育を最優先にしたことである。

私たちは、既存の慣習をひっくり返すような「キラーアプリケーション」や「破壊的なビジネスモデル」を探すべきではないのだろう。その代わりに、私たちは教育成果を生み出すエコシステム全体にわたる学習能力を特定し、解釈し、育成する方法を学ぶべきである。デジタル時代で目標を達成するために、国は教員が新しいツールを使いこなすための説得力のある戦略を必要とする。この課題に上手に取り組んでいくことが政策立案者には期待される。変化が不確実性を伴うとき、教育者は現状維持を選ぶことが多い。よりイノベーティブな学校を支援していくためには、教育システムはニーズを上手に伝え、変化を促していく必要がある。能力強化やチェンジマネジメントのスキルへの投資は非常に重要だろう。教員はテクノロジーによるイノベーションの実行者としてだけでなく、設計者すなわち変革の積極的な担い手になることが不可欠である（第５章参照）。

教育システムは、変化の主な要因を識別し、それらを支える必要がある。そして、イノベーションを拡大し、普及するための効果的な方法を見つける必要がある。それはまた、イノベーターが新しいアイデアを生み出すためならリスクを冒してあらゆることをおこなうように、成功を定義し、報酬を与え、評価する良い方法を見つけることでもある。最初のOECD国際教員指導環境調査（TALIS）における最も残念な発見の一つは、先進国の教員のうち4人に3人が職場をイノベーションに敵対的な環境ととらえていることであった。[33] その認識を変えなければ何も変わらない。

9 効果的なシステム・リーダーシップの育成

教育の官僚制度を変えることは、墓地を動かすことに似ているかもしれない。現状には非常に多くの防壁があり、彼らに助けを求めることは難しい。要するに、学校制度はかなり保守的な社会制度なのである。誰もが自身の子どもたちに影響を与えないかぎりは教育改革を支持する。保護者は子どもたちの教育を自身の教育経験と比較して判断するかもしれない。教員は教えるために教わった方法ではなく、教わった方法を教えることができる。しかし、教育改革への本当の障害は保守的な一般の人々ではなく、保守的なリーダーである。すなわち、現状を維持するために大衆に迎合するリーダー、快適な場所に留まるほうが楽だからと、変化する世界に教育実践を適応させるのではなく現在のカリキュラムに固執するリーダー、優れた教員への投資等の効果的な政策のメリットを保護者や教員に理解してもらうよりも、少人数制クラスのような人気のある解決策に投資するリーダーである。

特に政策に一貫性がなくリソースも少ない場合には、効果的なリーダーシップが事実上教育のあらゆる面での中心となる。全ての教育システムには多くの素晴らしい教員、学校、教育プログラムがあるが、優れた教育システムを構築するには効果的なリーダーシップが不可欠である。教育改革の権威であるマイケル・フラン氏が指摘するように、プログラムは拡大しない。拡大するのは文化であり、文化は効果的なリーダーシップの特徴である。文化とは、システム全体による学習、システム全体のイノベーション、そして大規模で継続的な改善を推進する戦略的な協働のことである。あなたが本質的で永続的な変化を起こしたいならば、何人の教員があなたに賛同するかではなく、何人の教員が効果的な協働を推進できるかを自問すべきである。

投資が増加しているにもかかわらず教育に成果が現れないという教育危機は、部分的にはリーダーシップの危機である。テクノロジー、グローバリゼーション、環境の相互関係の変化に対して適切かつ前向きに対応していくことは、最終的にはリーダーシップの問題である。効果的なリーダーシップは、教育機関、教育者、研究者、その他のイノベーターが専門家として協力していく環境を作り出すのに不可欠である。このようなリーダーは、何を変える必要があるのかを人々が理解し、支援を獲得し、教育システム全体がリーダーシップを共有するよう働きかけるべきである。

マイケル・フラン氏が説明するように、自らの学校システムに将来を見据えた変更を加えようとするリーダーは、命令を出して従わせる以上のことをしなければならない。彼らは、共通理解と集団全体の当事者意識を作り上げ、変化の重要性を語り、変化を現実にするために働きかけ、大衆に迎合しない信頼できる人物である必要がある。彼らは、法令遵守ではなくイノベーションと発展を促すことをめざして説明責任を果たし、リソースを集中し、能力を開発し、組織体制を変更し、適切な政策環境を作り出すべきである。そして、彼らは教育機関を支配している縄張りと階層的な官僚主義の力学に対抗するのである。

システムのリーダーは、生徒ではなく教員や事務組織の興味や習慣によって構築されている制度的構造に向き合う必要がある。学校システムのほとんどは、機会を広げて生徒の多様なニーズに対応するのではなく、人々を分類し排除するように設計されている。それは、ごく一部の少数のリーダーを見つけて訓練し、他の人々には基本的な知識とスキルを身につけられるようにすることが教育であった工業時代には、効率的かつ効果的な方法だったかもしれない。しかし、全ての人々の才能を最大限に活用し、公平な学習機会を確保する現代社会では、このような方法は成功するための障壁となる。困難な生徒を他の場所に移動して効率化を図るのではなく、学校が生徒全員のニーズを満たせるようになるには、インセンティブと支援が必要である。

学校が起業家のように適応するためには、システムのリーダーがイノベーションに必要な人的、社会経済的資源を獲得することが不可欠である。彼らには、業界や国を超えた強いつながりを築き、政府のリーダー、社会起業家、企業幹部、研究者、市民社会とのパートナーシップを築くことが求められる。

教育政策にとって、学校システムの地方分権化を推進する勢力と中央集権化をめざす勢力との間の非生産的な論争を乗り越えることが重要である。その議論は、教育のどの側面がどのレベルの教育システムで管理されるべきかという本質的な問題から目を逸らす。また、学校システムの各層がどのようにして生徒や教員を支援できるかを自問していくという補完性原理を損なう。

それはまた、教員、学校、地方自治体が、カリキュラム開発、シラバス、テストと教育基準に関する機能には、多くの資源が必要だと認識していることでもある。それゆえに、これらが機能するためには、ある程度の中央集権化が進められてきた。それが正しいかどうかを見極めるためには、全ての生徒が利用可能であり、ワールドクラスの教育基準が緻密なカリキュラムに反映され、教員や教科書出版社の力を引き出すような一貫した教育システムが必要である。

学校や地域が教室で何を教えるかを決定する教科書に政府が関与しない国では、文部科学省が強力な役割を果たし、非常に中央集権化された教科書制作と審査がおこなわれている日本の事例を憂慮するだろう。しかし、日本の教員に質問してみれば、教科書制作と出版に先立つ何年にもわたる協議と専門家のかかわりについて教えてくれるだろう。また、学習指導要領を解釈し、指導力を高めるための広範な専門的能力開発についても教えてくれるだろう。これらの取り組みによって、学校や地域が教科書を購入し、教員を通じて教室で配布する方法よりも、職業による当事者意識や現場での自律性がはるかに高いのが日本の事例である。中央集権化と地方分権化を一つの領域の反対のものとしてとらえるのをやめたほうがよいだろう。

システムのリーダーは、組織の方針や実践がどのように変化を促進し、抑制するかについて自覚する必要がある。彼らは、システムが変化の障害になる時には、システムに立ち向かうことが求められる。彼らは、新たに発生したトレンドやパターンを認識し、めざすべきイノベーションをどう促進あるいは抑制するかを理解する必要がある。また、他の組織や人々と一緒に仕事をする際、政治的なやり取りに精通することが不可欠である。リーダーは、自身の知識を使いこなし、人々が変化のための計画を支持するように説得する。そして、権力と支配力を駆使し、変化を成し遂げるために必要な協力関係を築きあげる。

例えば、シンガポールの教育が成功した秘訣は、リーダーシップと政策と実践の整合性にある。すなわち、野心的な目標設定、学校がビジョンと戦略を発展させるための教員と指導力の育成、世界のベストプラクティスに対する教育実践の基準となる継続的改善の文化等である。

システムのレベルでは、教育省、教員養成を担う国立教育研究所、学校の戦略的な連携によって一貫性ある政策と堅実な実行の両方が実現されている。これは単なる言葉ではない。シンガポールの政策立案者、研究者、そして教員から受け取った報告は、たとえ彼らが異なった観点で論じる際にも常に一貫していた。国立教育研究所のリーダーである教授は、数週間ごとに教育大臣と面会する。彼は、教育省での議論や意思決定に定期的にかかわっており、研究所の活動を教育省の方針に合わせることは簡単である。そして、校長は大臣から主要な改革案について直接説明を受ける。2014年4月、私は当時のヘン・スィー・キェット教育大臣とシンガポールの全中学校の校長が、学校改革計画について議論した定例会議で講演した。彼はメディアを通じて教育改革を語りはしなかった。彼は、改革の目的と方法が腑に落ちるまでは学校管理職が何もしないことをよく知っていたのである。

この事例から学んだことは、教員と学校管理職の間で、改革がどこへ向かっているのか、改革が彼らにとって何を意味するのかが浸透していることが、教育リーダーにとっていかに重要であるかである。改革が成功するかどうかは、協働を促し、教職員がリスクを負ってでも行動するような包括的なリーダーシップにかかっている。そうすることで、教職員が多様な視点から問題をとらえ、自信を持って新しい解決策を考え出すことができる。改革のためには、あきらめずに意見を一致させていくことが重要である。

物理学者として、私は最初、教育におけるシステム設計に必要とされる様々な方法を理解するのは難しいと思った。物理学では、複雑なモデルを通して世界を理解し、モデルの一部を変更すると結果がどう変化するかを検証する傾向がある。しかし、教育システムは流動的であり、その方法では不十分である。最も強い教育システムは、変化する需要に適応し、生徒や教員の知識や洞察や経験を集約したり共有し、普及していくものである。

多くの教員や学校がその準備をしている。彼らの成長を促すために、政策はイノベーションを奨励し、ベストプラクティスを表彰したり共有していく必要がある。その方針の転換は、信頼に基づいておこなわれることが重要である。教育への信頼、教育機関、学校と教員、生徒と地域社会への信頼。全ての公共サービスにおいて、良いガバナンスには信頼が欠かせない。成功した学校とは常に人々が働きたい場所であり、彼らの考えが最もよく実現される場所であり、彼らが信頼される場所であり、彼らが信頼できる場所である。

私たちは、教育において信頼がどのように深まり、長時間持続するか、あるいは信頼が壊れた場合にどのように回復するかについてほとんど知らない。しかし、信頼は法制化したり強制したりできない。だからこそ、伝統的な行政構造に組み込むのが非常に難しいのである。信頼は常に人間どうしの営みによって生まれる。信頼は健全な関係と建設的な透明性によって育まれ、促されるだけである。それは私たち全員がフィンランドから学ぶべき教訓である。フィンランドの世論調査は、一貫して教育に対する国民の信頼の深さを示している。指揮命令系統に基づいた管理システムが弱体化している現在、信頼を築くことが教育システムを発展していく最も有望な方法である。

10　評価の再設計

生徒がどのようなテストで評価されるかは、教育の将来にも大きな影響を与える。なぜならば、テストがカリキュラムや教育内容の優先順位を示すからである。テストは何が重要であるか、何をすべきかについて、私たちが考える焦点を定める。教員や学校管理職は、生徒と同様にテストの内容に注意を払い、それに応じてカリキュラムや授業を調整する。

一部の人は、テストは学習成果のある次元のみをとらえるものであり、限られたものしか評価できないと主張する。確かにそうであるが、それは観察を含む他の測定方法にも当てはまる。警察の捜査官が伝える目撃者の証言の相違や性別や社会的背景に関する教員の偏見を考慮すると、直接的な観察でさえも限定的あるいは主観的なものにすぎないと言える。

問題は、むしろ私たちが評価を正しくおこなうとともに、教員と政策立案者による教育の効果検証に役立てられる、生徒の学習に関する観点を明らかにすることである。カリキュラムや教育実践の見直しに伴い、評価も再設計する必要がある。

問題は、多くの評価システムにおいて、カリキュラムと生徒が成長するために必要な知識やスキルの整合性が悪いことである。今日の学校のテストの大部分は、スマートフォンを使って数秒で答えられる。生徒が自分のスマートフォンよりも賢くなるためには、テストは生徒が判断するための情報を知っているかどうかだけではなく、彼らが知っていることから推測し、その知識を新しい状況に創造的に応用できる必要がある。テストはまた、社会情動的スキルを反映していく必要もある。

本書の執筆時点では、生徒がテストの問題の答えを調べるかもしれないとの懸念から、ほとんどのテストでは生徒のネット接続を許可していない。評価における将来の課題は、テスト結果の妥当性と信頼性を損なうことなく、生徒がオンラインで世界最先端の知識とつながることを推進できるかどうかである。

同様に、テストにおける最大の違反行為の一つは、他の生徒への相談である。しかし、イノベーションは知識の共有から起こることが多いことを踏まえれば、将来のテストでは他の受験者と協同した生徒を失格にするのではなく、新たな方法を見つけるべきである。ＰＩＳＡの協同問題解決能力の調査結果を見ると、個々の問題解決の習熟度は、問題解決のために他者と共に作業する能力を部分的にしか予測しない（上記参照）。

評価を設計する際、私たちはしばしば有効性のかわりに効率性、妥当性のかわりに信頼性の向上を重視してきた。それは結果が一見より客観的になり、論争になる危険性を減らすからである。テスト結果をめぐる論争のため、失職した教育大臣もいる。テスト結果の有効性と妥当性が課題とされることはほとんどなかった。

しかし、信頼性と効率性を優先することには代償がある。最も信頼性の高いテストとは、ほとんど曖昧さがない方法、一般的には複数選択式で全生徒に同じ質問をすることである。妥当性が高いテストとは、教育が成功するために重要だと考えられる広範囲の知識とスキルを評価するものである。これを上手くおこなうには、より複雑な回答を引き出す自由記述を含む複数の回答形式が必要である。そのような形式は必然的に、より洗練された回答選択を必要とする解釈に変化をもたらすだろう。同様に、評価対象の生徒数が多い場合、または生徒を頻繁に評価したい場合、効率性が重要になる。これもまた、問題づくりが容易な単純な回答形式に適している。

これらの理由から、ＰＩＳＡで最初におこなった意思決定の一つは、評価対象をサンプル抽出した学校と生徒に限定し、個々の生徒や利害関係がある学校単位で結果を報告しないことであった。これにより、評価の妥当性を優先することができた。サンプル数が比較的小さいため、より複雑でコストがかかる回答形式を導入できたのである。

そのうえ評価は公平で、技術的に妥当で、目的に合ったものである必要がある。また、教育制度における様々な階層での意思決定ニーズに応えられるように、細かな部分でも適切に測定する必要がある。さらにＰＩＳＡのような国際調査は、実施される文化、国家、言語の境界を超えて結果が有効であり、参加国の学校と生徒のサンプルが比較可能であることを保証する必要がある。ＰＩＳＡは、これらの基準を確実に満たすために相当な時間と労力を費やした。[34]

また、総括的評価と形成的評価のギャップを埋める努力も必要である。総括的評価は通常、学期末にテストをおこなうことを意味する。形成的評価はより診断的な方法であり、生徒が学んでいる間におこなわれ、改善法を示すことを目的としている。

生徒から教室、学校、地域、国内、さらには国際レベルまで広がる、一貫した多層的な評価システムが可能になったため、両方のテストを組み合わせた創造的な方法が期待される。良い評価とは、生徒の思考と理解の入り口となり、生徒が問題を解決するための戦略を明らかにするものである。ＰＩＳＡのようなデジタル評価では、生徒の回答の正しさの度合いを測定するだけでなく、生徒が回答にたどり着くまでのプロセスも示すことが可能となった。

また、評価には、改善を意思決定するために、適度に詳細で生産的なフィードバックをおこなうことが期待される。教員は、評価が生徒の思考について何を明らかにしているかを理解できる必要がある。学校管理職、政策立案者、そして教員は、この評価情報を活用して生徒がより深く学習するための意思決定をおこなうことが重要である。教員はその結果、テストを学習から貴重な時間を奪うものとしてではなく、むしろ学習の価値を高める手段として見るようになる。

PISAはどう進化していくか

もちろん、これらは全てPISAにも当てはまる。PISAの結果は個々の生徒、教員、学校に直接影響を与えるものではないが、学校システムの成功の重要な評価基準と見なされている。したがってPISAは、測定基準が限られた範囲に制限されていることに躊躇せず、教育改革を主導していく必要がある。PISA参加国の間で、PISAがどの程度まで進化できるのか、そして進化するべきかについて、政策面でも技術面でも多くの議論があることは驚くにあたらない。

もしテストが教育の進歩と変化を測定するものならば、私たちは評価基準を変えることができないと主張する人もいる。彼らはテストが定点であると主張する。しかし、評価基準を継続的に開発しなければ、将来の成長に必要なものと照らし合わせるのではなく、過去のある時点で重要と考えられていたことで生徒を評価することになる。PISAはそのことを踏まえ、異なる方法をとっている。

PISAによるコンピュータを利用したテストの導入は、より広範囲の知識とスキルが評価できるようになったことを意味する。PISA2012による創造的な問題解決能力の評価、PISA2015による協同問題解決能力の評価、そしてPISA2018によるグローバル・コンピテンシーの評価は、その好例である。社会情動的スキルの測定は、より困難である。しかし最新の研究によれば、これらの領域でもその構成要素の多くは統計的有意性をもって測定できることがわかっている。[35]
PISAはまた、結果をよりオープンかつ現場に即したものにしようとしている。その目標に向かって、PISAは、学校が独自のPISAスコアを得るためのオープンソースのツール開発を開始した。学校に対するこの新しいPISA型テスト[36]は、世界中のあらゆる学校、自分たちに似た学校、または非常に異なる学校との比較を可能にする。
学校はすでにそのデータを使い始めている。2014年9月に、私はこのテストを受けた学校の最初の年次集会をアメリカで開催した。近隣の学校だけでなく、国際的にも最高の学校と自分たちを比較することに、学校が非常に関心があることがわかって励まされた。バージニア州のフェアファックスでは、最初の報告結果に基づいて、10校の校長と教員が1年間にわたる議論の場を設けた。地域の教育委員会とOECDの支援を受け、彼らは参加校どうし、自身の学校と世界中のあらゆる学校がどのように異なるかを理解するためにデータを深く分析した。これらの校長や教員たちは、彼ら自身をグローバルな競技場の単なる観客でなく、チームメイトとしてとらえるようになった。言い換えれば、フェアファックスでは、ビッグデータが大きな信頼を集め始めたのである。
PISAの参加国数が増え続けるにつれて、ますます多くの中所得国や低所得国を含む、より多様な参加者のためにデザインを進化する必要があることも明らかとなった。より多様な国にとって役立つものにするために、PISAはより広範囲の生徒の能力を測定するための方法を開発している。低所得の状況下での妥当性を高めるために状況調査票を改訂し、ドナーとのパートナーシップや能力開発による財政的および技術的課題にも取り組んだ。途上国の地元の利害関係者へのアウトリーチ活動も拡大した。PISA for Development[37]として知られる、この新たな取り組みは、2016年から2017年にかけて9か国で試験的に実施された。

11　前進しながら外部を見渡す

対応力があり責任感がある教育リーダーにもう一つ資質を加えるとすれば、評価をおこなった後に前方だけでなく外部も見る能力である。国際的なベンチマークを実施し、そのベンチマークの結果を政策と実践に取り入れるための強力かつ一貫した努力が、最高の成果を上げている教育システムの共通点であることは驚くにあたらない。

これは他国の成功事例をそのまま真似することではない。自国や他の国々のグッドプラクティスを真剣かつ冷静に見て、どのような状況で何が上手くいくのかを見極め、それを意識的に適用することである。

フィンランドは、ワールドクラスの一つとして劇的に登場する前に、他の教育システムの成果と実践と比べて自国をベンチマークしていた。日本政府は、明治維新の間に工業化が進んだヨーロッパの首都を訪れ、世界の他の国々の優れた点を日本に持ち帰ることを決心した時から、ワールドクラスの一つとしての長期的地位を獲得した。それは、現在まで続いている。

20世紀後半、シンガポールは日本がまさに1世紀前にしたことを、さらに大きな狙いと規律で実施した。シンガポール政府の中心的役割を果たす経済開発委員会（Singapore's Economic Development Board）は、シンガポールの政府と行政を一体的な課題として取り組む数多くのエンジニアを配置している。シンガポールが新しい機関を創設しようとするときはいつも、自国の計画を世界最高のものとベンチマークする。シンガポール国立大学から個々の学校まで、シンガポールの全ての教育機関は、「未来に適応したシンガポール人」(future-ready Singaporeans）を育成するために世界規模のつながりを築くことを期待されている。彼らは他の国々から体系的に学ぶことを決してやめない。
鄧小平が中国で実権を握り、世界の舞台への中国の再参入の準備を始めたとき、世界で最も優れた教育機関とのパートナーシップを結び、その政策と実践から最高のものを中国に持ち帰るように教育機関に指示した。

当時のオンタリオ州のダルトン・マクギンティ首相が２００８年にＯＥＣＤを訪れたとき、彼はオンタリオ州の正しい戦略は、成功した教育システムを持つ他国への視察から生まれたという彼自身の見解を強調した。

外部から学び、その学習成果を政策や実践に取り入れるための一貫した努力が、多くの高い成果を上げる国の共通点のようである。

この外部に目を向ける態度は、テスト結果が国の教育システムを上回ること、他の国と比較すること自体が屈辱的であると考え、ＰＩＳＡに疑念を抱きがちな国々の態度とは対照的である。

これは、教育を進歩させる国とそうでない国の重要な違いである。この違いは、新しい考え方によって脅かされていると感じる教育システムと、世界に開かれ世界の教育リーダーから学び、共に学ぶ準備ができている教育システムの違いかもしれない。

結局、私たちは物理法則から逃れることはできない。ペダルを踏むことをやめると、前進できなくなるだけでなく、自転車はまったく動かなくなり、転倒する。そして我々も一緒に倒れる。強い逆風に対抗して、私たちはもっと強く自身を押していく必要がある。

しかし、これまでにないほど大きな課題や機会に直面しても、人間は受動的でも怠惰である必要もない。私たちには主体的に責任を持って社会にかかわっていくエージェンシー、予測する能力、そして私たちの行動を目的を持って組み立てる力がある。ＰＩＳＡ２０１２の数学的リテラシーにおいて、上海の最も恵まれない10％の生徒が、アメリカの最も裕福な10％の生徒を上回る成績を上げているのを見たとき、私は理解した。上海の最も貧しい地域の子どもたちが、最も優秀な教員から楽しく学んでいるのを見たとき、私は本書の執筆を決意した。普遍的で質が高い教育は達成可能な目標である。現在それを持たない何百万人もの生徒にも、未来を提供できる。そして、私たちの仕事は不可能を可能にするのではなく、可能を達成できるようにすることである。その時、私は気づいたのである。

注

1 Tom Bentley "The responsibility to lead: Education at a global crossroads", 21 August 2017, ACER（Australian Council of Education Leadership）。
2 http://www.un.org/sustainabledevelopment/sustainable-development-goals/ 参照。
3 Putnam（2007）参照。
4 OECD（2017c）参照。
5 OECD（2016e）参照。
6 Brundtland Commission（1987）参照。
7 http://www.oecd.org/social/income-distribution-database.htm 参照。
8 Harari（2016）参照。
9 Goldin and Katz（2007）参照。
10 OECD（2017k）参照。
11 Autor and Dorn（2013）参照。
12 Echazarra et al.（2016）参照。
13 コントロール方略とエラボレーション方略の代わりに暗記方略を使用すると、PISAの数学的リテラシーの84問のうち78問の正答率が低くなる。さらに重要なのは、問題の難度が上がると正答率が低くなることである。最も簡単な問題に回答する際に暗記方略を使ってもほとんど違いがないが、暗記方略を使用すると、他の学習方略に比較して中程度の難度の問題の正答率が10％、最も難度が高い問題の正答率が20％低くなる。これは、学習方略に関する四つの質問すべてにおいて、コントロールもしくはエラボレーション方略を使用すると回答した生徒は、暗記方略だけを使用すると回答した生徒よりも、数学的リテラシーの最も難しい五つの問題に正答する可能性が3倍高いことを意味する。

14 エラボレーション方略を頻繁に使用すると最も簡単な数学の問題（難度が４８０ポイント以下）の正答率は必ずしも高くない。さらに重要なことに、これらの単純な問題の大半では、暗記はエラボレーション方略よりも良い結果に結びつくことが多い。しかし、問題が難しくなるにつれて、特にＰＩＳＡの難度で６００ポイントを超える場合、エラボレーション方略を使用した生徒は正答率が向上する。エラボレーション方略は、中程度の難度の問題に関する暗記よりも優れた結果をもたらす。これは最も難度が高い問題、特にＰＩＳＡの難度で７００ポイントを超える問題を正答するためのコントロール戦略よりもさらに優れている。

15 European Union Labour Force Survey data; cited in Nathan, Pratt and Rincon-Aznar（2015）参照。

16 OECD（2016a）参照。

17 １９９６年、第15回中央教育審議会は、21世紀の日本の教育はどうあるべきかについて「生きる力」が教育の基本原則であるとの答申を示した。「生きる力」とは、知・徳・体のバランスを保とうとする原則として定義される。１９９８年に、学習指導要領は中央教育審議会の答申を反映するために修正された。学習指導要領の内容の約30％が削減され、小中学校での「総合的な学習の時間」が設定された。

18 http://www.oph.fi/download/151294_ops2016_curriculum_reform_in_finland.pdf 参照。

19 https://www.smh.com.au/lifestyle/health-and-wellness/fat-employee-sues-mcdonalds-wins-20101029-176kx.html; http://fortune.com/2017/05/19/burned-woman-starbucks-lawsuit/ 参照。

20 https://www.pisa4u.org/ 参照。

21 OECD（2017b）参照。

22 https://oeb.global/ 参照。

23 https://www.triciawang.com/ 参照。

24 Friedman（2016）参照。

25 http://iasculture.org/ 参照。

26 https://www.moe.gov.sg/education/secondary/values-in-action 参照。

27 OECD（2017a）参照。

28 OECD（2015d）参照。

29 OECD（2013c）参照。

30 OECD（2014a）参照。
31 OECD（forthcoming）参照。
32 https://www.varkeyfoundation.org/ 参照。
33 OECD（2009）参照。
34 http://www.oecd.org/pisa/data/2015-technical-report/ 参照。
35 OECD（2015c）参照。
36 http://www.oecd.org/pisa/pisa-based-test-for-schools/ 参照。
37 http://www.oecd.org/pisa/aboutpisa/pisafordevelopment.htm 参照。

参考文献・資料

Adams, R. (2002), *Country Comparisons in PISA: The Impact of Item Selection*, Available at: http://www.findanexpert.unimelb.edu.au/individual/publication9377 [Accessed 26 August 2017].

Alberta Education (2014), *Teaching and Learning International Survey (TALIS) 2013: Alberta Report*, Alberta Education, Edmonton.

Autor, D. and D. Dorn (2013), "The Growth of Low-Skill Service Jobs and the Polarization of the US Labor Market", *American Economic Review*, Vol. 103/5, pp.1553-1597, https://doi.org/10.1257/aer.103.5.1553.

Bandura, A. (2012), *Self-efficacy*, W.H. Freeman, New York.

Barber, M. (2008), *Instruction to Deliver*, Methuen Publishing Ltd., London.

Barber, M., A. Moffit and P. Kihn (2011), *Deliverology 101: A Field Guide for Educational Leaders*, Corwin, Thousand Oaks, CA.

Barro, R. and J. Lee (2013), "A New Data Set of Educational Attainment in the World, 1950-2010", *Journal of Development Economics*, Vol. 104, pp.184-198, https://doi.org/10.1016/j.jdeveco.2012.10.001.

Borgonovi, F. and T. Burns (2015), "The Educational Roots of Trust", *OECD Education Working Papers*, No. 119, OECD Publishing, Paris, http://dx.doi.org/10.1787/19939019.

Brown, M. (1996), "FIMS and SIMS: The First Two IEA International Mathematics Surveys", *in Assessment in Education: Principles, Policy and Practice*, Vol. 3/2, 1996, https://doi.org/10.1080/0969594960030206.

Brundtland Commission (1987), *Our Common Future*, Oxford University Press, Oxford.

Carroll, J. (1963), "A Model of School Learning", *Teachers College Record*, Vol. 64/8, pp. 723-733.

Chen, C. and H. Stevenson (1995), "Motivation and Mathematics Achievement: A Comparative Study of Asian-American, Caucasian-American, and East Asian High School Students", *Child Development*, Vol. 66/4, p.1215, https://doi.org/10.1111/j.1467-8624.1995.tb00932.x.

Chu, L. (2017), *Little Soldiers: An American Boy, a Chinese School, and the Global Race to Achieve*, Harper Collins Publishers, New York.

Echazarra, A. et al. (2016), "How teachers teach and students learn: Successful strategies for school", *OECD Education Working Papers*, No. 130, OECD Publishing, Paris, http://dx.doi.org/10.1787/5jm29kpt0xxx-en.

Epple, D., E. Romano and M. Urquiola (2015), *School Vouchers*, National Bureau of Economic Research, Cambridge, MA.

Fadel, C., B. Trilling and M. Bialik (2015), *Four-Dimensional Education: The Competencies Learners Need to Succeed*, The Center for Curriculum Redesign, Boston.（『21世紀の学習者と教育の４つの次元：知識、スキル、人間性、そしてメタ学習』C・ファデル／M・ビ

アリック／B・トリリング著，岸学監訳，関口貴裕／細川太輔編訳，東京学芸大学次世代教育研究推進機構訳，北大路書房，２０１６年）

Fullan, M. (2011), *Change Leader: Learning to Do What Matters Most*, Jossey-Bass, San Francisco.

Friedman, T.L. (2016), *Thank You for Being Late: An Optimist's Guide to Thriving in the Age of Accelerations*, Farrar, Straus and Giroux, New York.（『遅刻してくれて，ありがとう：常識が通じない時代の生き方（上・下）』トーマス・フリードマン著，伏見威蕃訳，日本経済新聞出版社，２０１８年）

Goldin, C. and L. Katz (2007), *The Race between Education and Technology*, National Bureau of Economic Research. Cambridge, MA.

Goldin, I. and C. Kutarna (2016), *Age of Discovery: Navigating the Risks and Rewards of Our New Renaissance*, St. Martin's Press, New York.（『新たなルネサンス時代をどう生きるか：開花する天才と増大する危険』イアン・ゴールディン／クリス・クターナ著，桐谷知未訳，国書刊行会，２０１７年）

Good, T. and A. Lavigne (2018), *Looking in Classrooms*, Routledge, New York.

Goodwin, L., E. Low and L. Darling-Hammond (2017), *Empowered Educators in Singapore: How High-Performing Systems Shape Teaching Quality*, Jossey-Bass, San Francisco.

Griffin, P. and E. Care (2015), *Assessment and Teaching of 21st Century Skills*, Springer Dordrecht, New York.

Hanushek, E. and L. Woessmann (2015a), *The Knowledge Capital of Nations*, MIT Press, Cambridge, MA.

Hanushek, E. and L. Woessmann (2015b), *Universal Basic Skills: What Countries Stand to Gain*, OECD Publishing, Paris, http://dx.doi.org/10.1787/9789264234833-en.

Hanushek, E., M. Piopiunik and S. Wiederhold (2014), *The Value of Smarter Teachers*, National Bureau of Economic Research, Cambridge, MA.

Harari, Y.N. (2016), *Homo Deus: A Brief History of Tomorrow*, Harville Secker, London.（『ホモ・デウス：テクノロジーとサピエンスの未来（上・下）』ユヴァル・ノア・ハラリ著，柴田裕之訳，河出書房新社，２０１８年）

Hargreaves, A. and D. Shirley (2012), *The Global Fourth Way: The Quest for Educational Excellence*, Corwin Press, Thousand Oaks, CA.

Hung, D., S.C. Tan and T.S. Koh (2006), "From Traditional to Constructivist Epistemologies: A Proposed Theoretical Framework Based on Activity Theory for Learning Communities", *Journal of Interactive Learning Research*, Vol 17/1, pp. 37-55. 17(1), 37-55.

Husen, T. (Ed.) (1967), *International Study of Achievement in Mathematics: A Comparison of Twelve Countries*, Vols.1 and 2, Almqvist and Wiksell, Stockholm.

Leadbeater, C. (2016), *The Problem Solvers: The teachers, the students and the radically disruptive nuns who are leading a global learning movement*, Pearson, London.

Martin, M. and I. Mullis (2013), *TIMSS 2011 International Results in Mathematics*, TIMSS and PIRLS International Study Center, Boston College, Chestnut Hill, MA.

McInerney, D. and S. Van Etten (2004), *Big Theories Revisited*, Information Age Publishing, Greenwich, CT.

Nathan, M., A. Pratt and A. Rincon-Aznar (2015), *Creative Economy Employment in the European Union and the United Kingdom: A Comparative Analysis*, Nesta, London.

OECD (2005), *Teachers Matter: Attracting, Developing and Retaining Effective Teachers*, OECD Publishing, Paris, http://dx.doi.org/10.1787/9789264018044-en.（『教員の重要性：優れた教員の確保・育成・定着』経済協力開発機構（ＯＥＣＤ）編著、国立教育政策研究所国際研究・協力部監訳、国立教育政策研究所、２００５年）

OECD (2009), *Creating Effective Teaching and Learning Environments: First Results from TALIS 2008*, OECD Publishing, Paris, http://dx.doi.org/10.1787/9789264068780-en.（『ＯＥＣＤ教員白書：効果的な教育実践と学習環境をつくる：第１回ＯＥＣＤ国際教員指導環境調査（ＴＡＬＩＳ）報告書』ＯＥＣＤ編著、斎藤里美監訳、木下江美／布川あゆみ／本田伊克／山本宏樹訳、明石書店、２０１２年）

OECD (2010a), *Making Reform Happen: Lessons from OECD Countries*, 11th ed., OECD Publishing, http://dx.doi.org/10.1787/9789264086296-en.

OECD (2010b), *PISA 2009 Results: What Makes a School Successful? Resources, Policies and Practices*, OECD Publishing, Paris, http://dx.doi.org/10.1787/9789264091559-en.

OECD (2011a), *Quality Time for Students: Learning In and Out of School*, OECD Publishing, Paris, http://dx.doi.org/10.1787/9789264087057-en.

OECD (2011b), *Strong Performers and Successful Reformers in Education: Lessons from PISA for the United States*, OECD Publishing, Paris, http://dx.doi.org/10.1787/9789264096660-en.（『ＰＩＳＡから見る、できる国・頑張る国：トップをめざす教育』経済協力開発機構（ＯＥＣＤ）編著、渡辺良監訳、明石書店、２０１１年）

OECD (2011c), *Education at a Glance 2011: OECD Indicators*, OECD Publishing, Paris, http://dx.doi.org/10.1787/eag-2011-en.（『図表でみる教育ＯＥＣＤインディケータ（２０１１年版）』経済協力開発機構（ＯＥＣＤ）編著、徳永優子／稲田智子／来田誠一郎／矢倉美登里訳、明石書店、２０１１年）

OECD (2012a), *Grade Expectations: How Marks and Education Policies Shape Students' Ambitions*, OECD Publishing, Paris, http://dx.doi.org/10.1787/9789264187528-en.

OECD (2012b), *Public and Private Schools: How Management and Funding Relate to their Socioeconomic Profile*, OECD Publishing, Paris, http://dx.doi.org/10.1787/9789264175006-en.

OECD (2013a), *OECD Skills Outlook: First Results from the Survey Of Adult Skills*, OECD Publishing, Paris, http://dx.doi.

org/10.1787/9789264204256-en.（『ＯＥＣＤ成人スキル白書：第１回国際成人力調査（ＰＩＡＡＣ）報告書〈ＯＥＣＤスキル・アウトルック２０１３年版〉』経済協力開発機構（ＯＥＣＤ）編著、矢倉美登里／稲田智子／来田誠一郎訳、明石書店、２０１４年）

OECD (2013b), *PISA 2012 Results: What Makes Schools Successful (Volume IV): Resources, Policies and Practices*, OECD Publishing, Paris, http://dx.doi.org/10.1787/9789264201156-en.

OECD (2013c), *Synergies for Better Learning: An International Perspective on Evaluation and Assessment*, OECD Publishing, Paris, http://dx.doi.org/10.1787/9789264190658-en.

OECD (2013d), *PISA 2012 Results: Excellence through Equity (Volume II): Giving Every Student the Chance to Succeed*, OECD Publishing, Paris, http://dx.doi.org/10.1787/9789264201132-en.

OECD (2013e), *Teachers for the 21st Century: Using Evaluation to Improve Teaching*, OECD Publishing, Paris, http://dx.doi.org/10.1787/9789264193864-en.

OECD (2014a), *Measuring Innovation in Education: A New Perspective*, OECD Publishing, Paris, http://dx.doi.org/10.1787/9789264215696-en.

OECD (2014b), *PISA 2012 Results: Students and Money (Volume VI): Financial Literacy Skills for the 21st Century*, OECD Publishing, Paris, http://dx.doi.org/10.1787/9789264208094-en.

OECD (2014c), *TALIS 2013 Results: An International Perspective on Teaching and Learning*, OECD Publishing, Paris, http://dx.doi.org/10.1787/9789264196261-en.

OECD (2014d), *PISA 2012 Results: What Students Know and Can Do (Volume I): Student Performance in Mathematics, Reading and Science*, Revised edition, OECD Publishing, Paris, http://dx.doi.org/10.1787/9789264208780-en.

OECD (2015a), *Education Policy Outlook 2015: Making Reforms Happen*, OECD Publishing, Paris, http://dx.doi.org/10.1787/9789264225442-en.

OECD (2015b), *Improving Schools in Sweden: An OECD Perspective*, Available at: http://www.oecd.org/edu/school/Improving-Schools-in-Sweden.pdf [Accessed 26 August 2017].

OECD (2015c), *Skills for Social Progress: The Power of Social and Emotional Skills*, OECD Publishing, Paris, http://dx.doi.org/10.1787/9789264226159-en.（『社会情動的スキル：学びに向かう力』経済協力開発機構（ＯＥＣＤ）編著、ベネッセ教育総合研究所企画・制作、無藤隆／秋田喜代美監訳、荒牧美佐子／都村聞人／木村治生／高岡純子／真田美恵子／持田聖子訳、明石書店、２０１８年）

OECD (2015d), *Students, Computers and Learning: Making the Connection*, OECD Publishing, Paris, http://dx.doi.org/10.1787/9789264239555-en.（『21世紀のＩＣＴ学習環境：生徒・コンピュータ・学習を結び付ける』経済協力開発機構（ＯＥＣＤ）編著、国立教育政策研究所監訳、明石書店、２０１６年）

OECD (2015e), *The ABC of Gender Equality in Education: Aptitude, Behaviour, Confidence*, OECD Publishing, Paris, http://dx.doi.org/10.1787/9789264229945-en.

OECD (2015f), *Schooling Redesigned: Towards Innovative Learning Systems*, OECD Publishing, Paris, http://dx.doi.org/10.1787/9789264245914-en.

OECD (2015g), *Immigrant Students at School: Easing the Journey towards Integration*, OECD Publishing, Paris, http://dx.doi.org/10.1787/9789264249509-en.（『移民の子どもと学校：統合を支える教育政策』ＯＥＣＤ編著、布川あゆみ／木下江美／斎藤里美監訳、三浦綾希子／大西公恵／藤浪海訳、明石書店、２０１７年）

OECD (2016a), *PISA 2015 Results (Volume I): Excellence and Equity in Education*, OECD Publishing, Paris, http://dx.doi.org/10.1787/9789264266490-en.

OECD (2016b), *PISA 2015 Results (Volume II): Policies and Practices for Successful Schools*, OECD Publishing, Paris, http://dx.doi.org/10.1787/9789264267510-en.

OECD (2016c), *Low-Performing Students: Why They Fall Behind and How to Help Them Succeed*, OECD Publishing, Paris, http://dx.doi.org/10.1787/9789264250246-en.

OECD (2016d), *Netherlands 2016: Foundations for the Future, Reviews of National Policies for Education*, OECD Publishing, Paris, http://dx.doi.org/10.1787/9789264257658-en.

OECD (2016e), *Skills Matter: Further Results from the Survey of Adult Skills*, OECD Publishing, Paris, http://dx.doi.org/10.1787/9789264258051-en.

OECD (2017a), *Education at a Glance 2017: OECD Indicators*, OECD Publishing, Paris, http://dx.doi.org/10.1787/eag-2017-en.（『図表でみる教育ＯＥＣＤインディケータ（２０１７年版）』経済協力開発機構（ＯＥＣＤ）編著、矢倉美登里／稲田智子／大村有里／坂本千佳子／立木勝／三井理子訳、明石書店、２０１７年）

OECD (2017b), *The Funding of School Education: Connecting Resources and Learning*, OECD Publishing, Paris, http://dx.doi.org/10.1787/9789264276147-en.

OECD (2017c), *OECD Skills Outlook 2017: Skills and Global Value Chains*, OECD Publishing, Paris, http://dx.doi.org/10.1787/9789264273351-en.（『国際化のなかのスキル形成：グローバルバリューチェーンは雇用を創出するのか〈ＯＥＣＤスキル・アウトルック２０１７年版〉』経済協力開発機構（ＯＥＣＤ）編著、菅原良監訳、髙橋南海子／奥原俊／坂本文子／神崎秀嗣／松下慶太／竹内一真訳、明石書店、２０１９年）

OECD (2017d), *PISA 4 U*, available at https://www.pisa4u.org/.

OECD (2017e), *PISA 2015 Results (Volume IV): Students' Financial Literacy*, OECD Publishing, Paris, http://dx.doi.org/10.1787/9789264270282-en.

OECD (2017f), *PISA 2015 Results (Volume III): Students' Well-Being*, OECD Publishing, Paris, http://dx.doi.org/10.1787/9789264273856-en.

OECD (2017g), *The OECD Handbook for Innovative Learning Environments*, OECD Publishing, Paris, http://dx.doi.org/10.1787/9789264277274-en.

OECD (2017h), *PISA 2015 Results (Volume V): Collaborative Problem Solving*, OECD Publishing, Paris, http://dx.doi.org/10.1787/9789264285521-en.

OECD (2017i), "Is too much testing bad for student performance and well-being?", *PISA in Focus*, No.79, OECD Publishing, Paris, http://dx.doi.org/10.1787/22260919.

OECD (2017j), *Starting Strong V: Transitions from Early Childhood Education and Care to Primary Education*, OECD Publishing, Paris, http://dx.doi.org/10.1787/9789264276253-en.

OECD (2017k), *Computers and the Future of Skill Demand, Educational Research and Innovation*, OECD Publishing, Paris, http://dx.doi.org/10.1787/9789264284395-en.

Paccagnella, M. (2015), "Skills and Wage Inequality: Evidence from PIAAC", *OECD Education Working Papers*, No. 114, OECD Publishing, Paris, http://dx.doi.org/10.1787/5js4xfgl4ks0-en.

Pont, B., D. Nusche and H. Moorman (2008), *Improving School Leadership (Volume 1): Policy and Practice*, OECD Publishing, Paris, http://dx.doi.org/10.1787/9789264044715-en.（『スクールリーダーシップ：教職改革のための政策と実践』ＯＥＣＤ編著、有本昌弘監訳、多々納誠子／小熊利江訳、明石書店、２００９年）

Putnam, R.D. (2007), *Bowling Alone*, Simon and Schuster, New York.（『孤独なボウリング：米国コミュニティの崩壊と再生』ロバート・D・パットナム著、柴内康文訳、柏書房、２００６年）

Presnky, M. (2016), *Education to Better Their World: Unleashing the Power of 21st-Century Kids*, Teachers College Press, New York.

Rambøll (2011), *Country Background Report for Denmark, prepared for the OECD Review on Evaluation and Assessment Frameworks for Improving School Outcomes*, Aarhus, available from http://www.oecd.org/edu/evaluationpolicy.

Schleicher, A. (2014), "Poverty and the Perception of Poverty: How Both Matter for Schooling Outcomes", Available at: http://oecdeducationtoday.blogspot.fr/2014/07/poverty-and-perception-of-poverty-how.html [Accessed 26 Aug. 2017].

Schleicher, A. (2017), *Teaching Excellence through Professional Learning and Policy Reform: Lessons from Around the World*, OECD publishing, Paris http://dx.doi.org/10.1787/9789264252059-en.

Schleicher, A. (2017), "What teachers know and how that compares with college graduates around the world", Available at: http://oecdeducationtoday.blogspot.fr/2013/11/what-teachers-know-and-how-that.html [Accessed 26 Aug. 2017].

Seldon, A. (2007), *Blair's Britain*, Cambridge University Press, Cambridge.（『ブレアのイギリス：１９９７－２００７』アンソニー・セルドン編、土倉莞爾／廣川嘉裕訳、関西大学出版部、２０１２年）

Slavin, R. (1987), *Grouping for Instruction*, Center for Research on Elementary and Middle Schools, Johns Hopkins University, Baltimore.

Tan, O. et al. (2017), *Educational Psychology: An Asia Edition*, Cengage Learning Asia Ltd., Singapore.

Weiner, B. (2004), "Attribution Theory Revisited: Transforming Cultural Plurality into Theoretical Unity", in D. McInerney and S. Van Etten, eds., *Big Theories Revisited: Research on Socio-Cultural Influences on Motivation and Learning*, Information Age Publishing, Greenwich, CT.

監訳者あとがき

経済協力開発機構（OECD: Organisation for Economic Co-operation and Development）からの教育に関する出版物は、『図表でみる教育OECDインディケータ』など毎年の刊行物ならびにOECD国際教員指導環境調査（TALIS: Teaching and Learning International Survey）や教育研究革新センター（CERI: Center for Educational Research and Innovation）、幼児教育・保育（Starting Strong）などの特定のプロジェクトの調査レビュー報告、またOECD生徒の学習到達度調査（PISA: Programme for International Student Assessment）の評価枠組みなどの解説書など様々である。その中で本書は、ミスターPISAとも呼ばれてきたアンドレアス・シュライヒャーOECD教育・スキル局長が個人で記した著書であり、様々な調査の背景にあった彼自身の願いや意図、社会的文脈が記されている点が類書とは全く異なっている。彼が数年前だったか、本著を夏休み休暇で一気にこもって書いたんだという話を聞かせてくださった。その意味で個人としての思いをまとめた書と位置付けることができる。「日本語版刊行によせて」をお書きくださった鈴木寛先生が長くシュライヒャー局長と知己であられるのと同様、筆者はシュライヒャー局長がPISAを始めて間もなくの2000年代初めに東京大学教育学部に金子元久教授が招聘されて会議室で講演をされた時に受講したのが、出会いのはじめであった。その後は、OECDの幼児教育ネットワーク、そしてEducation 2030での仕事等で存じ上げてきたことが経緯となって、この監訳の仕事の一端を引き受けさせていただいた。一連のPISA調査に関しては、日本国内でも、テストの構成方法、サンプリングや実施法、そしてさらにその調査結果が国内外においてもたらした直接的、間接的な社会的影響等の様々な観点から、賛否の意見が教育学研究者内に多々あることを承知の上で、本書が示唆することを筆者なりに考えたいと思ってこの仕事を引き受けた。「ワールドクラスの教育とは何か」という内容から日本の教育への示唆を考えるために、以下の二点を是非読者にも考えていただきたい。

第一には、著者が本書執筆において持っている根本的な問いである。第1章のはじめにや第2章にあるように、本書の姿勢は、教育のエビデンスによって教育政策のあり方を問う、それによって現在だけではなく次世代の社会における教育システムのあり方を生徒や教師、学校、自治体や国の水準で見通し問うていくという姿勢である。そしてその根幹にあるのは、貧困等による経済格差を超えて、各国が公的費用負担での投資となる公教育によって、あらゆる子どもたちへの平等や教育の質保証がどのように政策として可能となりうるのか、未来への教育のために求められる政策とは何かをグローバルな視点から考えるという問いとスタンスである。第2章にはより具体的に9つの問いが挙げられているが、おそらく本書を読む前に自問自答してみることで、暗黙に持っている自らの信念を問い直してみることができよう。「①貧しい子どもは成績が悪い、これは運命なのか、②移民は学校システムのパフォーマンスを低下させるのか、③より多くのお金を使えば教育は成功するのか、④クラス規模が小さい程成績はよくなるのか、⑤学習時間が多いほど成績がよくなるのか、⑥持って生まれた才能で教育の成功が決まるのか、⑦文化的背景は教育に大きな影響を及ぼすのか、⑧成績のよい生徒が将来教員になるべきか、⑨能力別クラスで成績がよくなるのか」である。これらの素朴な信念が含みこむ深遠な問いに対して、本書だけで十分なエビデンスを示しているとは必ずしも言い切れない。だが、筆者が何を問い直してもらいたい、考えたいと思っているかがよくわかる内容と言えるだろう。

1960年代からユネスコの主導で国際教育到達度評価学会（IEA: International Association for the Evaluation of Educational Achievement）によって国際的な学力調査は始められたがその頃には必ずしもこの傾向はは大き

くは広がらなかった、しかし東西冷戦の崩壊等以降の1990年代後半以降、国際数学・理科教育動向調査（TIMSS: Trends in International Mathematics and Science Study）やPISA、そして国際読書力調査（PIRLS: Progress in International Reading Literacy Study）と大型の国際学力調査が実施される国際大規模調査（ILSA: International Large Scale Assessment）が広く展開される時代になり、効果的な教育成果を上げるために、共通の有効な文脈とは何かが広く問われるようになってきた（Kuger, Klerme, Jude and Kapran, 2016）。

その中でもシュライヒャー局長たちがキー・コンピテンシー概念を基にして作成したPISAの影響がいかに大きかったかは、第1章に記されているとおりである。それは各国に自国の教育政策を見直す大きなきっかけを与えた。もちろん、開始当初はランキングによる国際的な競争意識を喚起したのも事実であり、日本人のフィンランド詣出などの現象や本著にも記されているが、シュライヒャー局長の母国であるドイツでもPISAショックは大きいものがあった。しかし大事なことはそのエビデンスによって国民や保護者がよりよい教育の質を求めるようになり、また自国の内向きの政策だけではなく何が有効な政策かに目が向けられるようになったということである。PISAの結果だけではなく、各国では政策のピアレビューが実施されているが、それによって国際的に政策を学び合う関係や説明責任がより問われるようになったということである。本書冒頭に記されているように、現在において、過去10年に学校教育の支出は国際的にみて20％増加しているが西欧諸国では生徒の学力は向上していないという指摘はショッキングである。公平で包括的な教育システムへの効率的なイノベーションはいかにして可能かということが彼の問いであり、他国の様々な事例を通して学ぶことの必要性を本書は示している。

しかしながら、もちろんのこと、教育の効果や効率性はすべてが測定可能なものではない。OECDは個人学力だけではなく協同性や非認知的側面をふくめてとらえ、現在では幅広くウェルビーイングを11の指標と関連づけて考えたりしてきている。これはPISAの開始当初から時代の要請とともに変化してきている点である。エビデンスはどのような指標でどのようなサンプリングで何を収集するかによって創りだされる。それは文化的価値的なものであり、同じ国内であっても誰の視点か、政策形成担当者、教師、保護者、生徒等の視点や声によってもその価値は異なるものである。この点は、本書を読みながら、読者にはぜひ本文を鵜呑みにするのではなく批判的に考えていただけるとよいのではないかと考えられる。

第二には、第一の点を踏まえて具体的に優れた学校システムの特徴を、ワールドクラスの教育システムの特徴として、フィンランドやカナダ、シンガポール、エストニア、上海などの事例をもとにして挙げている点である。教職が社会から高く評価されていること、また進路分岐が遅くどの生徒もそれぞれの道で成功できる支援がなされること、そしてそのためにどの分野をどの学年でどの順序で教えていくのかのカリキュラムのリデザインがなされていること、そしてそれを実践できる質の高い教員を採用し専門的な知識や深い理解に基づいて専門家が自律的でありさらにその専門性を深める機会を有すること、その専門家のリーダーを育み、学校の自律性を重視する等々が挙げられている。それぞれの見解はすでに様々なところで発表されてきているものではあるが、ワールドクラスのシステムのありようとしてみることでまたそのつながりが見えてくるだろう。またそこにおいて、生徒のウェルビーイングを最優先として、教員、生徒、保護者が一つになって学校というコミュニティの形成をしていくことが描き出されている。当然のことながらそれぞれの国によって相違があることが読み取れると同時に、何に価値が置かれるべきかをこの第3章は示している。特に教師の専門性への価値の置き方の相違などは今後少子化とともに、教師の志願者数が減っている日本において考えていくべき点を多々示唆してくれるものとなっている。教育のシステムは、理念、教師の専門性と時間、カリキュラムの構成と授業時間や学習方法等が連動し合っている。そのことを是非とも考えていきたい。また挙げられている国ではそれぞれの歴史や状況の中で変革が生まれその効果がその時点であらわれているというその時間的変遷は詳しくは本書には述べられていないがこの点も政策と改革そして成果の表れのタイムラグということを考えて読むことが必要である。たとえばＰＩＳＡの結果ではないが、ＩＥＡ(Rožman and Klime, 2017）によれば、日本は小集団協働学習において東アジアでも他国が１９９０年代より取り組んできているのに対して遅れて２００３年から２００７年頃に拡張発展しているが、小集団協働学習とその学習の成果との関連をみると最も効果を上げて実施されている国となっていると報告されている。いつ頃の改革がどのような形でいつの成果となって表れてくるのかという時間的経過の視点もワールドクラスの学校システムを観る時に見ていく一つの視点として提示しておきたい。

第三には、教育のこれからに関しての第4章、第5章、第6章の示唆である。第4章の公平性の問題において移民の問題が挙げられているが、公平性と包摂性そしてそのためのグローバル・コンピテンシーは我が国においても、特にこれから考えていくべき視点である。日本はグローバル・コンピテンシーの調査には参加していない。しかしながらだからこそグローバルに文化間の問題を観る視点をどのように私たちは育成をしていくのかが求められる。

そして第5章では、教育改革の実現の道筋についての示唆である。政策の困難と合意形成の仕組みをどのように作るのか、特に多様なステークホールダーと共にタイミングをみて教員の組織とともに教育改革を行っていくことの必要性が述べられている。そのために第6章では私たちにどのような教育の未来を描くのかの展望を描き出している、知識やスキルだけではなく、価値を教育すること、すばらしい授業の中心はテクノロジーではなく当事者意識であること、そして保守的な学校という組織において協働を促し教職員がリスクを負ってでも行動するような包括的なシステムリーダーの必要性などを挙げている。

日本では、少子高齢化が進んでいる。その中でも、教員の多忙化と同時に私事化も進んでおり教員の自律的な組織は弱体化している。その中で教師、研究者や行政関係者が本書を他人事としての読むのではなく、自分もまたその改革の当事者の一人として本書を読んでいただけるならば幸いである。

シュライヒャー局長が「私たちの仕事は、不可能を可能にするのではなく、可能を達成できるようにすることだ」と本書で締めくくっている。では、私たちはどのような未来と教育を、日本に、そしてさらにグローバルに考え行動していくことができるだろうか。本著がそのための知恵袋と同時に行動の歩みのための道標となるならば幸いである。

また本書では明石書店編集部の皆さんに大変お世話になった。この点を心から謝意を表したい。また訳者の皆さんには限られた時間の中で精力的に取り組んでいただいた。最後の訳のチェックが不十分な点があればそれはひとえに監訳者の責任であることを付け加え本書の終わりとしたい。

秋田　喜代美

参考文献

Rožman, M., and Klieme, E. (2017), "Exploring cross-national changes in instructional practices: evidence from four cycles of TIMSS", *IEA Policy brief*, No. 13, Amsterdam: IEA, http://pub.iea.nl/fileadmin/user_upload/Policy_Briefs/IEA_Policy_Brief_Feb2017.pdf.

Kuger, S., Klieme, E., Jude, N., and Kaplan, D. (eds.)(2016), *Assessing Contexts of Learning: An International Perspective*, Dordrecht: Springer.

◎著者・監訳者・訳者紹介

アンドレアス・シュライヒャー　Andreas Schleicher　著者
経済協力開発機構（OECD）教育・スキル局長

鈴木 寛（すずき・かん）　SUZUKI Kan　監訳者
東京大学公共政策大学院 教授／慶應義塾大学政策・メディア研究科 教授／OECDイノベーション教育ネットワーク代表

秋田 喜代美（あきた・きよみ）　AKITA Kiyomi　監訳者
東京大学大学院教育学研究科長・教育学部長・教授

小村 俊平（こむら・しゅんぺい）　KOMURA Shunpei　訳者
OECD 日本イノベーション教育ネットワーク事務局長／東京大学公共政策大学院客員研究員／岡山大学学長特別補佐／ベネッセコーポレーション

平石 年弘（ひらいし・としひろ）　HIRAISHI Toshihiro　訳者
明石工業高等専門学校建築学科 教授

桑原 敏典（くわばら・としのり）　KUWABARA Toshinori　訳者
岡山大学大学院教育学研究科 教授

下郡 啓夫（しもごおり・あきお）　SHIMOGOHRI Akio　訳者
函館工業高等専門学校一般系 教授

花井 渉（はない・わたる）　HANAI Wataru　訳者
独立行政法人大学入試センター研究開発部（試験基盤設計研究部門）助教

藤原 誠之（ふじわら・せいじ）　FUJIWARA Seiji　訳者
明石工業高等専門学校機械工学科 教授／国立高等専門学校機構本部事務局国際交流センター

生咲 美奈子（きさき・みなこ）　KISAKI Minako　訳者
ベネッセコーポレーション

宮 美和子（みや・みわこ）　MIYA Miwako　訳者
翻訳家／東京外国語大学外国語学部英米学科卒

◎企画・制作

株式会社ベネッセコーポレーション

「Benesse＝よく生きる」の企業理念のもと、60年以上にわたって、人々の向上意欲や課題解決を支援。主に、校外学習や学校教育などの教育分野と、女性やその家族の暮らしを支援する生活領域において、各々のライフステージにあわせた商品・サービスを展開する。

ホームページ：https://www.benesse.co.jp

教育のワールドクラス

21世紀の学校システムをつくる

2019年 9月 8日　初版第1刷発行
2019年12月21日　初版第2刷発行

著　者　アンドレアス・シュライヒャー
編　者　経済協力開発機構（OECD）
企画・制作　株式会社ベネッセコーポレーション
監訳者　鈴木 寛／秋田 喜代美
訳　者　小村 俊平／平石 年弘／桑原 敏典
下郡 啓夫／花井 渉／藤原 誠之
生咲 美奈子／宮 美和子
発行者　大江 道雅
発行所　株式会社 明石書店
〒101-0021
東京都千代田区外神田6-9-5
TEL　03-5818-1171
FAX　03-5818-1174
http://www.akashi.co.jp
振替 00100-7-24505

組版　明石書店デザイン室
印刷・製本　モリモト印刷株式会社

（定価はカバーに表示してあります）　ISBN 978-4-7503-4890-2

社会情動的スキル 学びに向かう力
経済協力開発機構（OECD）編著　無藤隆、秋田喜代美監訳
ベネッセ教育総合研究所企画・制作　◎3600円

学習の社会的成果 健康、市民・社会的関与と社会関係資本
OECD教育研究革新センター編著　坂巻弘之、佐藤郡衛、川崎誠司訳
教育テスト研究センター（CRET）監訳　◎3600円

メタ認知の教育学 生きる力を育む創造的数学力
OECD教育研究革新センター編著
篠原真子、篠原康正、袰岩晶訳　◎3600円

キー・コンピテンシー 国際標準の学力をめざして
ドミニク・S・ライチェン、ローラ・H・サルガニク編著　立田慶裕監訳　◎3800円

PISA2015年調査　評価の枠組み
OECD生徒の学習到達度調査
経済協力開発機構（OECD）編著　国立教育政策研究所監訳　◎3700円

生きるための知識と技能6
OECD生徒の学習到達度調査（PISA）　2015年調査国際結果報告書
国立教育政策研究所編　◎3700円

PISAから見る、できる国・頑張る国
トップを目指す教育
経済協力開発機構（OECD）編著　渡辺良監訳　◎4600円

PISAから見る、できる国・頑張る国2
未来志向の教育を目指す：日本
経済協力開発機構（OECD）編著　渡辺良監訳　◎3600円

図表でみる教育 OECDインディケータ（2018年版）
経済協力開発機構（OECD）編著　徳永優子、稲田智子、
大村有里、坂本千佳子、立木勝、松尾恵子、三井理子、元村まゆ訳　◎8600円

OECD教員白書 効果的な教育実践と学習環境をつくる
〈第1回OECD国際教員指導環境調査（TALIS）報告書〉
OECD編著　斎藤里美監訳
木下江美、布川あゆみ、本田伊克、山本宏樹訳　◎7400円

OECD保育白書 人生の始まりこそ力強く：乳幼児期の教育とケア（ECEC）の国際比較
OECD編著
星三和子、首藤美香子、大和洋子、一見真理子訳　◎7600円

OECD保育の質向上白書 人生の始まりこそ力強く：ECECのツールボックス
OECD編著　秋田喜代美、阿部真美子、一見真理子、
門田理世、北村友人、鈴木正敏、星三和子訳　◎6800円

OECD成人スキル白書 第1回国際成人力調査（PIAAC）報告書〈OECDスキル・アウトルック2013年版〉
経済協力開発機構（OECD）編著
矢倉美登里、稲田智子、来田誠一郎訳　◎8600円

諸外国の生涯学習
文部科学省編著　◎3600円

諸外国の初等中等教育
文部科学省編著　◎3600円

色から始まる探究学習 アートによる自分づくり・学校づくり・地域づくり
「地域の色・自分の色」実行委員会、秋田喜代美編著　◎2200円

〈価格は本体価格です〉